DEVELOP STRATEGY TO EXECUTE
战略执行与落地

孙建恒 ◎ 著

中华工商联合出版社

图书在版编目(CIP)数据

战略执行与落地/孙建恒著. —北京：中华工商联合出版社，2023.9
ISBN 978-7-5158-3766-6

Ⅰ.①战… Ⅱ.①孙… Ⅲ.①企业管理 Ⅳ.①F272

中国国家版本馆CIP数据核字(2023)第180491号

战略执行与落地

作　　者：孙建恒
出 品 人：刘　刚
责任编辑：胡小英
装帧设计：金　刚
排版设计：水京方设计
责任审读：付德华
责任印制：陈德松
出版发行：中华工商联合出版社有限责任公司
印　　刷：文畅阁印刷有限公司
版　　次：2024年1月第1版
印　　次：2024年1月第1次印刷
开　　本：710mm×1000mm　1/16
字　　数：289千字
印　　张：18.75
书　　号：ISBN 978-7-5158-3766-6
定　　价：78.00元

服务热线：010—58301130—0（前台）
销售热线：010—58302977（网店部）
　　　　　010—58302166（门店部）
　　　　　010—58302837（馆配部、新媒体部）
　　　　　010—58302813（团购部）
地址邮编：北京市西城区西环广场A座
　　　　　19—20层，100044
http://www.chgslcbs.cn
投稿热线：010—58302907（总编室）
投稿邮箱：1621239583@qq.com

工商联版图书
版权所有　侵权必究

凡本社图书出现印装质量问题，请与印务部联系。
联系电话：010—58302915

序一
PREFACE

中国当前正面临着"百年大变局",这一大变局既带来了挑战,也为我们带来了机遇。我国改革开放40多年了,企业的创业与成长环境发生了巨大改变。

一个企业在经济下行中,在危机中,能不能生存下去?尤其是组织和人,能不能活下来?是企业每时每刻都需要去思考的问题。在看不清、测不准的时代,把握正确的发展方向最为重要,组织最大的迷失就是战略的迷失。企业要以足够的战略耐性,做好当下,积蓄能量,不断创新探索。

战略是一种动态选择与动态聚焦,要先开枪再瞄准。动态聚焦不是不要聚焦,而是在迭代中进化升级。企业家要改变思维,要进行认知与思维革命,真正摆脱过去成功的路径依赖,用新思维理解新时代,捕捉新机会、谋求新发展。

这本《战略执行与落地》很好地阐述了如何在变化的时代中,寻找战略机会点,保持战略耐性,不断构建战略控制点,并配置相应的人才和资金资源,提升组织能力,确保最终战略目标的实现。这本书值得所有企业家学习,逐步引入企业做好实践,真正实现"力出一孔,利出一孔"。

——中国人民大学教授、博士生导师,华夏基石管理咨询集团董事长　彭剑锋

序二 PREFACE

中国显示产业历经十余载的蓬勃发展，规模现已居全球第一，对外贸易从2012年的140亿美元逆差转变为2021年的85亿美元顺差，成功实现由"少屏"到"产屏大国"的华丽蜕变。然而，近五年显示行业投资趋缓，设备采购量和采购价格急剧下降，倒逼企业家们深思如何在逆境中持续成长。将显示行业检测设备作为传统主业的精测电子，自2006年创立到2016年登陆创业板，在获得快速发展的同时，也因粗放式野蛮生长埋下了管理水平下滑和效能下降的隐患。尤其是在外部环境更趋复杂严峻、国内经济内生动力不强的今天，精测电子面临着生存与发展的巨大考验。

为突破这一管理困局，我邀请孙建恒老师为我司主讲了"战略执行与落地"的课程。孙老师用严谨的观点和睿智的洞察，丝丝入扣地剖析了企业战略执行的细节和内核，让我深感触动和启发。因此，我代表公司与孙老师团队签订了长期战略咨询合作协议。在两年多的合作中，孙老师团队为我司带来了蓬勃活力。我们深入学习企业战略执行与落地的核心理念与方法论，建立了适合自身发展的战略管理和经营管理体系，打造了一支目标一致、语言一致、行动一致的"三致"管理团队。

事实上，在知识经济高度发展的今天，战略制定已不再是公司成功的唯一关键，其执行与落地也尤为重要。孙建恒老师的新作《战略执行与落地》既是关于华为经营管理的研究之作，也是一部激发管理智慧和洞察力的瑰

序　二

宝。在书中，孙老师为我们揭示了华为成功背后的真正秘密：卓越的战略执行能力，这也是当前值得众多公司学习和借鉴的秘诀之一。本书蕴含了孙老师丰富的实战经验和深入的研究成果，为企业家和管理者提供了重要方法论，提出的重要观点和思想有助于解决企业管理中所面临的系列挑战。理论内涵极其深厚、实践价值极其深远。

无论是企业家、管理者，还是对战略管理感兴趣的读者，都能从本书中获得深刻启示。孙老师用朴实无华的文字，将复杂的管理理论与实践经验相结合，让我们深切体会到了战略执行的真谛和重要性。在此，向各位读者郑重推荐《战略执行与落地》，让我们跟随本书一同穿越周期，共同学习与成长，探寻成功的智慧，展望更加辉煌的未来。

——武汉精测电子集团股份有限公司董事长　彭　骞

序三 PREFACE

本书中，作者将在企业十几年来的卓越实践倾囊相授，向我们展示了关于企业战略发展的"骨骼世界"。无论面对什么行业，作者能够做到始终保持"第一性思考"的原则，洞悉本质，并应用系统性的方法，对行业趋势、产业趋势展开准确的分析，指出企业当下面临的痛点与机会。难能可贵的是，你在书中可以清晰地了解到，这些分析与思考是如何得来的，可谓实实在在的"授之以渔"。

正如书中所说，变革不是盲目地追求创新，不是翻天覆地的革新才算变革。它是企业为获得发展所催生出的需求。而企业的"战略"就服务于"变革"，"变革"也是"战略"可持续发展的动力，两者相辅相成，只有其达到良性的平衡，才可能谈"发展"，而发展，才是企业经营的第一要义。

作为优秀的企业管理与变革的实践者华为来说，其重要的变革方法论之首，也是"老老实实地向标杆学习"。如今，华为已然成为众多初创企业精研并效仿的"标杆"。本书不仅让更多的人了解到华为如何做战略执行与落地，也让大家看到华为对它的"标杆"用了什么方法来开展学习。这很难得，可见作者的真诚。

书中要点全面，针对要点有切实的执行分解路径，逻辑清晰，层层深入，具备较强的实操性，一定程度上可做工具书。阅读过程中你还会发现，作者通常会直面问题，毫不避讳症结。他了解企业常见的管理困难和管理顾虑，可能在人，也可能在于取舍……华为在发展方向上、产品业务线上所做的诸多选择，我们可能早已熟知，在这里，读者将了解这些选择是如何做出的，也会清楚多年来华为如何既能保持大致方向正确，又能使组织充满活力，从而在战略管理上走向成功。

作者曾多次提到自己对战略的理解，实际上就是在企业资源有限的情况之下，决定做什么和不做什么。了解我们在哪里，清楚我们要到哪里，就是做战略规划的重要依据。

书中提到，华为对于确定性的商业机会一直信奉"范弗里特弹药量"，坚持战略聚焦，瞄准战略重地，集中力量炸开城墙口，采取饱和攻击、力出一孔、压强式投入的战术。而作为大多数的企业呢？当装备已就绪，先迈出哪只脚，朝哪个方向走，能用到什么交通工具，哪里能借到"东风"，怎么寻找到机会……也许你都能书中找到答案，预算有限，合理配置才能打好一场组合仗。

阅读此书，学习"战略"的重要与如何实施，是为了避免陷入困境，它使得经营者时刻拥有开放的视野，持有直透本质的能力。"骨骼"越坚固，底层逻辑越明晰，我们面对未来的信心就越强大，面对问题快速做出反应，应对风险与挑战。最后，希望大家都能始终保持组织活力，常胜常新。

——北京星际荣耀空间科技股份有限公司董事长　彭小波

序四
PREFACE

在当前这个富于挑战也最充满机遇的复杂大环境下，企业创新和组织进化层出不穷，全新的商业模式不断涌现，企业如何在不确定的环境中战略制胜，如何在复杂多变的环境中固本清源，我认为大家在孙老师的新作《战略执行与落地》中找到答案。

孙老师见证了华为从200亿到6000亿的业绩增长，深刻领悟到华为在战略方面的核心要素及逻辑，多年来致力于帮助企业提升管理水平和战略规划执行，此书汇集了标杆企业的核心理论及实战经验，深入浅出，既有理论高度，又有工具实操性，也有丰富的企业案例，在理解标杆企业管理举措的底层逻辑和思维方式上具有非常高的指导意义和实用价值，可以帮助更多企业学习到标杆的管理精髓，进而应用到自身的企业管理中。

信华信经过二十多年的发展，在管理、市场、客户等方面有了长足的积累，但这种积累更多是以如何满足客户需求为目的的自我改进，尚未实现基于开拓客户需求和洞察市场变化趋势去推动企业高速发展。如何在新的外部环境下，进行战略转型及系统变革与创新，突破战略发展空间局限与战略执行乏力瓶颈，找到支撑业务增长的第二增长曲线，成为摆在信华信面前的现实课题。

2017年起孙老师团队为信华信引入了战略制定方法–BLM业务领先模型与DSTE战略管理流程，优化战略制定与战略执行，BLM模型是创造快速和持续适应不断改变的业务的核心,孙老师及其团队采用陪伴式模式帮助我们充分洞察市场与客户需求,逐步摆脱机会主义,促进各业务、各组织协同,找到企业发展的新增长点,保持创新活力的同时最终达成从客户层面到市场层面的积累和沉淀,在孙老师团队的辅导下,我们根据业务设计的要求重新思考,调整影响执行的各个要素,使战略不再是纸上谈兵。

信华信自导入BLM模型和DSTE流程以来,通过僵化-优化-固化的过程,形成了符合信华信自身业务特色的战略制定和战略管理方法,逐步探索尝试突破企业成长瓶颈的新业务、新模式。聚焦主航道行业解决方案、业务解决方案和服务解决方案的成熟和市场化,加快数字化转型人才培养,支撑了公司业务规模与价值获取能力的双增长。

成长战略驱动战略成长,战略成长实现成长战略!明年将是信华信第八个中期战略开启之年,标杆企业的管理精髓对于信华信来说受益无穷而且意义深远。希望这部倾注了孙建恒老师数年战略管理理念与投资培育企业心血的大作,可以帮到更多的中国企业形成系统的、全面的、前瞻性的战略性思维,在不确定性的经营迷雾中照亮引领企业自身健康发展的主航道,占领战略制高点,实现基业长青!

——信华信技术股份有限公司总裁　王　悦

前言 FOREWORD

一、本书的目的

1. 旨在全面指导企业变革及成功。

DSTE（开发战略规划到战略执行）管理体系在企业发展中发挥重要作用，每家企业均可以按照从SP（3-5年战略规划）到BP（年度业务规划），再到战略执行和闭环管理，最终落实到组织绩效和高管个人绩效，这样一套完整的企业经营流程，年复一年严格执行，企业的运作将上一个大的台阶。在此主干流程运作基础上，叠加LTC、IPD、ITR、HR和IFS等流程，企业的组织能力将会得到有效提升，更能够抓住未来的机会点。

2. 多个企业的案例实践指导。

有了足够的实践案例，并产生有效价值，我们才开始着手写编写，这就是为什么现在才出这本书。这套方法不仅在业界大企业，如IBM、华为、新奥等有了成功实践，也在我们帮助的上市公司企业中，如精测电子、信华信、光迅科技、广联达等，有了很好的应用，同时在旗下腾股创投投资的多个估值超过5亿元的企业中也得到了有效应用。

经过战略管理体系的导入，企业在战略共识、战略定力、战略目标、战略执行层面有了长足的进步。当然，不同规模的企业有不同的需求，如面对1000亿、500亿、200亿、50亿等不同市值的公司，在基于主干流程基础上，我们会进行一些定制化的调整，才能有效帮助到这些企业。

3. 从管理与资本角度考量企业的状况，侧重战略执行与落地理解。

这本书为了更好地服务到战略解码和战略落地，特意加重了对这方面内容的阐述。一个好的公司战略需要高效的执行力才能保障落地，同时资源的约束和保障也是完成战略目标的关键所在。基于此，本书中增加了战略绩效、全预算管理等内容。

二、本书的框架

企业变革：企业变革是企业战略可持续发展的动力。我们认为企业要做大、做强、做久需要持续的变革，不断调整经营、管理、机制、领导、变革等企业发展因素，从整体视角明晰企业管理者的困惑。

战略管理：战略管理是将企业内部资源优势与外部竞争条件相优化运作的过程；是企业运用科学的方法让企业在正确的方向上发展，扬长避短，克服外部环境变化所带来的冲击，同时处于有利竞争地位的过程；是企业保持长远发展、做大做强的重要保障，是持续锻造与目标匹配的强执行力的过程。

战略规划：战略规划是实现企业愿景使命的谋划，是基于全局和未来作出有限资源下的取舍，是不断适配客户变化去寻找自身的定位与抉择。

战略解码及闭环管理：对商业本质、关键矛盾及成功路径有深刻认识后，才能定义出战略举措与关键任务，将战略逐层分解为可执行、可管理的关键战略举措、战略指标、重点工作。战略解码的过程就是战略对齐、战略落地的过程。选择与集中资源聚焦关键战略举措、年度重点工作，目标一旦确定，就要集中全力实现。

战略绩效：为了做好价值评价和价值分配，战略绩效有效地将战略目标分解到各个组织的KPI[①]，同时分解到每个人的PBC[②]中，最终组织与个人的价值通过产生的粮食来进行分配。

全预算管理：全预算管理是战略规划、战略执行落地的货币化表现，更多从经营实体角度去牵引"力出一孔，利出一孔"的实现。

[①] KPI是指关键绩效指标。是Key Performance Indicator的缩写。
[②] PBC是指个人绩效承诺，是Personal business commitment的缩写。

产业整合与并购发展：企业在内生价值成长的过程中，也需要通过资本的手段去完成投资与并购，充分应用行业合作伙伴的能力去布局未来的转型方向。

三、本书的意义

企业家时刻面临着市场瞬息万变的不确定性，因此，企业家是天然的风险家。但优秀的企业家绝非赌徒，他们是以内部管理的确定性应对任何外部不确定性的职业管理家。中国企业今天普遍面临的最大困境之一是：管理落后。

企业家和商人群体在创业的早中期，更相信个人意志的能量，成功后有些人更偏执地相信个人呼风唤雨的能力。但任何外力都充满了不可预测性，以不确定性力量应对不确定性风险，无异于缘木求鱼。内部管理的确定性才是战胜外部不确定性冲击的唯一法宝。

因此本书希望能带给企业家一个新的思想，就是要打造一个有战略思维的公司，而不是仅仅只做一个好的战略。在此基础上，企业家要带领团队描绘出企业未来五年的愿景，分解出未来五年的实现路径和投入节奏。

另外一个事情，就是企业家要在不断寻求变革的过程中，要让企业一直属于熵的合适状态。

目录 CONTENTS

第一章　企业变革是企业战略可持续发展的动力

1.1　"中国企业成长"导航图：五个成长阶段，三次管理整合 // 002

1.2　企业经营的几个观点 // 003

1.3　华为变革管理案例解析 // 021

第二章　战略管理

2.1　战略的定义 // 032

2.2　战略新变化：集权与放权 // 051

2.3　华为战略管理启示 // 062

第三章　战略规划SP

3.1　BLM业务领先模型 // 068

3.2　BLM模型的逻辑思路 // 069

3.3　领导力是根本 // 070

3.4　价值观是基础　// 076
3.5　差距分析是战略管理的起点　// 078
3.6　市场洞察决定战略管理的深度　// 085
3.7　战略意图是战略管理的目标　// 101
3.8　创新焦点是战略管理的重点　// 109
3.9　业务设计是战略管理的落脚点　// 115
3.10　关键任务是战略管理的执行细节　// 132
3.11　组织是战略管理的执行保障　// 138
3.12　人才是战略管理的人力资源保证　// 144
3.13　氛围文化是战略管理的理念基础　// 152

第四章　年度业务计划BP

4.1　从SP到BP　// 162
4.2　机会点到订货：机会点、空间和订货目标　// 165
4.3　投资组合　// 166
4.4　战略解码　// 167
4.5　管理重点工作　// 168
4.6　财务预算　// 169
4.7　人力预算及HR工作规划　// 171
4.8　制定组织KPI与员工PBC　// 173

第五章　战略解码及闭环管理

5.1　战略解码　// 176
5.2　战略执行闭环管理　// 184
5.3　战略会议管理　// 193

第六章 战略绩效管理

6.1 战略与绩效管理 // 205

6.2 组织绩效管理 // 208

6.3 个人绩效管理 // 219

第七章 全面预算管理

7.1 什么是全面预算？ // 238

7.2 预算编制前要怎么筹备？ // 245

7.3 如何编制一个好的预算？ // 252

7.4 预算编制后，过程如何做到"预算要算"？ // 258

7.5 预算如何来闭环？ // 265

附 录

战略经典案例：华为投资发展史研究 // 269

推荐语 // 275

致谢 // 281

第一章

CHAPTER 1

企业变革是企业战略可持续发展的动力

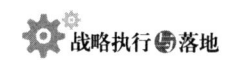

1.1 "中国企业成长"导航图：五个成长阶段，三次管理整合

华夏基石多位专家在漫长的咨询生涯里，研究了形形色色的各类企业，既有追求创新的初创公司，也不乏机制健全、管理完备的大公司，比如京东、美的、海尔等。根据这些企业的发展历程，总结出一幅专属于中国企业的成长导航图，其将中国企业发展分为五个阶段，即创业期、机会成长期、系统成长期、分业成长期和整合成长期。

处于不同发展阶段的企业面临着不同的机遇与挑战，了解这些机遇与挑战，能够帮助企业进行自我定位，并根据所在阶段面临的情况采取相应的战略来获取业务成功。

在创业期阶段，由于资金有限，初创企业要想获取更多的投资来加快企业成长就需要尽快验证公司的商业模式，在市场上以试销来抓住关键机遇，驱动企业健康迅速成长，同时逐渐形成自己的核心团队。因此，该阶段企业的重点工作就是商业模式的验证与核心团队的磨合。此外，成熟公司开展新业务的过程也是创业的过程，所以也可以采用创业期的策略。

到了机会成长阶段，企业要注重完善管理体系，从粗放式管理逐步转变成精细化管理，并且要健全组织结构，通过团队作战来抓住市场机会，把握市场机遇，保持持续健康成长，努力成为一家上市公司。

从机会成长阶段到系统成长阶段，业务团队逐渐成熟，组织能够获取许多市场机会，但是会存在依赖个人能力、核心团队流失的问题。因此，组织需要考虑如何将个人能力转化为组织能力，如何将核心团队的能力进行有效复制和传承。这些问题可以通过业务流程再造、搭建成长平台等方式来解决。

最后，到了分业成长和整合成长阶段，这也是华为等龙头公司所处的阶段。处于该阶段的企业要积极寻求变革，去发现新的成长空间，不然就很容易被市场所淘汰。比如海尔张瑞敏面对急剧变化的外部环境就提出"定制物联网时代的美好生活"的口号，在进军地产、金融等多个领域的同时，不断思考公司的主航道，激活组织和个人，于是搭建了海尔创业平台，以期调动员工的积极性。

不同企业在不同的发展阶段，其关注点、问题点都是迥然不同的。组织要想实现持续不断的成长，就要对症下药，不断进行变革，让企业能够顺利过渡到下一阶段，这一过程中企业文化和制度机制都是非常重要的（详见图1-1）。

1.2　企业经营的几个观点

"中国企业成长"导航图为我们展现了中国企业发展的各个阶段及其特点，但是要从现阶段顺利过渡到下一阶段就需要企业变革。当然，企业推行变革时不免会遇到许多问题和阻力，以下是从团队丰富的咨询项目经验中总结提炼出有关变革的观点，希望这些观点能给您带来启发，帮助您正确看待变革、实施变革。

1.2.1　增长是变革的出发点

作者此前接触过一家测绘咨询公司，在对其进行组织诊断时发现公司人员流失率非常高，达到30%。随后了解到公司当年业务收入下滑严重，比如成交价为100万元的项目最终交付时只能获得70万元的收入，而且这种情况并非少数。此外，该公司员工的薪资构成是基本工资加绩效工资，但是由于业务下滑使得绩效工资部分难以发放，这让员工对公司未来发展不抱期望，所以逐渐开始离开。

战略执行与落地

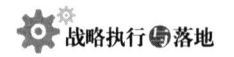

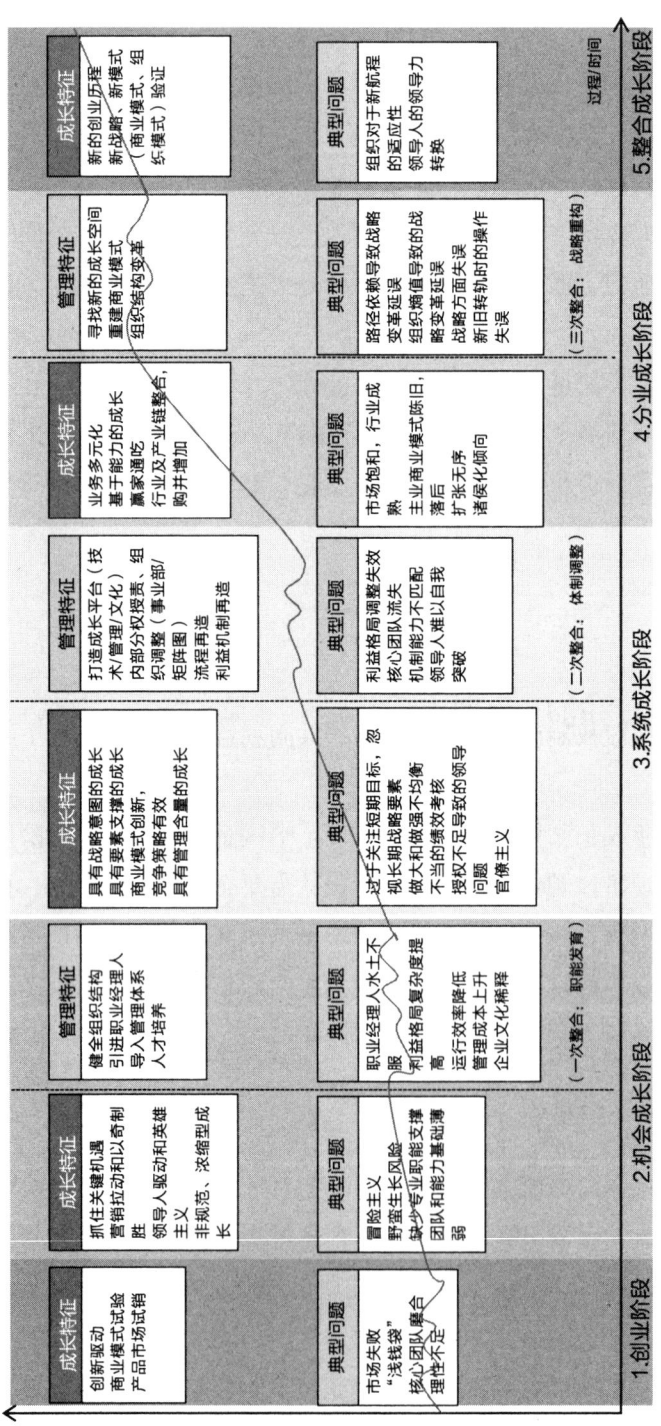

	1.创业阶段	2.机会成长阶段	3.系统成长阶段	4.分业成长阶段	5.整合成长阶段
成长特征	创新驱动 商业模式试验 产品市场试销	抓住关键机遇 营销拉动和以奇制胜 领导人驱动和英雄主义 非规范、浓缩型成长	具有战略意图的成长 具有要素支撑的成长，商业模式创新，竞争策略创新 具有管理含量的成长有效	业务多元化 基于能力的成长 赢家通吃 行业又产业链整合，购并增加	新的创业历程 新战略、新模式（商业模式）、组织模式）验证
管理特征		健全组织结构 引进职业经理人 导入管理体系 人才培养	打造成长平台（技术/管理/文化） 内部分权授责、组织调整（事业部/矩阵图） 流程再造 利益机制再造		寻找新的成长空间 重建商业模式 组织结构变革
典型问题	市场失败 "浅钱袋" 核心团队磨合 管理性不足	冒险主义 野蛮生长风险 缺少专业职能支撑 团队和能力基础薄弱	职业经理人水土不服 利益格局复杂度提高 运行效率降低 管理成本上升 企业文化稀释	过于关注短期目标、机会主义和做战略要素 做大和做强不均衡 不当的集权考核 授权不足导致的领导问题 官僚主义	市场饱和、行业成熟 主业又商业模式陈旧落后 扩张无序 诸侯化倾向	路径依赖导致战略变革难度延误 组织惯值导致的战略方面失误 新旧转轨时的操作失误	组织对于新航程的适应性 领导人的领导力转换

（一次整合：职能发育） （二次整合：体制调整） （三次整合：战略重构）

规模/素质 → 过程/时间 →

图 1-1 "中国企业成长"导航图

这一案例反映出，当企业不再增长时会暴露出许多管理问题。因此，本书认为增长是变革的出发点。

事实上，增长是解决公司许多矛盾非常核心的一点，能够满足各个利益方的诉求，比如员工需要物质和职业发展，股东需要持续不断的回报，以及合作伙伴希望能够达成共赢的生态。在公司增长停滞不前或出现倒退的时候，许多管理问题就会暴露出来并且难以解决。所以在公司发展向好的时候，一定要及时采取变革手段把问题在发展过程中解决掉。

之前辅导的一家企业，在进行预算分解时面临各个区域的毛利率始终达不到公司利润要求的问题，研究发现这个问题最核心的地方是在客户开展供应商集采的情况下，价格持续下滑，如果成本没有控制好，就会侵蚀利润。针对这一问题，不是盲目地采取裁员的手段，而是让员工多去开拓新业务，形成组织新的业务增长点。

1. 增长是平衡企业各大利益主体的唯一解

华为保持着持续增长的奇迹，那么，奇迹背后的原因是什么呢？本书认为是华为的虚拟股权制度，它是华为的"共同利益平台"，统一了股东、员工和企业的长期发展，构成了三者的"共同利益基础"。

虚拟股权制度是如何形成的呢？起初，华为实行员工持股计划，让许多老员工持有着许多华为公司的股权，每年享受着高额的分红，可见员工持股计划为老员工带来了不少福利。但对于新员工就不那么友好，华为股票的购买成本较高，没法通过股权对这些新生力量进行激励，从而导致了坐车的人与拉车的人之间利益不均衡。于是，华为通过虚拟饱和股权制度来进行调整，从而实现一方面降低老员工的长期激励，另一方面提高对新员工的即时激励，逐步形成员工薪酬三分之一是股票分红、三分之一是基本工资、三分之一是奖金的构成，有效地平衡了坐车的人与拉车的人之间的利益。

此外，华为还将企业每年创造的EVA[①]平均分为三份：一份作为企业发展基金分配给股东，一份分配给全体员工，一份用于企业的长期发展。

---

① EVA是英文Economic Value Added 的缩写，翻译过来就是经济增加值。EVA的值等于税后净营运利润减去投入资本后的所得值，它是从财务角度出发的一种衡量标准。

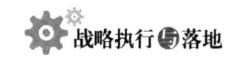

2. 增长是唤起员工责任的最低纲领

如今，员工越来越看重成长与发展，尤其是新生代员工，更高的职位级别对他们意味着对企业负有更大的责任。实际上，许多企业之所以能吸引大量优秀人才，就是因为他们能够给员工提供展示才能的平台和机会，如华为的骨干员工，一开始职级增长的相对较慢，大概以每两年一级的速度晋升，但是之后的提拔就非常迅速，甚至出现两三个月升一级，很有可能两年的时间就成为部门经理。大家熟知的李一男，27岁进入华为，29岁就已经是公司副总裁了。当然，大幅度提拔员工源于公司业务的高速发展，因为需要更多优秀的人才来支撑业务发展。

此外，小米也是如此，它近些年的成长非常迅速，市值从零到千亿只用了短短几年时间。然而，在小米一步步壮大的过程中，吸引员工靠的并不是工资，而是发展空间，不断让员工走向更高的职级，承担起更大的责任，从而实现员工与企业共同成长，同时获得极大的成就感。实际上，绝大多数互联网公司在创业阶段能够提供给员工的工资都是非常低的，但是之所以有不少互联网公司能够在强敌如林的环境中生存下来，就是依靠业务的不断发展，职级的不断提升，从而选拔出一批又一批才华横溢的年轻人。

所以，在企业不断发展的过程中，职位、权力的提升唤起了员工的成就感、责任感。即使不是初创公司，许多公司也在思考如何再次激活组织和员工，从而涌现出一大批超级奋斗者为公司创造更多的价值，加快推进公司的发展。

3. 如何制定增长速度

增长能够解决企业许多矛盾，能够唤起员工的责任感，那么，对于增长速度有什么样的要求呢？是否只要保持增长就能够实现以上作用？实际上，并不是如此的，每个行业都有属于自己的增长速度。

在信息通信行业，华为可以说是把握了过去三十多年的辉煌，其制定的增长速度就高于行业以及竞争对手的增长，并且会进行及时调整，比如竞争对手的增长速度是40%，华为一开始制定的增长速度或许是30%，但是在获取行业和竞争对手信息之后，就需要调整成40%以上才能够维护华为的行业领先水平。

制定增长速度是非常有讲究的，作者之前辅导过一家上海企业，其制定的增长速度就是每年要高于行业平均增长速度10%，恰恰就是这10%让这家企业的利润额是第二名的几倍，从而确立了该企业在定价、客户需求引领等方面拥有绝对的话语权。

如果想成为行业的龙头企业，就不得不提一下"保级速度"。所谓保级速度，就是过去30多年中国企业要想成为行业头部企业需要达到的增长速度。在分析中国300多家头部企业后，如万科、华为和招商银行等，发现企业要达到每年维持25%的增长速度才能成为行业的领头羊。

当然，现在环境正在发生变化，过去30年企业都处于粗放型发展，企业一直需要满足市场需求。然而，未来的30年，市场趋近饱和，企业竞争会发展到另一个阶段，会越来越强调精细化管理，中国制造也会不断向中国创造转变，市场环境会对企业的经营管理、机会把握和客户关系提出新挑战。因此，需要企业不断变革去适应风云变幻的市场环境，采取战略变革、营销变革和研发变革等一系列重要举措，来帮助企业在未来竞争中立于不败之地。

1.2.2　经营先于管理

再伟大的企业也会存在问题，没有公司不存在问题，只是有多有少。在这些问题中，管理者一定要抓住主要矛盾以及矛盾的主要方面，意识到管理是为经营服务的，而不是为了管理而管理，所以要秉持经营先于管理的观念。接下来，本书通过正反两个例子来加深大家对经营先于管理的理解。

众所周知，2010年到2020年是移动互联网蓬勃发展的黄金10年，移动互联网的用户渗透率很快就实现从零到百，其间许多创业公司尤其是各类APP如雨后春笋般冒出来，采用补贴的方式来吸引用户，获取了可观的利润。但是这些公司没有留存利润，而是继续投入到用户补贴、业务扩张中，导致2017年行业寒冬来临时，这些企业资金链断裂，经营困难，最终倒闭。这是由于他们一直进行补贴，却没有把握住用户的真正需求，难以获取新用户，也就没有稳定的收入来维持公司运转。

与之相反的是，小米在遇到困境时则挺住了。起初，小米预计发售一亿部手机，但是最终只售出7000万部，没有实现预期。当时，业界许多人士都非常看衰小米，认为其发展后劲不足，存在致命的问题。但是小米团队并没有自暴自弃，在明确自身在芯片上存在不足后，就特地派黎万强去美国调研学习，了解芯片相关情况。回国之后，小米就制定出相应的策略，与大唐电信签订协议借用其芯片团队来帮助自己研发芯片。在此期间发现该团队是非常不错的，就从大唐电信挖走整个团队来补齐自己的芯片短板，从而积蓄力量实现更长远的发展。小米之所以获得成功，其在公司经营方面还是可圈可点的，尤其是合伙人机制运行得非常不错。

此外，VIVO、OPPO的成功很大程度上也得益于经营的成功。在手机行业，大家都认同这两家公司在营销方面做得非常出色，它们的成功都离不开一个人，那就是段永平，VIVO、OPPO的创始人均是其门徒。另外，黄峥也是跟随段永平多年，习得其卓越的渠道管理能力，才能够抓住用户的需求推出拼多多。但是，营销只会帮助企业获得暂时成功，打铁还需自身硬，企业要想持续成功，就需要有为客户持续创造价值的能力，这方面华为的实力更强，未来能够走得更远，而VIVO、OPPO要想更进一步或许就需要变革。

实际上，变革管理非常重要的一个产出就是能够提升企业经营质量、凸显经营效益。企业要想持续经营，就需要不断创造价值，实现营收。基本上，企业主要从这几方面实现营收。

第一个是赚趋势的钱，也就是企业抓住了行业趋势，实现了快速发展，典型的案例就是小米。从2011年开始，只用了7年时间就做到了千亿市值，它就是抓住了移动互联网产业的趋势。

第二个是赚经营的钱，比如云南红塔集团，它之所以能够成为烟草行业的领头羊，关键一点是其抓住了关键经营要素。当时红塔集团总裁褚时健高瞻远瞩，承包了大片适合种植烟叶的云南农村土地，所以生产出来的产品品质是不错的。即便近些年云南红塔集团起起伏伏，但还是处于行业领先水平。

第三个是赚管理的钱，这方面的代表企业是以精细化管理闻名的丰田，其净利润超过行业第二和第三的总和。另外，华为的管理能力也是非常强的，它每年会将销售收入的3%持续投入到各种变革中，帮助其提升了在全球行业的话语权。

总的来说，变革要瞄准经营，要明白企业管理是螺旋上升的，要循序渐进、逐步地去解决企业的问题。随着对企业经营的认知不断提升，企业经营效益也会得到大幅度提高。

1.2.3 机制先于管理

在企业开展新业务、研发新产品、开拓新市场的时候，很难立竿见影地看见效果，因此不应该过分看重市场份额、销售额以及利润，而是应该加快验证业务模式是否可行。在稳定运营一段时间后再加大投入，扩充规模，到这时再去关注营业收入、利润率等指标。

比如华为一开始推出荣耀手机，在线上渠道能够与小米手机平分秋色。但是在开通线下渠道后，荣耀手机的销售情况却不尽如人意，并且积压了许多库存。针对这一情况，华为制定了一项激励措施，就是无论是什么职级的员工，只要能够卖出手机，就能够享受每部一二十块钱的提成。该激励政策一经发布，荣耀手机的销量突飞猛进，部分员工甚至获得100万元的销售提成。这就是激励机制在发挥作用，完美地解决了荣耀手机的库存问题。

1.2.4 团队先于组织

在开拓创新业务时，团队是非常重要的，早期企业要搭建起有战斗力的团队，去验证自己的商业模式，毕竟企业初期的投入是有限的。在完成这一阶段后，就可以快速复制，大规模投入。在团队的构建过程，还要遵循一个原则，就是在团队发展创新业务时要尽量多授权，让团队去大胆试验摸索，这与对传统业务采取精细化管控是不一样的。基于此，本书认为团队要先于组织。

在创立小米的过程中，雷军大部分时间就是在组建核心管理团队，除了林斌、黎万强等老部下，其他创始人都是雷军请来的。小米初期虽然没有华为那样的长期运作能力，但是小米核心管理团队成型之后，对未来的市场以及业务能够达成共识，并且有条不紊地执行下去，让小米取得了极大的成功，这就是强有力团队的力量。

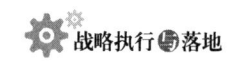

1.2.5 领导先于机制

一个企业是否能够成功，尤其是初创企业能否一步一步做大做强，90%取决于这个企业的创始人是否有领导魅力，是否会为了实现目标而义无反顾、矢志不渝地去坚持、去努力。相比只是为了赚钱而经营公司的创始人，受使命和愿景驱动的领导者或许更能够吸引一批有志之士来共创大业。

之前认识的一个创业者给我们留下了非常深刻的印象，他办企业的目的是解决目标产业的痛点问题。当时问了他一个问题"如果企业处于破产的边缘，你会怎么做呢？"他非常平静地回答道"如果企业真到了那一步，我会毫不犹豫地变卖家产，去支撑企业继续下去"。从回答中不难看出他的创业决心，正是这份决心，他的企业才能够经营得风生水起。

提起领导者，就不得不提及华为的任正非，他在华为的发展过程中起着定海神针的作用。

一方面，他让员工始终对华为的未来充满希望，在2000年前后，华为面临内外交困的情况，现金流近乎断裂：在内，李一男借内部创业带走了公司一大批业务方面的骨干，对华为国内市场产生威胁；在外，互联网泡沫破灭，国际通信设备厂商的竞争加剧。即使在如此危急的时刻，任正非也没有面露难色，依旧努力实现华为股票保证每年25%利润分红，从而让大家始终相信华为能行。另一方面，他始终把控着企业的发展方向。在各大运营商开展移动互联网创新，进军动漫、阅读等产业时，任正非自始至终都强调要以满足客户需要为准则，可以学习互联网的思维，但是不能偏离公司的战略方向。后来的水系管道战略也印证了这一点，要聚焦公司的主赛道，对于其他赛道可以尝试，但不能深陷泥潭。

既然领导如此重要，那他们需要做什么呢？

首先，领导要定方向，要与管理团队共同研讨公司未来战略并达成共识，明确公司未来五年要走向何方。这是非常重要的。员工对公司的信任更多来自公司未来发展的前景，员工认为自己在公司长期处于发展向好态势的情况下，物质需要能够不断得到满足，职位职级能够得到提升，职业生涯能够不断成长。

其次，领导要推动组织变革，不能让组织僵化，让员工过于松懈。阿里巴巴、华为和小米这些企业都在不断寻求变革，组织不断发生变化，公司业务也在不断调整来适应迅速变化的环境。企业在不断发展过程中，难免会出现大企业病，会阻碍企业的发展，这时就需要领导瞄准目标去调整人员和组织架构，保持组织战斗力，保证组织战略的落地实现。如华为云事业部原本是IT产品线的小部门，但是基于未来发展，逐渐重视云业务，设立了云BG[①]，与企业BG以及消费者BG是同一级别，足以看出华为对云业务的重视程度。此外，华为的组织架构也是一直围绕着客户需要、增加土地肥力去变化，从初期的职能制，再到事业部制，成立了各区域事业部和产品线，最后变成矩阵式的组织结构。

实际上，许多企业无法把变革推行下去，很大程度上是因为公司一把手没有亲自去执行，导致变革中产生的利益冲突、权力再分配无法得到解决。

另外，组织中参与战略变革推动的是谁呢？在华为，会让非常强势的业务一把手去推动组织变革，同时让外部顾问团队加以辅助。当时，华为在制定基本法的时候，任正非就会针对性地处理不服从安排，抵制变革的员工。之所以处理这些员工，是因为其极大程度上会阻碍组织前进。参与到变革流程中是非常重要的，能够让优秀的人得到快速地成长，并依靠他们去制定流程，再让其余80%表现中规中矩的员工去推行，从而固化流程来有效提升组织的能力。

领导者要明白，变革不可能是百分百完美的，很多时候需要其进行决策，追求变革的最优模式，也需要经历先僵化再优化再固化的过程来打磨变革，让其更适合于组织，让每个人能够发挥其最大的价值。

1.2.6　变革能力决定企业活多久

业界不少人认为变革会造成企业死亡，但是在现今这千变万化的环境中，如果企业不寻求变革，那么结局只会是破产倒闭。

纵观中国过去三十年间的企业，不管是华为、美的，还是互联网企业小

---

① 在华为，BG是指其公司的业务集团，不属于公司职能部门。

米、腾讯，都在不断寻求变革。小米的变革让其在几年间飞速成长，不断调整组织架构，最终形成各种事业部，并创造出更多岗位来吸引人才；华为不断变革，成立20个军团，在新业务新技术上攻坚克难，同时强有力回应美国的封锁打压。

只有变革，才能促使企业不断自我反思、完善、创新，才能够将企业的优秀品质和卓越能力传承下去，去迎接新时代、新挑战，焕发企业的第二春（详见图1-2）。

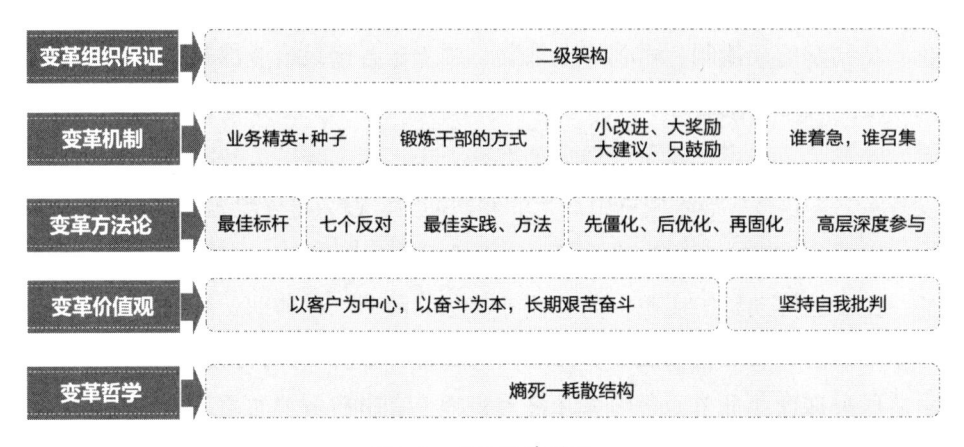

变革组织保证	二级架构			
变革机制	业务精英+种子	锻炼干部的方式	小改进、大奖励 大建议、只鼓励	谁着急，谁召集
变革方法论	最佳标杆	七个反对	最佳实践、方法	先僵化、后优化、再固化	高层深度参与
变革价值观	以客户为中心，以奋斗为本，长期艰苦奋斗	坚持自我批判
变革哲学	熵死—耗散结构

图1-2　华为变革模型

变革到底是什么呢？作者认为变革是对组织管理思想、业务流程等方面的重新梳理。我们了解了实施变革需要遵循的原则，但是如何实际操作还知之甚少。因此，接下来的章节将详细介绍华为的变革之道，让大家能够明晰变革的思路。

华为的变革之道可以分为以下四个部分：变革机制和组织保证、变革方法论、变革价值观、变革哲学。

1.变革机制和组织保证

华为在组织变革中始终重视变革的质量，并认为变革质量优先于按时完成变革的目标。华为讲究持续性变革，其目的是消除组织惯性，激活组织沉淀资源，与变化的环境匹配，但变革不能急躁冒进。任正非明确提出，变革需要遵循"小改进、大激励，大建议、只鼓励"的原则，这个原则充分体现出评估变革成功的标准是质量与结果。

在变革小组成员上，华为采用"业务精英+种子选手"的方式，用任正非的话就是"少数明白人带一群聪明人"。华为认为，变革的核心是服务于业务，只有业务精英才最懂业务，他们参与才最可能把变革推得更有成效。同时，参加各类变革小组也是华为培养领导人的重要途径。华为选拔业务部门的一把手，让他们脱离原岗位，加入变革团队，这些未来的领导人就没了"退路"，就可以专注于变革项目，在变革项目的推进实施中，会锻炼他们的系统思维，这也是更高层干部的必备素质。

为保证变革的制度化实施，华为建立了一套标准化的制度体系，以顺利发起和实施变革。在架构上设立了变革指导委员会、变革项目管理办公室和变革项目组三个层级的变革机构。在早期的重大变革项目（如IPD[①]和ISC[②]）中，变革指导委员会的主席都是华为当时的董事长孙亚芳，而任正非与来自IBM的专家一同担任指导委员会的顾问，委员会的工作成员都是从业务线上抽调的专家干部。

项目指导委员会的常设机构是变革项目管理办公室，负责变革项目的具体事务，如项目过程的追踪、完成的质量监督等，还负责资源调配和不同项目之间的融合。此外，每个变革项目都由专门的项目组负责执行，每个项目组都有一个"赞助人（Sponser）"，该赞助人通常由公司的高级副总裁担任。

2. 变革方法论

华为变革方法论的第一条，就是老老实实地向标杆学习。与大多数中国企业相比，华为在学习西方公司的管理方法上，走得更为坚决、彻底。华为的变革从来不追求形式主义和面子工程，而是追求"循序渐进地推动变革落地"。

华为的变革方法论，可以概括为：第一，变革前先找到世界上最好的公司作为标杆；第二，聘请知名咨询公司，通过学习和采纳业界最佳实践，帮助华为缩短与国外最好公司的差距；第三，尽可能如实地在公司复制业界最佳实践和制度；第四，充分消化吸收后，再结合自身的实践优化、迭代，实现反超越。

---

① 集成产品开发，是Integrated Product Development的简称。
② 集成供应链，是 Integrated Supply Chain 的简称。

其他公司不管是向华为学习，还是向其他卓越企业学习，都应该铭记不能生搬硬套标杆的干部体系、文化机制等，毕竟人才储备、所处行业等很多方面都存在差异，只有理解标杆企业管理举措的底层逻辑，明晰其思维方式，才能够学习到标杆的管理精髓，然后应用到自身企业管理中。如华为倡导一切以客户为中心，实际上就是以客户为导向，关注客户需要；而在激励方面，华为主张给火车头加满油，就是让表现优异与表现不好的在薪资待遇上拉开差距。

除此之外，在领导交接班的时候，也能够看出企业是否把握了变革的本质。如美的在交接班时，方洪波带领部门取得了非常不错的业绩，最终被何享健选定为接班人，并清退了一批元老来为其铺路。在上任第一年，美的业绩下滑40%，正处于大刀阔斧的改革，员工还是非常坚定地支持他。终于在随后的第二年、第三年都实现30%的增长，即使是现在五六千亿的市值，也能够保持非常强势的增长劲头。

从以上两个例子不难看出，管理变革的底层逻辑没有变，不管是在激励机制还是交接班中都是如此。

华为多年来持续有效增长，就是通过不断地进行变革来保持组织活力。如今华为身处美国打压的严峻形势下，依靠之前准确识别出的未来战略控制点，即自主研发海思半导体，极大地缓解了自身手机芯片短缺的急迫问题，但是在战略方面仍然有不足的地方。因此，即使强如华为，也应时刻保持忧患意识，以活下去为战略目标，来应对此刻和未来所遇到的种种困难和挑战。

华为在变革中坚持七个反对：

一是坚决反对完美主义！

任正非说：流程哪来的完美？流程是发展的、改变的，外部世界都在变，你搞完美主义我时间等不起，你可能要搞一年，但是我希望你半年搞出成果！所以他反对完美主义。

二是坚决反对繁琐哲学！

华为在内部做流程变革的时候，如果发现一个流程出现了第五个控制点，首先会问为什么会出现第五个控制点？然后就是想为什么不能减少一个控制点？华为内部把这种做法叫"川普流程"，就是要力求精简，反对烦琐。

三是坚决反对盲目创新！

反对盲目创新，就是要反对员工自以为是的那套东西，华为要求员工保持空杯心态，开放地去学习美国先进的企业管理理念。

四是坚决反对没有全局效益提升的局部优化！

华为认为推行变革是可以的，但是要取缔很多部门个人局部的利益，让全局的利益来解决局部的利益。如果这项变革，只能给某一个部门带来利益，对华为公司整体却毫无益处，那就不要继续推行下去！

五是坚决反对没有全局观的干部主导变革！

主导变革的干部一定要具有全局观，变革一定要以一线干部为主。如果企业家要求进行业务变革，但是主导变革的干部都不理解变革的目的，那该干部还适合站在这个位置上吗？显然是不适合的！不适合就要让路。流程变革的目的就是要动人，如果人都动不了，企业家怎么管理这个企业？所谓成功的变革，就是当变革完成以后，企业家想调整谁就调整谁，因为动了谁，业务都不会受影响，这就是业务变革真正的目的。

六是坚决反对没有业务实践经验的人参加变革！

参与变革的人一定要有丰富的经验，没有经验，别人说什么是什么，那肯定不行。

七是坚决反对没有充分论证的流程进行使用！

这句话就是说，变革的流程需要论证，流程设计出来之后需要干跑，什么叫干跑？假如流程设计完之后有五个节点，五个节点涉及五个部门，五个部门涉及五个岗位，就要把五个岗位的人都拉到一个会议室里坐好，对业务运行进行验证，看能不能运行起来？运行起来效果怎么样？大家能否有效配合？如果协作不顺畅怎么改？参会人员会共同提出修改意见，最后验证完以后再到华为的代表处去试运行，代表处试运行完了之后再做适当的推广，直到最后的全球推广，这就叫干跑。

3. 变革价值观

华为的变革价值观，从1998年发布的《华为基本法》中就可以寻到蛛丝马迹。当时，华为基本法就已经明确提出"为客户服务是华为存在的唯一理由"，客户需求是华为发展的原动力。企业的供应链就是一条生态链，客户、员工、合作者、供应商、制造商在同一条船上，但利润只能从客户那里来，企业的每项活动必须围绕客户的利益去调整。所以，华为在所有变革的过程中均坚持"以客户为中心"。

对华为来说，"以客户为中心"是公司的价值主张，也是变革的起点，客户的不满意就是最重要的变革信号。

华为的生存本身就是靠满足客户需求，提供客户所需的产品和服务并获得合理的回报来支撑。客户的需求是基于其实际情况形成的，不能一味地以自我的角度向客户强行灌输企业的想法。

企业核心价值是否围绕客户是关乎企业兴盛和衰败的根本性问题，华为对此认识深刻，并坚持自我批判以保持对客户的关注。自我批判是一件说起来容易，做起来难的事。一些企业也会进行自我批判，但很多是蜻蜓点水，浮于表面，而华为却能以不同形式，针对不同对象开展深刻的自我批判，并对实际工作产生影响。

为何华为的自我批判可以开展得如此彻底并长期坚持？这是因为华为的自我批判源于自身强烈的危机感。华为艰辛的创业历程，让其始终保持着一种随时可能面临死亡的危机感。2001年3月在华为发展势头正盛时，任正非却在内部会议上提出要为过冬做准备，并在内刊上发表了那篇关于危机的著名文章《华为的冬天》。任正非提到"十年来我天天思考的都是失败，对成功视而不见，也没有什么荣誉感、自豪感，而是危机感"。2011年，华为开始组织转型，并创造性地设计了"轮值CEO制"。正是这种危机感让华为始终懂得自我批判，自我调整，保持着企业发展应有的活力。

华为的自我批判还源于开放的心态和勇攀科技高峰的勇气。华为基本法开篇便明确："华为的追求是在电子信息领域实现顾客的梦想，并依靠点点滴滴、锲而不舍的艰苦追求，使我们成为世界级领先企业。"这个追求并非自我努力就可以实现，为此华为坚持打开边界，与世界握手，与合作伙伴合作，持续向其他优秀企业学习。如今，华为已经走在了世界的前列，但它依然坚持自我批判，虚心学习，避免故步自封。

华为的自我批判也源于对干部的严格要求。在华为由于干部权力较大，往往会出现听不进反对意见、一言堂等情况。这样会导致有益的思想无法成长，且由于个人认识的局限性，很容易造成决策失误，错失机会。还有一些干部会报喜不报忧，掩盖事实真相。这样的做法一旦成为常态，对企业的发展将非常不利，甚至会出现千里之堤毁于蚁穴的情况。为此，华为通过自我批判对干部出现的片面行为及时发现和制止，保持干部队伍的务实作风。

4. 变革哲学

最后，再来谈谈华为的变革哲学。华为的成功不是偶然的，任正非开创性的变革哲学思想和战略思想起着决定性作用，本书从两方面来解释其变革思想：

第一，企业是个熵增系统，成长到一定规模后，必须通过变革进行熵减，从无序变有序。

熵，首先是物理学概念，根据热力学第二定律，熵用来描述一个系统的混乱度，系统自发都是不可逆过程，都会从有序到无序，或者称为熵增原理。简单地说，熵是描述一个系统无序程度的变量，越有序则熵越小，越无序熵就越大。熵增是世界上一切事物发展的自然规律，都是从有序走向无序，最终灭亡的过程。

对于企业而言，企业发展的自然法则也是熵由低到高，逐步走向混乱并失去发展动力。企业中的熵增产生于企业的各种内部矛盾，这些矛盾冲突不断产生熵，让熵持续增加，即企业的混乱度不断增加。熵是企业不稳定的根源，熵的不断增加必然导致企业效益降低，管理效率下降。

在企业的日常经营管理中，生成熵的因素有：干部拉帮结派，追求帮派小利益，形成不利于企业管理的非正式组织；厚重的部门墙，具体体现在各部门在企业中形成了一个个的独立系统，部门之间画地为牢，部门利益高于企业利益，造成跨部门沟通不畅；组织松散，无法有效管理战略目标；组织懈怠，流程僵化，技术创新乏力；高层管理者有私心，凌驾于制度之上；各谋私利，只顾个人，不要集体；企业文化落后，没有团队精神等等。

薛定谔在《生命是什么》中提出负熵的概念，一个生命有机体在不断产生熵，或者可以说是在增加正熵，并逐渐趋近于最大熵的危险状态，即死亡。要摆脱死亡，要活着，唯一的办法就是从环境中不断吸取负熵。一个生命体就是靠负熵为生，或者说，新陈代谢的本质就在于让生命体成功消除了当它活着时产生的全部熵。

企业的负熵是为了抵消熵带来的不稳定性和混乱性，从而维持企业管理的秩序与企业本身的存在和发展。在一个正常的企业发展中，由于人的复杂性，熵的生成在某种程度上带有自发性与主动性特征，甚至可以认为，熵的产生是企业运转和企业管理的一个必然结果。企业只要在进行经营管理，就一定会产生不利于维持企业经营管理秩序的熵。但企业负熵的产生却并不是这样，企业要想生成用于抵消正熵并以此来强化企业管理的有序度的负熵，则必须依赖于制度、变革，或者企业被动地从外部引入负熵。因此，负熵带有明显的强制施加性，在这一点上，负熵与正熵有着显著的差异。企业负熵的产生必须借助于适当的管理制度与强有力的制度执行保障体系。

以华为为例，在企业中，有助于产生负熵的原因有：

一是端到端的业务流程管理体系。

端到端，是指输入端是市场，输出端也是市场，形成闭环。华为交付流程"端到端"打通后，解决了公司各业务部门面临的困难。将各相关环节衔接起来，搭建集成信息交互平台，健全组织运作机制，提高了一系列资源的周转率，实现了企业效益最大化。

二是危机意识激活员工。

华为没有"稳定"这两个字，既没有论资排辈，也没有权力集中，华为的制度让员工有危机感。为什么每隔十年就要大刀阔斧地来一次变革？就是要让华为的员工，尤其是管理层居安而思危，不忘记艰苦奋斗。

三是力出一孔，利出一孔。

华为25年来一直在通信这一个目标上持续奋斗，从未动摇，就如同是从一个孔喷出来的水，实现了今天的成就，这就是力出一孔的威力。同时华为坚持利出一孔，EMT（经营高管团队）宣言中明确了，华为从最高层到所有骨干层的全部收入，只能来源于华为的工资、奖励、分红，不允许有其他额外的收入，从组织和制度上堵住了谋私利的孔，形成了所有员工团结奋斗的局面。

四是胜则举杯相庆，败则拼死相救。

团队合作不仅是跨文化的群体协作精神，也是打破部门墙、提升流程效率的有力保障。现在许多公司行政管理团队的权力太大，而流程拥有者的权力太小，致使一个个的部门墙越积越厚，企业在无形中增加了较大的成本，竞争力减弱，熵增加。要用制度来保证这种精神传承，要让为全流程作出贡献的人能够按贡献分享到成果。

五是以客户为中心、以奋斗者为本的企业文化。

在一个企业中，管理的任务在于尽可能避免熵的增加，消除一切可能导致企业熵增加的不利因素。华为坚持在以客户为中心、以奋斗者为本的基础上进行管理变革，让企业变得更有序，让运行更有效率，激发华为人的活力和创造力，从而得到持续发展的企业活力。

第二，企业是个耗散结构，需要开放，交换信息与能量。

耗散结构也是个物理学概念，由比利时物理学家普利高津提出，其本质就是一个远离平衡的开放系统，通过不断与外界进行物质和能量交换，在耗散过程中产生负熵流，从原来的无序状态转变为一种时间、空间和功能的有序状态。这种远离平衡态的、稳定的、有序的结构被称之为"耗散结构"。

对于现代企业组织来讲，最基本的过程就是"投入—产出"，一方面是原材料的购进，资金、信息的持续输入，另一方面通过加工后形成产品，在市场中尽快销售以使资金尽快回收。无论是输入还是输出，一旦停下来，企业内部所有秩序和结构都将会彻底瓦解。显然，企业的一切基础都是依赖于这个开放的输入输出过程。这就是一个典型的耗散系统。

开放系统是产生耗散结构的前提，孤立系统和封闭系统都不可能产生耗散结构。对于企业，必须与外界开放，交换各种生产资料、信息、资金等，并且要遵守国家的法律法规，支付员工工资、福利，进行税务审核和按时纳税。另外，企业必须深入了解宏观发展环境以及行业发展趋势、竞争对手的产品和竞争策略，以及客户的真实需求，制定符合自身情况的竞争策略和营销策略，完成销售闭环，形成现金收入。企业发展过程中都在与外界发生物质、信息、资金等的交换，从生产资料的采购到产品的销售，都可以看出开放对企业至关重要。开放性企业思想，产业链合作，对企业管理起到指引作用。

企业管理的实质是一个增加负熵和建立耗散结构的过程，这一点在经济全球化、科技日新月异、用户需求多样化与个性化、市场竞争不断加剧的今天尤为重要，这就是华为变革模型的基本内容。

在明晰华为变革模型后，需要再次强调一下支撑变革的组织与人员。

组织方面，华为建立IPD流程时的团队就是按照"20%精英+80%普通员工"的比例配置，这80%的普通员工相对于精英，能力是相对较弱的。根据两类员工的特点，华为让20%精英去学习先进的经验与思想，初步确定业务流程，再由普通员工去运行验证模型的可行性，从而大大提高业务流程再造的效率。此外，业务流程的改造最好逐步迭代，提高变革稳健性，避免出现大的错误和偏差。这一方面可以学习国有企业的管理制度，尤其是其出色的风险管控能力与集体决策的智慧。

另外，组织需要优秀的人才来推动变革。当然，变革也是孕育人才的摇篮，变革过程中会涌现出一批批杰出人才。经过不断的历练，员工的能力会快速提升，从而担起更大的责任。

最后，企业家要明白，变革可大可小，对管理进行完善也不失为一种变革，并不是翻天覆地的革新才是变革。华为就非常反对盲目创新，因为这并不会给企业带来什么好处。变革可以从标杆学习着手，对于外部优秀的经验，可以采用先僵化吸收，再固化沉淀，最后逐步优化的步骤。同时，也希望企业在推行变革的时候，能够始终遵循以下观点：增长是企业变革的一个出发点，经营要先于管理，机制也要先于管理，团队先于组织，领导先于机制，最终是变革能力决定企业能活多久，相信会对组织变革大有裨益。

接下来，让我们从华为的案例出发，学习如何遵循变革观点去开展变革管理工作。

1.3 华为变革管理案例解析

增长是一个主旋律，本节将从增长的角度给大家做一些分析，同时从管理和变革的角度来看华为是怎么做的，以及怎么去管理你的变革，这个也非常重要。因此，本节分享的主题就是华为的变革与变革的管理。

1.3.1 走出混沌

1994年，华为销售收入达到5个亿。5个亿却让任正非犯了难，他在思考如何才能分配好这5个亿的销售收入带来的利润，才能持续激励员工为企业创造更大的价值。对于这个难题，任总希望寻求外部专家的帮助来解决，于是在1995年聘请彭剑锋教授来解决如何给市场部分钱的问题。

这是彭教授在华为接手的第一个项目，彭教授总共为华为服务了8年，在这8年时间里，完成了大大小小38个咨询项目，其中最为著名的，当属起草《华为基本法》。基本法在1998年正式发布，任正非对基本法有非常高的评价，认为它能够统一公司员工的思想，同时钦佩人大教授的管理智慧。《华为基本法》不仅统一了华为人的思想，凝练了企业价值观，还吹响了华为变革的号角。

在《华为基本法》发布的同年，任正非计划华为的业务要进入海外市场，但是对于海外市场到底是什么情况尚未了解。基于此，任总决定先进行实地调研，于是在1997年圣诞节的时候就去走访了美国休斯公司、惠普公司、IBM公司以及贝尔实验室等高科技公司。参观贝尔实验室时，任正非感触良多，感慨科学技术对人类进步真的产生了非常巨大的影响。

回国后，任正非作了四个决定。第一个是向印度学习先进的软件技术；第二个是向美国学习创新精神；第三个是向德国学习质量管控，向日本学习精细化管理，向美国学习创新管理；第四个是对华为现在影响最深的，就是对标IBM进行学习。

于是，华为从对标学习IBM开启组织变革的征程。在这一过程中，华为依旧在不断思考，思考在企业飞速发展的时候，如何给企业换上火车的轮子，思考华为是想成为别人的盘中餐，还是想成为浴火重生的火凤凰，不断进行涅槃。华为就是通过变革去不断寻找这些问题的答案，这就是华为面对困境时，追求自己目标时进行变革的动因。因此，对于变革，首先要明确为什么要变革？其次是变什么，怎么变？然后就是变革怎么管理？

1.3.2 变什么

企业变革要变什么呢？华为认为变革应该从四个维度展开，见图1-3。

第一个对文化进行变革，文化是变革的基石，所以变革首先要从文化开始；

第二个对流程进行变革，因为流程是面向客户的，企业存在的价值就是满足客户需要，为客户创造价值，也就要遵从从客户中来，到客户中去；

第三个对组织进行变革，以支撑流程，支撑战略，保证战略落地；

第四个是对变革成果进行IT化，华为公司过去就有IT部，之后变更为流程与IT部，后来为了强调变革的质量，将流程与IT部叫作流程质量IT部。从华为该部门名称变迁中，足见变革要进行IT化的重要性。

图1-3 变革维度

1.3.3 怎么变

1. 文化变革

对于文化,要认识到文化的重要性。《易经》中提到,资源是会枯竭的,只有文化才会生生不息。文化是什么?文化是保证组织形式里的个体,能按照同一种语言,同一种动作完成组织赋予的职责。一个组织必然会出现矛盾和冲突,但是当存在矛盾和冲突的时候,大家能够被牵引着朝一个共同的方向思考问题、解决问题,那么企业反而会在矛盾和冲突出现后进一步成长,这就是文化的作用,文化的魅力。

华为早期的文化,是喊口号的文化,唱歌的文化。华为早期的文化是朴素的,通过喊口号、唱歌的方式来表达华为倡导的价值观。但是这种早期文化是比较零散的,直到《华为基本法》的出台,才统一华为的思想。

华为也非常重视文化价值观,文化价值观让华为员工同力同心,共同向华为的战略目标前进。

在2005年,华为的海外销售额已经与国内销售相差无几了,华为认为自己之所以能适应不断加快的海外节奏,不断扩大海外市场的市场份额,依靠的就是文化价值观的吸引力来广聚天下英才。后来华为在2008年还发布了《华为核心价值观》,确立了华为核心价值观是"成就客户、艰苦奋斗、自我批判、开放进取、志诚守信、团队合作"这24字。2011年,华为的价值观就正式确立为"以客户为中心、以奋斗者为本"。

以客户为中心,是华为对外经营管理的纲要;以奋斗者为本,则是华为内部人力资源管理纲要。这就是华为文化变革发展的过程。

2. 流程变革

对于流程,华为公司有四大执行类流程。

第一个流程是IPD(Integrated Product Development),产品集成开发,华为花费了七年时间搭建了该流程。

第二个流程是MTL(Market to Lead),从市场到线索,主要描述进入市场的产品到客户购买意向(线索)。一般而言,IPD产品开发流程结束,产品发布、上市要尽快衔接后续的营销活动,使得客户有购买意向,或是购买线索，为此华为会进行展会、宣传、品牌推广等营销活动。通过MTL快速找到合适的细分市场，并在合适的时机介入合适的细分市场，找到合适的客户，用有限的资源创造更多的线索和机会点甚至是合同等等。

第三个流程是LTC（Lead To Cash），从线索到回款，端到端贯穿公司运作的主业务流，承载着公司最大的物流、资金流和人力投入，这一流程华为花费了九年的时间搭建。在公司初期，客户就称赞华为的销售是一流的，但华为并不满足于此，想要将销售从一流做到超一流，于是就踏踏实实地搭建LTC流程，流程完善之后，华为的销售能力的确有了质的飞跃，在销售市场上所向披靡。

第四个流程是ITR（Issue to Resolved），从问题到解决，是从问题发现一直到问题得到解决的端到端横向拉通的流程。

对于执行类流程，要清晰地梳理出来，确保能够帮助业务活动来为客户创造价值（详见图1-4）。

Operating 运作	1. IPD（Integrated Product Development 集成产品开发） 2. MTL（Market to Lead 上市产品到客户购买意向） 3. LTC（Lead to Cash 从线索到回款） 4. ITR（Issue to Resolution 客户问题到解决方案）	运作流程：直接面对客户，端到端定义为完成对客户的价值交付所需的业务活动
Enabling 使能	5. Develop Strategy to Execute（开发战略到执行） 6. Manage Capital Investment（资本运作） 7. Manage Client Relationships（管理客户关系） 8. Service Delivery（服务交付） 9. Supply（供应链） 10. Procurement（采购） 11. Manage Alliance and Partner Relationships（管理合作伙伴）	使能流程：相应运作流程的需要，用于支撑运作流程的价值实现
Supporting 支撑	12. Manage HR（人力资源） 13. Manage Finances（财经管理） 14. Manage BT&IT（变革与IT） 15. Manage Business Support（业务支撑）	支撑流程：确保公司日常高效、安全运作的基础性流程

图1-4 华为三大流程分类

华为内部除了执行类流程，还有使能类流程以及支撑类流程。

使能类流程响应执行类流程的需要，用以支撑执行类流程的价值实现，包括开发战略到执行、资本运作、管理客户关系、服务交付、供应链、采购以及管理合作伙伴等流程。

支撑类流程是公司的一些基础性流程，为使整个公司能够持续高效、低风险运作而存在，包括人力资源管理流程、财经管理流程、管理业务变革&信息技术流程等。

以上就是华为的各个流程，其就是在借鉴IBM，总结自身流程运作管理后，整理出的一套全球流程管理规则和制度。与此同时，流程要反映业务的本质，尤其是要完整系统地反映业务的本质。

3. 组织变革

华为的组织建设遵循着一个原则，就是让能够听见炮火声的人去呼唤炮火，通俗地说就是让身居一线的员工向整个组织传递市场上客户的需求，也就是面向客户建立组织。

在2010年国庆节期间，任正非与华为的高管们在意大利的西西里岛上召开了一次战略研讨会。会议上，任正非制定了一个目标，就是实现一千亿美金的目标。华为要超越美国思科，成为全球通信行业的top 1。这就是任正非在会议上提出的公司愿景，同样也是公司的战略意图。

那么，应该如何落地呢？

首先，任正非决定成立四大BG组织来支撑战略目标的实现。此前华为已经成立面向德国电信、法国电信、中国移动等客户的运营商BG，还有为宝马、奔驰以及石油、电力等大型企业提供服务的企业BG，针对手机、计算机等产品的消费者BG。华为正式宣布成立第四个BG，也就是云业务BG。众所周知，云和AI是未来业务发展的增长点。四大BG成立以后，就可以面向客户去建立研发组织、服务组织、销售组织等。

这就是面向客户建立组织，也是其他企业进行组织变革时可以参考的组织结构建设原则。

4. IT变革

华为的数字化转型之路始于2016年，在此之前，如同其他传统企业一样，华为也经历过信息化阶段，即将流程搬到线上。其典型运作方式是：将各个流程节点的结果信息录入到系统中，如ERP、OA、BI等，但作业、管理、决策等依然是在线下。

数字化转型是在信息化的基础上，将作业、决策、管理、指挥均搬到线上，提升以用户为中心的业务体验，敏捷、快速地响应用户需求，端到端地提升整个分工链条的效率及质量。

这个过程带来企业内部IT运作的巨大变化。华为采用对象数字化、过程数字化、规则数字化思路，通过把现实世界中的对象进行数字化，将业务流程、业务规则纳入了数字化轨道，除了传统系统中产生的Record数据之外，华为还利用各个触点感知海量的Signal数据，再通过算法和人工智能形成认知，以及时、高效地支撑运营、决策。

基于数年的探索实践，华为深刻地体会到传统企业开展数字化、智能化转型需注意几个关键点：

第一，使用AI需要从海量、重复的业务开始；

第二，人工智能要以数据优先，对传统企业来说，这意味着需要进行数据治理，把AI嵌入数据流产生业务，稳定、及时地构筑服务平台，搭建数据神经网络；

第三，人工智能要实现普及化，必须将数据分析及人工智能平民化，传统企业分工细碎，需从"列"的革命中，探寻数字化转型的价值和呈现，做厚数据和智能的黑土地；

第四，人才、文化的培养十分关键，要实现数字化、智能化转型，需要进行业务、人才的变革，才能助力转型成功。

1.3.4 如何做好管理变革

在明确变革变什么，怎么变之后，就应该思考如何有效管理变革？

首先，要明确变革的目的。变革不是简简单单为了让干部和员工的工作生活变得更惬意，更多是为了提升组织创造价值的效率，让公司创造的价值从10亿到100亿，从100亿再到1000亿，让企业能够站在更高的平台，这也能给干部和员工带来更多的利益。当然，组织要谨慎处理好变革带来的利益再分配问题。

其次，就是一把手要强有力地引导和推动变革的执行。比如华为当年对标学习IBM，任正非始终强调要先僵化地学习IBM五年，也就是IBM怎么做，华为就怎么做，在僵化地学习IBM3到5年之后，就可以进行优化将其固化下来，两三年之后再进行一下优化。经过这样的流程，就能将IBM的经验做法转化为华为的一部分。

整个过程的推动离不开公司最高层强有力的支持，尤其是对于干部的管理非常重要。华为就是对积极响应公司号召的干部予以提拔，对阻挠学习的员工予以调整。毕竟变革的成功率不是很高，如果缺少管理层力排众议的支持，就很难实现变革的目标。

再次，还需要确定参加变革的人员。华为开始变革时就致力于选拔组建一批坚忍执着的变革团队，其中变革项目经理必须要有十年以上业务经验、一定管理经验和带领团队经验的人来担当，而参与变革的员工也必须要有业务工作经验。与此同时，参与变革也可以成为高潜能员工的一次培训机会，因为通过变革能够加速这些员工的成长，这个方面与前文观点一致。

最后，变革时需要明确组织是秉持什么样的理念进行变革的。华为在变革时会遵循以下理念：第一，变革不是个别员工的事情，不是一把手一个人的事情，也不是公司管理层的任务，而是需要全体员工共同努力完成的目标。所以，要同舟共济，大家皆是船员，而不是乘客。

这幅漫画是IBM的咨询团队从华为离开的时候创作的，当时华为不少员工都非常担心，毕竟华为依靠IBM咨询顾问已经有七八年之久，对于自己能否将变革成果固化下来不是非常有信心。为了鼓舞士气，振奋军心，华为请深圳报业集团的一个漫画家画了一幅漫画，以此向员工传达虽然IBM咨询顾问离开了，但是华为的变革不能停歇，IBM帮助华为固化的思想、理念、方法和工具，仍然需要坚定不移地执行下去（详见图1-5）。非常重要的一点是

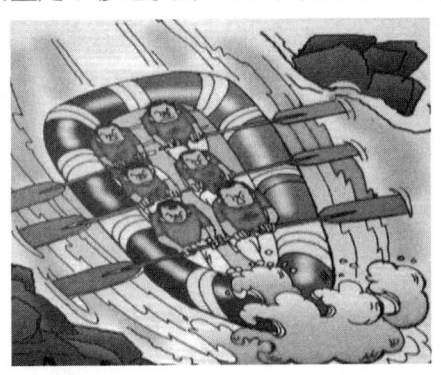

图1-5 华为漫画

要趁此机会，彻底地改变员工传统的理念、意识和行为，需要对员工进行赋能。

于是，华为大学应运而生，它是一个职能机构，是变革的催化剂，能够对员工进行赋能，持续提升员工的变革能力。这个时候，培训赋能很重要，因为许多员工想要支持变革，但是苦于无从下手。

此外，变革要遵循"开放、妥协、灰度"，变革中不能妥协的是方向和原则，而达成方向和目标的过程则可以是迂回前进的。这不仅适用于变革，同样适用于管理，管理也不是一蹴而就的，"开放、妥协、灰度"是管理的最高境界。

1.3.5　变革对业务战略的推动如何

前面介绍了许多与变革相关的内容，但还没有明确提及变革与战略之间有什么关系。接下来，本节将会介绍变革会对战略目标、战略意图产生什么作用。

首先，让我们来看一下华为的成长曲线。从图1-6中可以看到，在华为的成长过程中也难免会遇到一些波折。IBM公司给华为to B业务提供了巨大帮助，而华为近些年面临的最大的增长瓶颈，就是在to B业务已经实现三分天下占其一的情况下，应该如何发展to C业务，为什么to B业务顺风顺水，但是to C业务开展得举步维艰呢？

变革成果推动了组织战略不断提升，与此同时，一家企业的追求同样会影响战略目标的制定。

本章节末阐述了变革对战略的推动作用，在通过变革实现战略目标之前，我们需要思考在企业未来发展过程中，确定战略，落地战略，具体应该如何做，下一章会展开讨论。

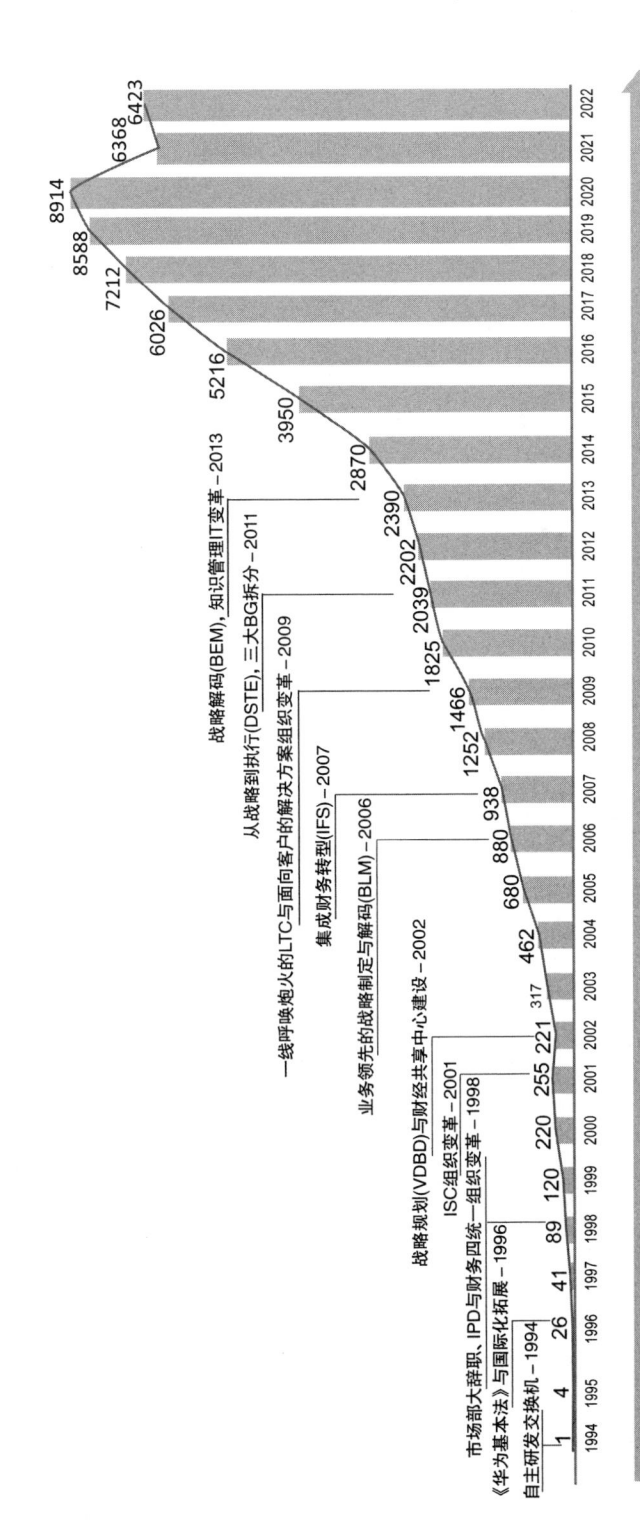

企业变革是企业战略可持续发展的动力 第一章

图1-6 华为成长曲线

第二章

CHAPTER 2

战略管理

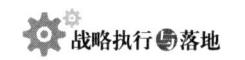

本章将从以下三个方面展开介绍战略管理：

第一，揭示战略的本质及内涵，介绍战略的多面性，指出实践中存在的对战略的误解，以加深各位读者对战略的理解；

第二，强调战略新变化，并给出应对战略新变化的对策；

第三，分析华为战略管理实践来明晰战略管理的框架，从中汲取战略管理的经验。

2.1 战略的定义

2.1.1 战略的本质及内涵

一提到战略，不少人会觉得战略难以把握，因为它一般要规划公司未来3～5年的事情。但是，如果能够将未来3～5年的规划精准地拆解成每一年的计划，并基于此制定高管与员工的BSC和PBC，就能够切切实实让员工承担起实现战略目标的责任，同时也能够很好地对战略完成情况进行审视和监控。因此，战略不是虚无缥缈的，它实打实地能够帮助公司实现追求。

学术界对战略的定义大不相同，作者认为大致可以分为三类：

第一类是计划学派，企业战略的制定过程应该是一个正规、受控的计划过程，该过程被分解成清晰的步骤，并有分析技术来支持。战略应当明确制定出来，以便于通过细致的目标、预算、程序和各种经营计划来得到贯彻。

第二类是环境学派，环境作为一种综合力量，是企业战略形成过程中的中心角色，企业必须适应这些力量。领导由此变成了一种被动的因素，负责观察了解环境并保证企业完全与之适应，拒绝适应环境的企业终将死亡。

第三类是认识学派，该学派认为战略实质上是一种直觉和概念，战略的制定过程实质上是企业家心理的认识过程。由于企业所处的环境是复杂的，输入的信息在认识之前要经过各种各样的过滤，因此战略在实际形成过程中偏重实用性而不是最优化。

当然，本书的重点不是学术界对战略的定义，而是帮助各位学习如何在实践中应用战略。作者认为实践中的战略具有以下六个方面的内涵：

第一个方面，战略强调要达成共识。

如果战略只停留在高层管理者的脑子里，而组织中下层级的员工并不能理解战略，那他们执行战略的时候必然会遇到各种问题，难以坚持下去，这就是没有通过达成共识让战略方向与个人努力方向达成一致会引发的问题。

第二个方面，战略强调有所为有所不为。

高层管理者制定战略的时候要懂得取舍，公司的资源是有限的，人心不足蛇吞象，如果想一口气进入多个战略领域，却没有坚实的资源基础进行支撑，那么战略一定是失败的，这与下文强调的战略需要专注的观点相符。

第三个方面，战略是一种模式。

华为将战略制定到战略执行的过程流程化，并分为战略洞察、战略制定、战略解码、战略执行及评估等步骤。华为就是依据这样的流程将战略与企业发展阶段相结合，帮助企业进入第二曲线，实现企业的持续健康成长。

第四个方面，战略强调着眼于未来。

要对未来进行投入，同时要储备相应的资源，构建相应的组织能力。如何储备战略资源，企业可以对自己的研发资源、人力资源、财务资源进行科学合理的分配。而如何构建组织能力，企业则可以进行战略投入，形成长期竞争力。

第五个方面，战略是一套执行体系。

战略不仅仅是制定，还需要落地执行。此外，战略执行与监控是战略DSTE流程的关键，按照战略DSTE流程框架（战略制定、战略解码、战略执行与监控、战略评估）循环推进，才形成了完整的战略执行体系。

第六个方面，战略本身就是企业的一种能力。

这种能力的构建需要有高层管理者的鼎力支持，需要企业有出色的战略理解能力，有成熟的战略工具使用能力，有坚定的从上到下的战略共识和战略分解及执行能力。只有这一系列的能力形成之后，战略才能成为企业的一种能力。

此外，战略能力从某种程度上可以理解为企业家精神的内化。

如何理解企业家精神呢？企业家精神体现在企业家看到战略机会后，能够及时地调用和聚集资源，朝着目标不断努力，并激励团队去把握发展机会的过程。这种过程与战略DSTE流程有异曲同工之妙，所以本书认为战略DSTE流程就是企业家精神内化的一个方面。

另外，企业家精神是企业家个人的能力，但是通过战略DSTE流程就能够将企业家精神内化，也就能将企业家个人能力转化组织的能力，从而帮助企业能够更快地走向持续健康发展的成长之路，具备成为一个基业长青、持续经营的伟大企业的条件，而不是企业的生死存亡全都取决于企业家一个人。

2.1.2 战略的时空性与复杂性

战略本质上就是为了实现组织未来的目标，但是为了避免企业在实践中机械化地制定和执行战略，本节将介绍战略的多面性，让各位读者更好地了解战略。

战略具有时空性和复杂性，战略的时空性有以下两个维度。

第一个维度，战略具有空间维度。

也就是明确自己的公司现在在市场中处于什么位置，是领军者还是追随者，要找准自己的定位。在清晰自己的市场定位后，就要去规划未来企业要在市场占据什么位置，要相应地进行什么样的改变来实现，这是战略的方向。位置和方向构成了战略的空间维度。

第二个维度，战略具有时间维度。

为什么战略具有时间维度呢？这是因为战略不是聚焦于当前，而是展望未来，畅想企业未来3~5年发展成什么样，并且在这个时间段里决定通过什么样的路径来实现企业发展的愿景，这就是战略的时间维度。

战略的空间维度加上时间维度，就构成了战略的时空。

设想一下，在这个时空里，企业就像物理学上一个运动的物体，从当前时空运动到下一个时空，这个运动路线可以称之为战略的路径。值得一提的是，战略最重要、最需要关注的就是它在一个时空当中发生了什么，也就是战略的方向、路径以及节奏。

方向意味着企业要去哪里，企业的目标是什么；路径是企业在某一个时间段，要按照什么样的节奏，去采取何种行动来实现目标。另外，企业还需要关注自己所处的位置与未来发展愿景的差距如何。方向、路径和节奏就是战略的内涵。

实际上，战略的本质是非常简单的，但是在考虑方向、路径以及节奏后，战略就具有复杂性。复杂性体现在以下三个方面。

第一，管理具有不确定性。

如果未来是一成不变的，那么战略就可有可无，因为企业只需要按照既定的目标按部就班地去做即可。但事实上是，不管是外部环境还是企业自身，每时每刻都在发生变化。好比这场依旧在困扰着世界的新冠疫情，它的发生没有人可以预见，它对企业的影响非常大，对一些中小企业甚至是毁灭性的打击，这就是企业面临的不确定性。如何更好地面对这种不确定性，实现组织的战略目标，就需要企业的战略管理发挥作用。

第二，场景的多样性。

战略的方向、路径、节奏看似简单，但是需要考虑不同的场景。

首先，管理者要考虑企业身处什么样的一个行业，行业本身有什么特性以及现在是什么样的情况。

一般来说，行业按照集中与分散的程度可以划分为三类：第一类是天然集中的行业，比如矿产资源类型的产业，这类行业容易形成垄断；第二类是天然分散的行业，比如餐饮、服装行业，这类行业中客户的需求是多样性，同时满足需求的方案也应多样性。第三类行业的初期是相对分散的状态，经过一段时间的竞争慢慢走向集中，比如汽车、手机以及华为所在的通信行业就是这种类型。

第一类与第二类可以说是硬币的两面，事实上更多的企业属于第三类。

当企业清楚自己所处行业的特性之后，就应该考虑如何结合行业特性实现企业发展。第三类行业经过竞争从分散到集中，这就预示着企业可以抓住机遇，迎接挑战，来努力成为行业的头部企业。当然，如果企业没有成为该行业的头部企业，等待它的很可能就是被市场淘汰出局。

另外，管理者也要考虑企业处于行业发展的哪一个阶段。当企业处于行业的发展期，那么绝大多数企业都可能获得不错的发展，分得一杯羹。而当企业处于行业成熟期，只有通过管理水平的领先或者其他方面的优势成为行业领导者，才有可能生存下去，不然很可能被其他企业吞并或被市场淘汰。所以在不同的行业，以及在行业的不同发展阶段，企业的战略抉择是不一样的，要根据所处行业的特性和发展阶段采取有力的行动。

第三，位置不同策略不同。

企业制定战略的时候除了考虑行业的特性、发展阶段，也要考虑企业在市场上所处位置。假如企业是行业领军者，那么未来的战略重点就是保持领先，同时要防范竞争对手一步步蚕食自己的市场份额。而对于行业追随者的企业，就要考虑如何制定差异化战略来满足消费者的需求，从而在市场上谋得一席之地。

总的来说，要了解战略的共性，也就是战略的时空性：方向、路径以及节奏，还要了解战略的复杂性，即企业所在行业的特性、发展阶段以及自身所处位置。只有准确把握住战略的时空性和复杂性，才能制定出契合组织实际情况的战略，来实现组织的目标。

2.1.3 战略的三个关键词：专注、扩张、再定位

战略不仅与企业在市场中的位置有关，也与企业的生命周期息息相关。战略与企业发展阶段的关系中反映出战略的三个关键词，分别是专注、扩张、再定位。在介绍战略这三个关键词之前，需要先帮助各位读者明确什么是企业的生命周期。在把握住企业的生命周期后，战略的三个关键词就呼之欲出了。

从企业生命周期的角度来看，企业发展都是从小到大，茁壮发展的。在初创期，企业会找准自己的定位，在目标行业深耕下去，不断扩张自己的市

场份额。从初创期进入扩张期后,行业可能会面临洗牌,业务出色、管理卓越的企业会变成行业领导者,而那些业绩不佳的企业只能黯然退出历史舞台。与此同时,行业增速放缓,并且可能达到发展的天花板。

这基本上就是一家企业在所在行业度过的一个生命周期,在这个生命周期里,企业从初创期过渡到成熟期,可能成为该行业的领导,也可能被行业淘汰。但是,当该行业达到发展的天花板,即使是行业领导者,如果不考虑进军其他领域,而是故步自封的话,那么这家企业的上限就到此为止了。

当然,有不少行业领军者开辟了新业务,进入一个新市场,开启新的发展,这就是企业生命周期的第二曲线。第二曲线的开端是行业领军者有了新的定位,如前一个生命周期一样,逐渐扩张,并伴随新行业达到新平台期。开启第二曲线的企业,我们认为其进入了一个周期跨度更长的生命周期。而一家企业能够从一个领域进入到另一个领域,同时能够延续企业的生存发展,就可以认为其具有基业长青的能力(详见图2-1)。

遗憾的是,在中国的土壤里,这样的企业还比较少。让我们先看看欧美国家基业长青的企业是什么样的,如IBM。

IBM是一家有上百年历史的IT公司,它也是唯一一家在IT行业的三次以上大变迁中存活下来的卓越企业。要知道IBM创业初期是做测量仪器的,而不是

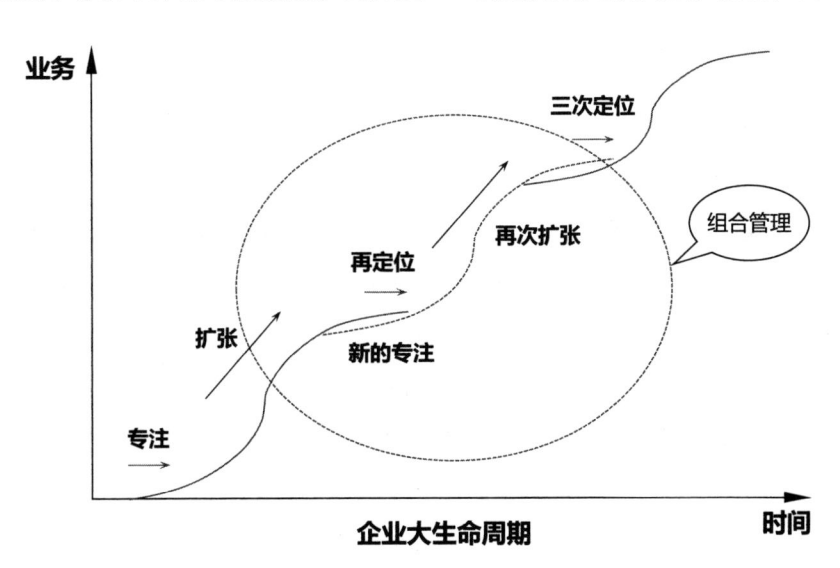

图2-1 战略关键词

做电脑的，毕竟在20世纪早期的时候计算机产业还没有兴起。到1946年，第一台电脑在美国诞生后，IBM才开始进入计算机行业，并且主要做大型计算机，后来逐渐成为个人电脑行业的领军者。之后，PC行业开始衰退，IBM又进入软件行业，到现在，IBM已经是云计算业务的领军者。

纵观IBM的企业发展历程，它的确经历过许多次产业的变迁，并且多次成功进入到企业成长的第二曲线，从而进入更大的生命周期，这就是基业长青企业的发展规律。

在企业生命周期里，战略的第一个关键词是"专注"。因为企业在初创期，资源和能力是有限的，不能随心所欲地进入多个领域，开展多项业务，所以初创企业要克制自己的欲望，抵制外界的诱惑，专心致志地在某个领域生根发芽。

接下来，企业就要围绕自己聚焦的领域去搭建完善高效的管理体系，不断提升技术水平和营销能力，从而实现扩张，这就是战略的第二个关键词"扩张"。

当企业扩张到一定规模，就可能成为行业的领导者，要想继续实现企业的发展，就需要尽力进入第二曲线，进入到新市场，寻求新的发展空间，这就是战略的第三个关键词"再定位"。

接下来，让我们看一下如何把握战略的三个关键词，从而让战略与企业的发展阶段更好适配：

1. 专注

何为专注？在初创期，专注非常重要，企业需要聚焦。当然，专注并不代表着企业开展的业务范围非常狭窄。有些行业的业务范围可以小，但绝大多数行业的业务种类如果过少会存在极大的风险。

那么，应该如何既聚焦又具备强大的生存能力，帮助企业平稳度过初创期呢？本书为各位读者讲述几种类型的专注，因为不同企业，专注的方式是不一样的。从这些专注的类型中，管理者定能找到适合企业专注的方法（详见图2-2）。

| 对象型专注 | 专注于某一行业或者行业某一细分领域 |

| 程序型专注 | 基于一套做事的方法，开展不同业务 |

| 衍生型专注 | 商业的自然延伸 |

图2-2 专注的几种类型

第一种专注是对象型专注。也就是目标行业是聚焦的，比如华为专注于通信领域，积极铺设云管道，并围绕ICT产生的大数据去连接客户、发展业务。对象型专注的公司非常多，比如福耀集团只做汽车玻璃，以及格力集团的王牌就是空调等，这些都是对象型专注。

第二种专注是程序型专注。有时候企业生产的产品或者开展的业务可能不限于单单一个领域，而是横跨多个领域。虽然涉及的领域宽而广，但是公司的产品和业务都有极大共性。比如西门子公司，作为一个产品多元化的企业，其提供发电和输配电、基础设施、工业自动化、驱动和软件等领域的解决方案。乍一看，会以为西门子开展的业务多而散，似乎没有主心骨来串联这些业务。其实西门子开展不同业务时都能反映出一种共性能力，区别于其他竞争者的核心竞争力，也就是在研发上对机电一体化有深刻理解，在制造上自动化水平高且精细化管理能力强，在管理上有极佳的运营能力，这就是让西门子在电力行业风生水起的时候也能够在医疗器械行业大展拳脚的原因。我们认为，在不同业务领域，能够凭借某一核心能力去竞争的专注叫作程序型专注。

第三种专注是衍生型专注。即企业开展某一业务后，第二个、第三个业务也顺理成章地同步开展起来，因为他们原本就是天然连接的。比如阿里巴巴在电商板块有淘宝、天猫，在金融板块有支付宝、蚂蚁金服，在物流板块有菜鸟驿站，在数据板块有阿里云，这就是阿里巴巴的业务版图。

为什么说阿里巴巴是衍生型专注呢？现如今阿里巴巴的电商规模已经达到几万亿的水平，在用户购买商品的时候，就必然需要付款，因此电商业务衍生出金融业务，支付宝应运而生。此外，付款结束之后，商家需要物流将货物送到顾客手中，阿里巴巴为了保障客户的购物体验，自然而然需要搭建完善的物流网络，菜鸟驿站自然就不可或缺。

那么，云业务又是如何衍生出来的呢？一方面，要想更好地满足客户的诉求，挖掘客户需要，就需要通过大数据和云计算等时下火热的技术来进行数据分析，从而提供给用户更个性化的购物服务。另外一方面，在双十一等购物节，淘宝的数据压力会非常大，要保障不出纰漏，就需要有功能强大的IT系统，让存储服务器能够支撑如此海量的数据运算。当然，平日里数据运算资源肯定是富余的，所以阿里就出租给其他公司，比如旅游服务行业的企业，帮助这些公司更好地服务客户。这一业务并非阿里首创，是美国亚马逊公司率先探索出来的，阿里只是借鉴了亚马逊的做法，避免资源的浪费。

以上介绍了三种专注，企业可以结合自身的实际情况选择合适的专注方式。这里需要强调的是，专注不是一成不变的，要及时变通，牢牢把握发展的主航道。

比如华为的业务不只是做通信设备，那可不可以说华为不专注呢？实际上并非如此，通信设备领域包含有线通信设备与无线通信设备等细分，如果华为始终只做有线通信设备能否一直适应通信设备领域的发展呢，显然是不行的。只有为客户提供全面的产品解决方案，才能够更好地满足客户需要。所以华为在通信设备领域的发展必然是从交换机到传输机，从无线通信设备形成数据网络解决方案的过程。只有这样，华为才能更好地服务客户，占领市场，成为通信行业的龙头，更好地面对市场变化和迎接竞争者的挑战，这才是对专注最为全面的理解。

2. 扩张

企业应该如何在扩张期进行扩张呢？我们可以参考华为的发展过程，从三个维度进行扩张（详见图2-3）。

第一个扩张是在产品维度，华为从交换机到传输设备，再到接入设备、无线通信设备，几乎每年都有新产品面世，这也反映了华为正在不断发展，业务在不断扩张，市场份额在不断增加。

第二个扩张是在市场维度，华为从县级市场，走向省级市场，再走向全国骨干网市场,最后又迈向国际市场。从中国走向亚非拉,再从亚非拉进军欧美、日本等发达国家,这就是华为从小到大,不断到更高更大的平台来展现自己的实力。

第三个扩张是在客户维度,华为一开始服务的客户只有运营商,随着外部环境的变化,在2011年之后,华为开展to C业务,消费者也是华为的目标客户了,后续还成立了消费者BG、运营商BG、企业网BG这三大BG。

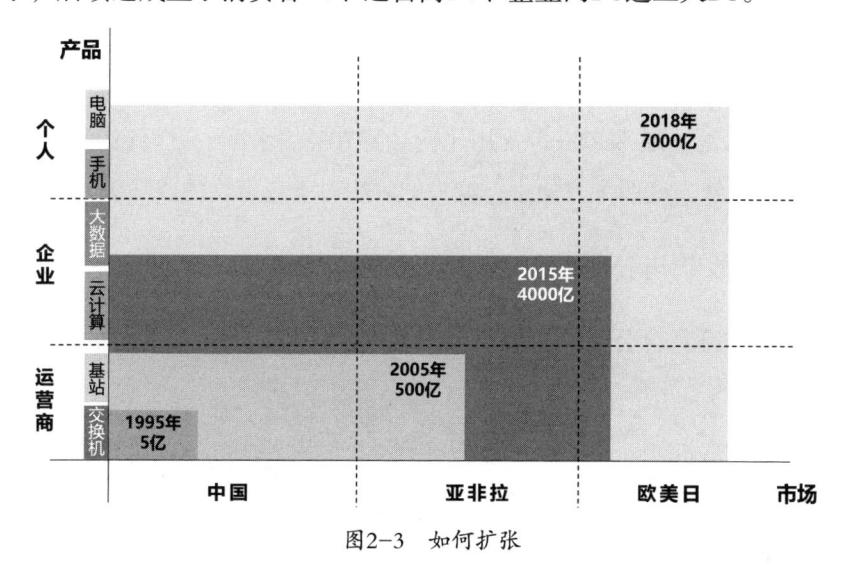

图2-3 如何扩张

另外,大家可以看到华为的增长曲线是指数型的,这就是因为其从多个维度进行扩张,构建了强大的核心能力,于是有更大的力量去占领更多的市场,从而形成强有力的竞争力。对于其他企业,在扩张时也应该考虑多维度,从而增强企业的深厚底蕴。

3. 再定位

不少企业在某一细分领域获得巨大的成功,与此同时,该领域也达到了平台期,企业很难在该领域继续获得进一步的成长。所以,企业要想持续健康增长,就要考虑再定位。重新定位并不代表企业要开展与此前天差地别的业务,考虑再定位的企业可以尝试进入相邻市场。

相邻市场是企业在客户、产品、渠道、能力四个方面中至少有一个方面能够在该市场复用。而进入相邻市场的成功率取决于在该市场企业四个方面复用的比例,比例越高,成功概率也就越高。

比如一家店售卖家具，口碑不错，有自己固定的客户群体。这时候，以前来这里买过沙发的顾客不仅需要新沙发，而且由于要添置新房，还需要书桌、餐桌等。对于这个客户，店主很容易再次售出自家的沙发，与此同时，还能让他选择购买我们的书桌、餐桌等，这就是客户的复用。另外，该店的沙发质量远近闻名，店主还可以考虑产品的复用，不妨推广自己的沙发，将其卖给一些企业客户，凭借质量和口碑，很大概率上能够成功。

所以，企业重新定位进入相邻市场的成功率要比进入完全陌生市场的成功率高得多，而成功概率的高低取决于自己在该市场的产品、客户、渠道、能力的复用比例。通常来讲，复用比例达到70%的水准，就可以考虑进入该相邻市场。另外，这四个方面中，能力的复用对于再定位的成功更为关键。

2.1.4 战略与公司发展阶段的适配

要想让战略契合公司的发展阶段，就需要把握不同阶段战略的重点（详见图2-4）。

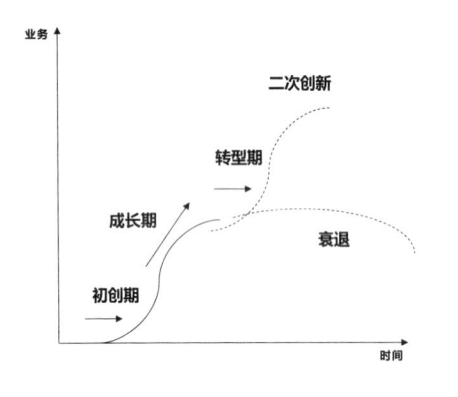

图2-4 不同发展阶段企业的战略重点

在企业初创期，定位最重要。正如前文说到，创业初期公司能力有限，需要克制"摊大饼"的欲望，要秉持有所为、有所不为的原则，找准自己的定位，看准一个市场或领域扎根下去。与此同时，企业要专注于目标领域去构建组织能力，可以采取业务差异化策略，与竞争对手区分开来，更好地满足目标客户的需求，从而获得竞争优势，在市场上占据一席之地，所以初创期企业的战略重点就是找准企业定位。

当企业进入成长期，管理能力最重要。成长期分为两个阶段：第一个阶段是行业的红利阶段，任何行业刚刚起步的时候，发展态势非常迅猛，以至于在该行业的企业几乎都能获得成长与发展。比如智能手机行业，是从2007年开始出现，到了2010年，智能手机迎来了快速发展阶段，市场呈现百分之几十的增长，持续了五年时间，直到2015年。在2010年到2015年这个时期，知名的手机厂商大约有十几家，加上一些小企业，整个智能手机行业至少有五六十家企业。这一阶段，几乎每家企业都能盈利，这是由于市场在蓬勃发展，客户需求远远得不到满足，处于需求大于供给的状态。但是，红利期终有结束的一天，行业进入到成长期的第二个阶段，增速放缓，企业开始洗牌。

智能手机行业在2016年到2019年的几年时间里市场容量并没有任何增长，甚至2018年与2019年内出现下降。智能手机行业增速放缓，也让一些管理粗放、技术水平不足或其他方面能力不足的企业被市场快速淘汰，留下了一批各方面过硬的佼佼者。这些佼佼者都有一个共同特点，就是管理能力水平高。以其中几家公司为例，首屈一指的就是华为公司，其管理能力和技术水平已经得到业内外人士的广泛认可，并且不少企业都争先恐后地向华为学习。另外，还有OPPO、VIVO，这两家企业的共同特点就是渠道销售、生产制造能力过硬，特别是满足客户需求的工业设计能力非常强。此外，还有互联网企业小米，在渠道方面创新式地采取直销的形式，能够非常有效地控制成本，并逐渐搭建小米的产品生态。坚实的管理能力支撑这些企业在行业大清洗中存活下来，反观那些被淘汰的企业在管理上比不上华为、小米，在技术上也难以望其项背，这些企业在综合能力上就不能够适应市场的竞争，所以只能出局。

成长期结束之后，企业就到了转型期。这一阶段，企业所处行业已经达到发展的天花板了，企业要想实现新的跃迁式发展，就需要进行重新定义，所以转型期企业重新定义尤为重要。企业重新定义是基于第二阶段成长期形成的能力来选择新市场、获得新能力，从而走向新的发展之路，许多传统企业就是没有把握好转型期而就此沉没了。

以家电行业为例，也是经历了初创、成长与转型这三个完整的生命周期。在八九十年代的初创期，家电企业有一百多家，但是到了2000年以后市场重新洗牌，不少企业就此销声匿迹。而到了2010年以后，尤其是现在，有足够规模和竞争力的家电企业只剩下三五家了。当然，这三五家也并非高枕无忧，毕竟行业已经处于平台期，增长放缓，需要思考企业未来应该走向何方，让我们看看家电行业的领军者格力和美的是怎么做的。

格力是家电行业的佼佼者，在空调方面是绝对的龙头老大。然而，由于中国人民生活水平的不断提高，空调市场渗透率迅速增长，现如今空调的增长已经非常缓慢了，即使格力空调每年的营收还能达到2000多亿元人民币，但是在2019年的时候空调销售量的增长率就已经是个位数了。当然，格力这些年也在积极探索企业下一站在哪里。在这一期间，格力董事长董明珠就努力尝试转型，进军一段时间时下火热的手机行业，后又进入汽车行业，遗憾的是，格力在这两次尝试中都没有获得成功，最近格力又在尝试直播带货，是否能够成功还未可知，就目前而言格力转型期的重新定义还未成功。相较之下，美的的转型之路似乎走得更加顺畅。同为家电行业的领导者，美的家电产品范围较格力更为宽广，同时进入工业机器人等新兴领域，新发展之路已逐渐明晰并且极具规模，也是维持着20%～30%的增长速度。所以，在转型期，企业要抓住重新定义的机会。

总的来说，企业战略一定要与企业的不同发展阶段匹配。在初创期，企业要找准自己的定位，可以考虑实施差异化策略，逐步清晰目标市场和瞄准目标客户。在成长期，尤其是市场淘汰、企业洗牌的阶段，企业一定要沉下心，去构建自己的核心管理能力，只有一技之长，才能让企业在市场洗牌时存活下来，并有可能成为行业领先者。倘若企业顺利成为行业头部，那大概率行业也已经达到平台期，在这个阶段，企业要主动寻求变革，重新洞察市场，基于自己的核心能力进入一个新的发展领域，才更有可能进入企业的第二曲线，创造企业新的辉煌。

2.1.5 战略的误区

本书通过前面部分的内容，已经揭示了战略的本质与内涵。但在实际中，许多管理者对战略的理解还存在许多误区，需要在此提出并纠正。

1. 机会的成功不等于企业的成功

在思考战略的过程中，管理者要明白为什么说机会的成功不等于企业的成功。

以共享单车领域为例，在共享单车风生水起的时候，很多企业进入该领域，赚取了极其可观的利润。但随着行业不断发展，不少企业的弊端暴露出来，比如没有找到实现长期盈利的路径。哪怕是该行业的龙头企业ofo，也因为没有找到合适的解决办法而黯然地寻求收购，退出市场。从共享单车的发展变迁中不难看出，有时候企业抓住一个市场机会，可能就飞上枝头变凤凰，但是由于后续没有构建起企业的核心能力，其竞争力也就随着行业发展的热度褪去而不断衰退。

企业应该如何看待过去的成功呢？华为曾组织过管理层去日本企业参观学习，当时任正非就看到日本许多拥有百年历史的公司都设立了一面荣耀墙，上面记录了企业百年发展历程中的重要时刻，并总结了所得所失。于是，同行的管理人员就建议任正非在华为也设立荣耀墙来激励员工，但被任正非严词拒绝。任正非认为设立荣耀墙对于刚起步不久的华为是不利的，会断送华为面向未来的发展，因为不能让华为躺在功劳簿上看企业未来的发展，而是要时刻铭记一家企业很多时候是一个时代的企业。即使是华为学习的IBM，也是经历了一次次的转型，才有今天的成绩。

此外，许多企业基本上都是依靠企业家抓住市场机会来实现组织的成功。而当企业家退居幕后的时候，很多企业就会在迷雾里迷失方向从而落没。前文提到，企业家的能力要及时转化成组织的能力，才能保证企业能够持续健康发展。要实现这一点除了要着力构建组织能力外，还要注意如何做好企业的交接班。例如美的就非常顺利地完成了一把手的交接。

此前，美的的董事长是何享健，他或许是全中国最懂得生活的企业家，有着良好的生活作息，在企业管理方面，也有其独特有效的一套。尽管他充分授权给下属，但是仍会及时掌握公司信息，以此来把控公司的战略方向。在选择接班人的时候，何享健也是采取相同的策略。当时，美的董事长的候选人有好几个，方洪波就是其中之一。对于方洪波，何享健就是不加干预，让其独立负责某业务来检验其能力水平，最后方洪波也不负众望，交出满意的答卷。可以看到，美的现在在方洪波的带领下经营得有声有色，足以证明美的交接班工作完成得非常不错。

通过以上的介绍，想必大家对"机会的成功不等于企业的成功"这句话有了深刻的感触。

2. 战略的失误是企业最大的失误

实际上，许多企业家对战略的重视程度不够，企业家应该铭记，战略的失误是企业最大的失误。

柯达在数码相机时代来临的时候，就没有抓住这个新趋势，即使柯达曾是数码相机的先驱者也无济于事。执着于胶卷业务的柯达错过及时转型的最佳机会，最终没落。现在，柯达利用自己许多成像技术的核心专利在印刷行业重新崛起。这表明柯达的核心控制点还在，但是基本上与数码相机行业无缘了。

与柯达经历相似的还有曾经的手机霸主诺基亚，在安卓系统横空出世的时候，诺基亚没有选择拥抱安卓，而是仍然极力推崇塞班系统，这是因为它认为自己是行业的老大，有资格制定行业标准。很明显，封闭的塞班系统已经被用户抛弃，客户更加青睐的是开放的安卓系统。

柯达与诺基亚两个行业巨头没落的过程，足以佐证战略的失误就是企业最大的失误。那么，企业家应该如何做才是正确的呢？

企业家不仅要站在昨天看明天，把过去成功的经验传承下来，也要站在后天看明天，就是要洞察到未来三到五年行业会发生什么变化，客户会发生什么变化，竞争对手又会发生什么变化。针对这些变化，企业要采取相应的措施来应对这些变化。总的来说，企业要重视战略，要及时洞察到行业未来的发展趋势，并制定相应的战略帮助自己获得成功。

3. 战略的平衡：科学与艺术

战略不是一蹴而就的，它既讲究科学地制定，也重视艺术地执行。战略的科学与艺术是战略的另一个多面性，但是许多企业家都没有把握好战略的平衡。

战略的平衡体现在以下三个方面。

第一，战略既是规划的，也是应急的。

战略制定的目的就是提前规划好企业的前进方向，但是面对日益复杂的外部环境，越来越多的突发情况是难以预料的，比如新冠疫情对企业的冲击，抑或是美国对我国高新技术企业的封锁，所以企业的战略又是针对这类情况应急产生的。

第二，战略是自上而下的，也是自下而上的。

一般来说，战略是由高层管理者高瞻远瞩制定的，并由员工执行下去，但是高层管理者毕竟不直接接触客户，反而是业务一线员工更加了解客户需要，反馈客户诉求，从而实现自下而上的战略调整。

华为对员工的管理采取"85-15"原则，也就是每位员工85%的时间是由公司管理，而15%的时间则是由员工自行支配，可以让员工去探索、创新。华为的许多业务如橡胶贴纸、录音带等，都是员工自主创新的结果，这体现出战略的自下而上。

第三，战略是聚焦的，也是发散的。

一方面，由于企业的资源有限，组织需要聚焦于一个方向；另一方面，企业聚焦于一个方向时必然就存在把鸡蛋放在同一个篮子里的风险，作为管理者，要同时考虑战略聚焦会带来的风险。

技术路线对于通信行业的企业至关重要，在华为决定无线通信设备进入3G时代的时候，就非常慎重地考虑应该采用哪一种行业标准。当时有三大行业标准，即W-CDMA、cdma2000、TD-SCDMA。显然，华为同时投资三个方向是不现实的，没有那么富足的资源，但是选择其中一个行业标准，就得承担被淘汰的风险。于是，为了帮助华为在抉择的三岔路口走得更正确，华为采用了红蓝军对抗机制，在后面的章节中会详细介绍。

企业如何更好地解决战略聚焦与分散的选择题呢？本书认为战略需要聚焦一个大方向，但是要保证企业在其他方向上也作了准备，以方便企业后续的调整。

总的来说，战略的确是科学与艺术的结合体，既要有战略制定的科学，也要有战略执行的艺术，只有这样才能真正理解战略的多面性，真正发挥出战略的作用。

接下来，本书将以华为为例来讲述华为在其发展过程中是如何透彻理解战略的多面性的，并且结合不同发展阶段的特点作出正确的战略选择，从而实现组织目标。

2.1.6 华为的战略选择

1. 华为的发展历程：从国内走到国外，从 CT 走向 ICT

华为从1987年创立至今，已过去36个年头。在华为三十多年的发展过程中，华为从国内走向国外，业务从通信领域的CT走向ICT，其发展历程划分为四个阶段（详见图2-5）：

第一个阶段是华为的初创期，大约是从1987年到1993年。初创期是华为求生存的阶段，在这个阶段，华为的定位是成为通信设备行业的一家技术公司。与此同时，形成了公司的文化内核，即以奋斗者为本，以客户为中心，支撑其度过这段无比艰辛的时期。

第二阶段是成长阶段，分为两个时期。第一个时期是华为在国内的成长，这一时期，华为基于定位快速在国内进行扩张，强调市场销售的狼性文化，注重对员工的激励以及研发投入，从而搭建起市场驱动、激活内部活力的机制，这些举措帮助华为在1993年到1998年间的销售收入翻了好几番，从1993年的1个亿，快速增长到1998年的50个亿，正式宣告华为驶上发展的快车道。这个阶段，华为已经从一家名不见经传的小企业成长为国内通信行业的领军者。

接下来，华为进入成长阶段的第二个时期，这一时期，华为经过十五年时间的奋斗从国内走向世界。与此同时，这一时期，华为已经搭建起自己的管理体系，迅速提升研发能力，并且具备开拓全球市场的运营能力。正是能力的构建，让华为从国内通讯行业的龙头企业成长为全球通信行业的领军者。

第三个阶段是2011年到现在，这个阶段的特点是华为进行重新定位，从原先的通信设备领域，转向服务企业和消费者领域，并形成四大BG。这一阶段成功的关键在于华为在第二阶段（成长阶段）形成的管理能力，包括研发能力、市场能力、人力资源管理能力、供应链管理能力等。华为非常巧妙地将其应用到新的业务领域中，并迅速帮助其构建起竞争优势，才有现在这般极佳的业务布局。

> 纵观华为的发展历程，在业务战略上至今共经历过四次变革，分别是从农村到城市、从国内市场到全球化、从B2B企业市场到B2C终端市场、云管端一体化转型变革。

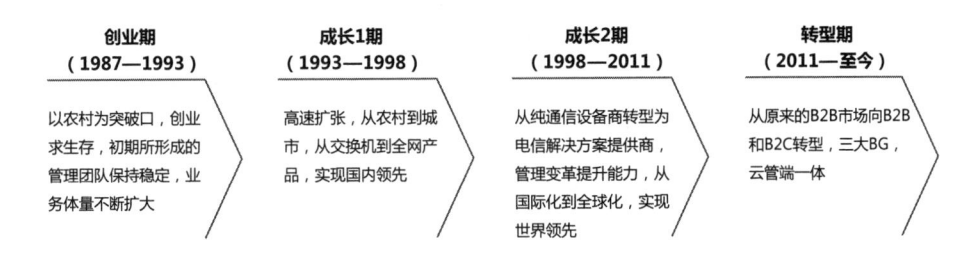

创业期 （1987—1993）	成长1期 （1993—1998）	成长2期 （1998—2011）	转型期 （2011—至今）
以农村为突破口，创业求生存，初期所形成的管理团队保持稳定，业务体量不断扩大	高速扩张，从农村到城市，从交换机到全网产品，实现国内领先	从纯通信设备商转型为电信解决方案提供商，管理变革提升能力，从国际化到全球化，实现世界领先	从原来的B2B市场向B2B和B2C转型，三大BG，云管端一体

图2-5　华为的发展历程

2. 华为走出了企业发展的"最优路径"

了解了华为发展的四个阶段，接下来就可以验证一下华为在四个发展阶段过程中是否抓住了战略的三个关键词，即专注、扩张、再定位。

从1987年到1993年，这是华为的初创期，本书强调定位最重要。当时华为的定位非常明确，就是要通过持续的研发投入实现技术领先，从而在电子信息领域实现客户的梦想。这一阶段，可以说华为是非常专注的，并且采取了服务好、价格低的差异化策略来快速响应客户需要，满足客户需求。

华为采取这一差异化策略的原因在于它认真分析了自己与西方竞争对手的优劣。在技术上，华为与西方企业的差距是一时半会难以抹平的，华为生产出来的产品质量可能只有对手百分之八九十的水平。那么，应该如何让客户选择自己的产品呢？华为认为应该从价格方面入手，在产品质量是竞争对手的八九成时，华为制定的价格只有对手的三到五成，客户通过对比就会愿意接受华为的产品。当然，仅仅是依靠价格低，是不够的，这并不能够维持华为长期的竞争力。于是，华为考虑到通信设备本身对可靠性的要求非常高，虽然性价比上比竞争对手有优势，但是质量方面依旧是不可忽略的硬伤，于是就将目光锁定到为客户提供优质的服务上。通过对自身以及竞争对手的一系列分析，华为最终采取的差异化策略就是"质量好、服务好、价格低、优先满足客户需要"。正是这一策略帮助华为满足客户需要，为客户创造出生存空间，从而一步一步发展起来。

另外，在这一阶段，华为获得成功还有非常重要的一点是确定自己的文化内核，并建立起激励体系。当时华为就形成了"以奋斗者为本、以客户为中心"的文化内核，而激励体系就是围绕这个文化内核建立起来的，给予努力奋斗的员工非常丰厚的回报。华为的文化内核后续也在不断发展，并且外化成华为能力不可分割的一部分。

1993年至2011年期间，华为进入扩张阶段，分为国内扩张和全球扩张两个时期。在扩张阶段，华为非常明智地采取多维度扩张的方式，产品方面从单一产品到全面解决方案，市场方面从中国市场到全球市场，通信设备也从有线通信设备转向无线通信设备。那么，华为是如何面对市场变化作出战略选择的？

1998年到1999年之间，华为发现固定电话的市场增长逐渐放缓。所以，华为对通信设备领域重新进行了市场洞察，认为要想在通信设备领域继续增长，就必须从有线通信设备转向无线通信设备。于是，华为在1999年前后开始进入无线设备领域。华为制定的策略是先进入容易突破的边际市场，再进入有线设备领域的核心市场，比如进军海外市场是从中东市场开始的，国内市场是从GSM业务开始。

与此同时，要获取客户，企业一定要有独特的价值定位来吸引客户。当时华为的确也有独特的价值主张，从而帮助其顺利进入欧洲无线设备市场。华为的价值主张是创新性地采用分布式基站的差异化解决方案来满足欧洲客户的诉求，受到客户的广泛好评。此外，华为在价值获取、战略控制点以及战略执行方面的表现也可圈可点。

在价值获取方面，华为有足够的战略耐心。在刚进入无线设备领域时，华为更加看重客户需求以及市场份额，在业务达到一定规模后，才开始追求利润指标，这是华为价值获取的逻辑。而在战略控制点方面，华为关注技术创新，致力于为客户提供质量好、服务好、快速响应客户需求的产品与服务。在战略执行上，华为建立起完整、规范、高效的业务流程，完善激励体系，充分调动员工积极性，从而让组织具有极强的战斗力。

此外，华为能够实现扩张，并且不断增长的原因还在于其虚心向IBM的先进管理体系学习，采取先僵化，再固化，最后优化的方式形成自己的管理能力，华为沉淀下来的管理体系与本身的组织活力共同构成了华为的核心管理能力。恰恰是这一核心能力，帮助华为顺利进入到新领域，不断收获新成功。

第三个阶段是转型期，也就是2011年之后。这一阶段最重要的就是再定位，华为也是基于自己的核心能力，最终选择进入消费者领域和企业网领域。在新领域，华为灵活运用自己的核心管理能力，并根据新领域与通信设备领域的不同之处及时变通，学习到了许多新的管理能力，从而在新领域大获成功。

当华为顺利进入第二曲线后，就会开始新一轮的专注、扩张和再定位。华为在企业生命周期的每一阶段都把握住了关键，同时采取了与发展阶段相适合的策略，才能取得今天的成就。企业可以参考华为各个阶段的战略选择来准确把握战略的核心，牢牢抓住战略的三个关键词来实现自己的目标。

2.2 战略新变化：集权与放权

如今企业面临错综复杂、竞争激烈的市场环境，越发需要依靠调整战略来充分调动组织与员工的积极性，从而更好地迎接内外部的挑战。

2.2.1 放权的困难与原因

企业要想打造"村自为战、人自为战"这种极具活力的组织，就要通过战略重心下移，让每个业务单元都能成为公司增长的发动机。

许多企业也在尝试下移战略重心，但是遇到了许多大大小小的难题和挑战。主要聚焦在如何集权与分权方面，典型问题有以下三个：

第一个问题，公司高层认为公司战略制定得非常清晰，却始终执行不到位，认为是组织存在战略执行能力弱的问题，于是就思考如何通过加强战略执行使战略能够有效落地；

第二个问题，一线员工经常接触客户，能够了解到客户的迫切需要，并且会将自己认为是业务机会的客户需求反馈给公司，然而，公司各部门对于市场变化和客户需求反应速度慢，行动迟缓，导致丢失许多业务机会；

第三个问题，员工抱怨部门之间沟通协调不畅，需要各部门通力合作完成的事宜都需要领导出面协商才能达成，但很多时候，领导却分身乏术。所以员工需要思考如何加快部门办事效率，实现全公司一盘棋，能够利出一孔。

实际上，这些问题都反映了如何去协调总部、各业务模块以及业务一线之间的权力，到底应该集权还是分权。

对于第一个问题，不少领导认为公司现在战略执行力度不行，就应该加强集权，使公司总部有更强的力量向下推行组织战略，并定时加以检查督导。这种措施的出发点是战略执行不下去就应该加强执行力度，这或许能够解决问题，但是没有触及问题的本质。各部门及以下组织之所以认为公司没有明确战略，难以执行战略的原因如下：

第一，公司高层制定战略的时候，大部分员工乃至各部门并没有参与到战略制定中，对战略很大程度上不认同，认为战略是上级强加给自己的任务，执行战略时也就不会有积极性；

第二，战略是高层管理者高瞻远瞩制定的，执行战略的各部门或者员工对战略的理解不透彻。另外解决问题和挑战的能力也不足，所以面对市场环境与客户需求的快速变化，就难以有效应对。

总的来说，员工之所以难以执行战略，一方面是因为能力不足，另一方面也是因为总部过于集权，导致绝大多数员工并没有参与到战略的各项工作中，也就无法锻炼其战略执行方面的能力。要解决这个问题，就应该放弃原先加强集权的做法，考虑如何授权，让各个业务单元有一定自主权，能够自我激励，不断以客户为中心，在满足客户需求的同时推动公司不断前行。

既然要授权，是不是要将公司的所有权力都下放，让总部变成形象代言人呢？显然不是的，要处理好集权与分权的关系，企业就要重塑总部、业务模块以及业务一线之间的权力关系。对业务模块的管控权等权力还是要牢牢掌握在总部手里，但是一些经营权和决策权可以适当地授予业务模块或者一线员工。当然，也不是一旦分权，就能立竿见影地解决企业战略执行难的问题，因为在权力下放的过程中又会遇到许多其他问题，例如：

第一，管理者会觉得各个业务模块可能缺少合适的干部来使用好权力，承担好责任，于是考虑先培养出能堪大用的干部再下放权力；

第二，权力下放后，相应的管理体系和考核体系都要随之改变，以保证权力得到善用，但是管理体系和考核体系的变化必然会引起组织的变动，会改变原有的利益格局，从而遭受许多阻力。

鉴于上述两个问题，企业要思考是否要等到业务模块培养出合适的干部再下放权力，还是先下放权力，然后让员工承担责任，逐渐成长为顶梁柱。如何抉择需要从业务底层逻辑出发，重塑总部、业务模块以及业务一线的三个方面：

第一个方面自然是权力，尤其是对业务的决策权和预算权，要考虑如何在总部、业务模块以及业务一线三个层面进行分配；

第二个方面是能力，倘若企业将一些业务的管理权下放给业务模块或业务一线，但是并没有干部或者员工能够不负众望地履行，承担不了相应的责任，那么这些业务就难逃失败的命运，所以需要明确履行总部的权力需要哪些能力，履行业务模块的权力需要哪些能力等；

第三个方面是资源，如何分配资源，主要是考虑预算、人力以及组织结构如何调整。

处理好集权与放权的这三个方面后，企业应该如何做，不妨参考一下华为的做法。

2.2.2　华为分层分类放权管理

公司规模较小时主要以总部集权为主，因为在业务起步阶段，可能只有一个产品，人员较少，业务简单，所以公司的高层领导对业务、市场和客户都很了解，甚至知道所有员工的名字。在这个时候，集中管理效率高，执行力强，业务也处于高速增长的阶段。

但是，当公司发展到一定程度之后，这种模式可能不再奏效，就需要重塑整个公司的管理体系，将权力下放，这个过程并不简单，也不是一蹴而就的。华为就经历了这种组织结构转变的过程。

在1995—1996年左右，华为的销售收入有四五十亿，而到1997年这个数字就到了将近100亿，业务的快速发展促使华为需要在两三年间考虑如何把权力下放下去。华为公司的组织结构经过了一个主要权力在总部的公司架构到放权架构的转变，转变后的华为使公司各个业务体系、各个一线部门都极具活力，成为一个个业务的发动机。而这个组织结构转变的过程持续了将近20年，这20年间它不断去做这件事情，才基本形成了今天的放权体系，因此放权体系的形成是一个长期努力的结果。

1. 华为放权体系

具体而言，华为构建放权体系抓住了以下三大点。

第一，让各个层级都具备进行整体战略规划和战略执行的能力，最核心的一点是先去构筑产品规划能力。

华为早期的产品规划权力和能力都在总部，因为只有熟悉整个技术和整个市场才能规划产品。到1999年，华为开始建立放权体系，将总部的这种权力和能力下放给研发体系，让每个产品线能够自己具备能力，而不是总部统一思考整个产品方向。从战略上开始放权是在2005年，华为让各个业务体系包括地区部都开始做战略规划。最早的战略规划在2004年开始启动，由总部统一制定了一份规划。到2005年，开始让各条业务线和各个区域自己去做战略规划。到2019-2020年左右，在产品线这个层面上，华为的业务规模大概是几百亿美金，在每个业务领域里面又分了不同的业务单元，每个业务单元下面还有不同的SPDT。也就是说，在产品线这个维度上，战略规划的层级下放了四层。

还有在营销体系层面上，最早的时候只有一个战略规划，后期不断往下放，每个地区部、每个区域要做一份规划，再往下放就是到每个国家、每个代表处要做一个战略规划，现在还要下放到核心客户群，比如中国移动、中国电信，华为称之为系统部做战略规划。当然不是所有的系统部都要做战略规划，只是针对十几个核心的企业大客户需要做战略规划。因此这个层级越来越深，使得公司最底层的经营板块都具有战略规划能力。

第二，华为公司的组织结构也在发生相应变化。

初期是总部直接管理，总部权力非常大，后来逐步将权力下放，期望构建一个能够让业务一线呼唤炮火的组织结构。其实，让一线呼唤炮火的本质是颠覆公司现有的组织架构。

一般而言，公司组织结构图中，最上面是公司的高层管理者，也就是CEO、董事会，下一层是各个业务部门和职能部门，最后一层是业务一线。但是华为尝试将公司组织结构颠倒过来，最上一层是业务一线，因为业务一线离客户最近，能够了解到客户的真实需求，有利于构建以客户为中心的组织结构，从而更好地践行以客户为中心的文化价值观。

想要让业务一线成为组织结构的最上层，就要将权力下放给业务一线，让总部和后台部门成为能力中心和资源中心，响应业务一线的需求，帮助其开展业务。

在华为内部，将权力下放给业务一线的项目称之为合同在代表处终结。这句话的意思实际上就是业务一线作为公司的作战单元，被授予非常大的客户选择权、产品选择权以及合同定价权，也就是可以自主决定向哪些客户销售哪些产品以及合同的销售金额是多少。当然，赋予业务一线如此大的权力并非易事，华为花了十二年，才实现了让一线呼唤炮火。

第三，放权的基础是总部下面的业务模块以及业务一线具有组织能力。

组织能力就是开展组织工作的能力，能够以更高的生产效率或更高质量，将各种要素投入转化为产品或服务。倘若下放权力给没有组织能力的业务模块或业务一线，对企业将会是一种灾难，因为这意味着资源的浪费以及业务的溃败，所以一定要让被授权单位具有组织能力。

当然，华为构筑被授权单位的组织能力还是比较早的，比如研发体系的IPD变革就一直在进行中，毕竟组织能力建设是无止境的，只要公司的业务在不断发展，外部环境不断变化，企业就需要新的组织能力来帮助其获得新的成功。从华为研发体系IPD变革的情况来看，组织能力构筑起来之后，放权就不会出现一松就死、一放就乱的情况。

一般来说，企业是通过变革管理来提升组织能力，在组织规划未来五年的业务发展时，就需要考虑支撑这些业务发展需要什么样的组织能力，现有组织能力的短板在什么地方。找出差距之后，企业要进行一定的投入，比如华为每年会将销售收入的3%投入到组织能力建设中，主要是改进流程、加强IT系统建设和维护等。另外，企业还需要设定具体的绩效指标来监控组织能力建设情况，并且将该绩效指标纳入高层管理者以及员工的PBC中。通过这种方式，在落实战略规划的同时，也能不断进行组织能力建设。

组织能力建设的过程并非一帆风顺的，或许并不能一开始就完成得非常完美，但是这都不是大问题。企业可以尝试不断运行，不断改进，在这一过程中也会发现一些极具能力的干部与员工，这也是组织能力提升的一方面。

2. 如何放权

那么，企业应该什么时候放权呢？公司规模不是唯一的决定依据，企业在自己不再是单一业务，而是至少有两类业务的时候就应该着手考虑放权，从而让被授权业务的组织能力能够迅速构建起来，减轻公司的管控压力。

此外，下放的权力可以分为战略制定权、组织能力建设权以及资源管理权三类。这三种权力的下放顺序以及如何在总部、业务模块以及业务一线进行权力分配都是需要深思熟虑和设计研讨的，如果随意分配，必然会给组织带来灾难。我们以战略制定权力的下放为例，来说明如何进行权力的下放与分配。

战略制定权有两部分内容：一个是决定开展哪些业务以及如何开展的业务决策权；另一个是决定各个业务投入多少人力物力的预算配置权。分配战略制定权的时候，可以将企业内的组织划分为三类，再根据企业的不同类型下放权力，就能够让各类组织都能明确各自的方向。

第一类是业务线，有产品线和销售线两种，产品线就是公司某一类产品，销售线是将产品向某一类大客户或者区域销售；

第二类是平台类组织，例如采购、生产部门，这些部门相当于公司内的一个平台，可以满足业务线与客户的需要；

第三类是职能类组织，比如人力资源、财务预算以及流程与IT等组织。

对于公司层面的战略规划制定权，必然是要牢牢掌握在总部手中，以保证公司的战略方向不会偏离。公司级战略规划的管辖范围主要有以下几方面：

第一个方面，公司级战略规划要明确公司未来愿景以及大体上的业务方向。总体的业务方向必须是由公司管控，其他各个产品线要在公司规划的方向下开展业务，不能依据自己的主观判断开展业务。正如华为的水系管道策略就有效地约束了各产品线要围绕战略主航道开展业务，同时保持一定的自主性。

　　第二个方面，公司级战略规划要确定业务组合，也就是确定各个业务的投资优先级。许多公司可能会同时开展多个业务，但公司的资源一直是有限的，尤其是面临竞争日益激烈的外部环境就更应该确定不同业务的投入以及定位，即确定哪些业务加大投入，哪些业务减少乃至限制投入，以及明确哪些业务是为企业贡献利润的，哪些业务是需要投入扶持从而构建核心能力的。企业只有做好投资组合管理，才能提高资源的利用率，让战略能够真正落地。

　　第三个方面，公司战略规划要有意识地去构建组织能力，推动组织的管理变革。虽然各个产品线、销售线面临的情况不同，但是其想在市场上站稳脚跟所需要的能力是相同的。此外，组织能力的培养是个浩大工程，并非一朝一夕就能完成，所以就不能交由各个业务单元，而是从公司层面构建组织能力，从而为各个产品线、销售线赋能，也便于公司向下推行管理变革。

　　这是公司层面战略制定权需要完成的任务，接下来介绍企业内的各类组织是如何运用战略制定权的。

2.2.3　各类组织如何运用战略制定权

1. 产品线

　　业务线分为产品线和销售线两部分。产品线，也可称之为业务板块，是企业的利润中心，为企业创造源源不断的价值。要想让产品线承担起战略制定的责任，就需要让其意识到产品线是对某一业务各个环节负责的，就是从产品的研发、制造，再到销售和售后服务，这一系列的流程都需要产品线去承担起管理责任。正如前文提到的，当企业有两条以及两条以上的业务线时，就需要进行权力下放，让每条业务线都有能堪大用的负责人进行端到端的管理。

　　另外，业务线的负责人要有产品经理的意识，要主动与其他业务线以及平台类、职能类组织进行合作与协调，并积极寻求其他组织的帮助，从而将产品线作为一个真正的经营责任主体来进行管理。此外，很多时候，企业并不能很快找到合适的管理者来负责产品线，但是可以先进行授权，有意识地培养一些有潜力的干部，让产品线能够更快地实现自主经营、自我管理，达成产品线能力提升与干部培养的目的,这对组织能力的构建是大有裨益的。

值得一提的还有华为对产品线进行的端到端管理和矩阵管理,这一系列管理举措同样值得学习。华为为了让产品线能够作为独立的经营主体,实现端到端管理,就让产品线参与到华为三大业务体系的管理中。华为三大业务体系包括研发体系、营销体系和供应链体系。

产品线管理研发体系的产品管理部与产品开发部。产品管理部是决定如何设计产品的外观和功能才能够满足客户的需要,让产品具有竞争力去占据目标市场。产品开发部,顾名思义,就是将产品管理部设计完成的产品开发出来。

产品线还管理销售体系的两个部门,一个是市场营销部,其职责是负责开拓市场和销售产品。需要注意的是,虽然产品线可以制定战略规划,确定今年市场营销部的销售目标,但是执行之前还需要就销售目标与销售线进行研讨,最终才能确定今年的销售目标是多少。另一个部门是产品服务部,负责产品安装与售后服务等。

另外,产品线还参与供应链体系的管理,包括采购、生产、物流配送、产品质量等方面。

产品线参与到三大业务体系的管理,的确实现了产品线对某一业务多个环节的管理,但问题也随之而来。被产品线管理的部门相当于是矩阵管理,那么管理该部门的权力应该如何分配呢?以产品开发部为例来阐明出现的问题。

对于产品开发部来说,该部门经理既要向研发体系负责人汇报工作,也要向相应的产品线领导汇报自己的工作情况,这就会产生矩阵管理常有的双重领导的问题,会影响产品开发部的工作效率。对于这种情况,在华为,产品线有业务决策权与预算配置权,它在制定业务规划的同时,能够从产品商业成功的角度去协同业务流程的各部门,比如当产品制造费用过高,产品线会要求采购部门降低成本,而当产品的营销费用不足,营销能力薄弱或者品牌建设不够时,产品线又会督促市场营销部去提升销售能力。正是通过这样端到端的管理,能够协同产品线与三大业务体系各部门之间的工作。

那么,如何分配产品线对支撑业务流程的职能部门的权力呢?华为主要是对产品线参与管理的业务部门与职能部门进行分类管理。

对于业务部门，以产品开发部为例，华为是采取强矩阵模式。通俗地说，就是产品线可以根据自己的需要从产品开发部调动员工，并且对他们的绩效考核承担第一责任人的角色，而产品开发部所在的研发体系是绩效考核第二责任人，与此同时依旧由研发体系来决定被调用员工的薪资待遇、选拔任用。

而对于职能部门，如营销体系与供应链体系的各个部门，采取弱矩阵模式。与强矩阵不同的是，员工的绩效考核、薪资待遇与选拔任用均由原业务体系负责，产品线参与管理的方式是有权听取部门工作汇报，参与预算评审以及部门核心干部的任免。

华为正是采取强弱矩阵模式进行分类管理，明确各自的管辖范围，充分发挥各部门的自主性以及产品线起到的端到端协同作用。

2. 销售线

销售线与产品线一样，也是公司的利润中心，这其实是华为的管理特色。与许多公司不同的是，大部分公司实际上只有一个利润中心，那就是产品线，由产品线对产品的研发、制造、销售以及售后服务整个流程进行管理，其他部门相当于职能部门，为其提供管理支持。事实上，这种组织结构在其他公司已经被验证能够有效地开展业务工作，华为曾经也尝试过只设产品线这种组织结构，但是却发现这种组织架构实际上也存在一些问题。

产品线以研发为主，其他职能部门起辅助作用，对于销售的问题都较少关注。当出现产品质量不佳或售后服务不行的问题时，销售部门向公司总部反馈，往往会被指责，总部会认为是销售部门能力不足，这就挫伤了销售部门的积极性，不再向上反馈销售方面出现的问题。显然，这对于业务开展是非常不利的。于是，华为设置了销售线，与产品线同等地位，同为公司的利润中心。

当然，公司总部也会放权给销售线，让其成为经营责任主体，比如面向各个市场区域或者大客户的销售线。以面向中国移动的销售线为例，其具有战略制定权，会主动分析通信市场，确定销售目标，决定销售的产品，最后的销售情况也是向公司总部直接汇报，不再受产品线的管理。另外，从销售线独立出来的原因中我们不难发现，正是产品线与销售线先前的割裂，导致业务开展受到阻碍，所以华为在赋予产品线和销售线战略制定权的时候，还尝试让产品线和销售线相互合作，相互制约，拧成麻花。

所谓"拧麻花"，举个例子，产品线一般负责研发，不关心产品的销售额，但是现在产品线的业绩考核会考虑销售线的销售费用，从而让其考虑如何研发出适合市场的产品。而销售线一般负责销售，不太关注产品线的研发费用，于是在销售线的业绩考核中加入对产品线研发费用的衡量，就会让销售线重视客户的反馈，并将客户的需求及时反馈给产品线。通过这种方式，让产品线和销售线绑在一起，成为利益共同体。另外，从战略来看，产品线是根据战略规划来研发产品的，相当于自上而下执行战略，而销售线接触客户，向总部反馈客户的需求，相当于自下而上执行战略，两者必然会互相约束。

那么，如何让产品线和销售线在战略规划上拧成麻花呢？

第一，可以通过双方在市场洞察上达成共识拧成麻花。

双方都可以对目标市场进行分析判断，毕竟产品线从研发的角度出发与销售线从销售的角度出发，得出的结论很大程度上是不一样的，但是这都是无关紧要的，最重要的是双方一定要有理有据地提出对未来市场变化和客户需要的判断，并在分析研讨中达成一致，形成共识，才能保证对目标市场有更加全面清晰的了解。

第二，可以通过共同确定业务目标拧成麻花。

产品线和销售线都是战略规划单元，都会独立自主地设定业务目标。产品线会思考产品研发之后销售线需要完成多少销售额，并具体到每个区域、每个客户大概需要销售多少。而销售线会制定产品线研发的各个产品的销售额分别是多少，然后得出全年的销售额目标。很明显，从两个不同维度制定的销售额目标肯定是不同的，这就需要产品线和销售线共同研讨，并且达成一致，制定出双方都会努力实现的业务目标。

第三，战略制定权除了业务决策权外，还有预算配置权，所以产品线和销售线还能通过在预算配置上达成共识拧成麻花。

产品线和销售线都可以自行确定研发费用、制造成本以及销售费用的预算开支。当然，产品线和销售线制定的财务指标肯定是不同的，产品线希望研发费用能多多益善，而销售线也希望销售费用能够尽量充裕，所以产品线和销售线要去研讨。比如销售线会质疑产品线为什么会制定如此高的研发费用或制造成本预算，这样会降低产品的净利润，同样产品线也会指责销售线的销售费用预算过高，会大幅降低产品的毛利，通过这样开诚布公的研讨才能够得出最佳的预算方案。

当然，公司管理层最好也能参与这一研讨过程中，起到一锤定音的作用，以免产品线和销售线争论不休，无法顺利推进工作的开展，这就是对销售线和产品线战略制定权的下放与管理，重点就是让两者既有自主权，又能拧成一股麻花。

3. 平台类组织

对于平台类组织，比如采购、制造等，许多公司会采用事业部制的组织结构，每个事业部都会有各自的采购、制造，从而让事业部的功能齐全，就像麻雀一样，虽小但五脏俱全，能够快速反映市场变化。但是这样的事业部核心能力却始终达不到公司要求，这是因为资源分散，像采购、制造等流程完全可以采用平台制的方式集中处理，从而大大提高采购、制造的效率，让各个事业部能够有更多的资源去提升事业部的核心能力。

华为就是采用平台制来完成采购与制造的。公司规模大，采购与制造等平台要满足公司内各个产品线、销售线及其他组织的不同需要，所以华为赋予平台类组织战略制定权与组织能力建设权利。实际上，这些平台类组织与组织外部专门做采购，专门帮助生产制造的企业是相似的。所以企业可以将平台类组织看成是外部公司，需要独立的战略制定权，而它的客户则是组织内部的各个产品线、销售线以及职能类组织。

4. 职能类组织

最后，对于职能类组织，又该如何赋予战略制定的权利呢？

赋予职能类组织战略制定权的管理逻辑与平台类组织类似，职能类组织的客户也是各个产品线、销售线和平台类组织。与此同时，职能类组织还要考虑其所在领域的变化，如人力资源管理部门要思考如何做好新生代员工的人力资源管理，财务部门要管控好疫情冲击带来的经济风险等，要对标所在领域的最佳实践，不断提升服务组织内部以及组织战略的能力。

总的来说，通过对企业内各个组织进行分层分类地放权管理，不仅能够

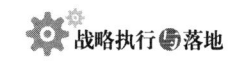

让公司的战略重心下移，激活组织与员工活力，同时还能够发现管理中存在的问题，及时解决，实现组织的飞速发展。

2.3 华为战略管理启示

2.3.1 华为战略管理特点：方向大致正确，组织充满活力

华为的战略管理有以下四个方面的特点。

第一个特点是空间感强。

空间感就是公司能够清楚自己所处行业的情况，在行业所在的位置以及自己处在哪一发展阶段。企业要有这样的空间感，才能知道未来要去往何方。华为的空间感还体现在特别注意选择大市场，并且会集中优势资源去打开市场、进入市场、突破市场，一步一步地抓住市场机会。企业一定要有空间感，要尝试多维度的扩张，从而在市场中更好地立足。

第二个特点是优路径。

企业在实现战略目标的时候，需要考虑如何落地战略、执行战略。企业由于资源有限，一定要遵循有所为有所不为，也就是专注。华为的战略路径选择就是专注，聚焦于公司确定的主航道，不把战略力量消耗在非战略机会点上。与此同时，华为注重长期与短期相结合，强调长期构建组织核心能力，每年都会将销售收入的10%乃至更多投入到研发上。除此之外，企业要考虑围绕自己的核心竞争力来拓展业务组合，这就是优化战略路径的一系列举措。

第三个特点是战术灵活，战略和战术是一体的。

倘若企业有好战略，但是在战略执行上出偏差，也会让战略的作用大打折扣。因此，企业不仅要有清晰的战略方向，还要有灵活机动的战略战术。华为执行战略的时候，就会赋予各个产品线和销售线非常大的自主权，让业务一线有比较大的权力去扎扎实实地执行战略，也正是业务一线的灵活性与

清晰的战略，共同构成了企业强大的执行能力。

第四个特点是执行战略战术的组织极具活力。

要想实现战略落地，就需要保证组织充满活力。战略不可避免会有偏差，只有组织具有活力，才能更加快速地调整过来，从而保证战略能够真正发挥作用，帮助企业实现战略目标。

华为为此构建了红蓝军对抗机制，不管是SP还是BP都需要广泛收集信息来进行决策。为避免战略规划团队故步自封，华为受军事模拟演习的启发，创建了红蓝军对抗机制。"红军"代表着华为现行的战略发展模式，"蓝军"则代表竞争对手或创新型的战略发展模式。华为于2006年成立蓝军参谋部，蓝军的任务就是负责构筑组织的自我批判能力，推动公司各层面建立红蓝军对抗机制，通过不断地自我批判，使公司走在正确的方向上。正是蓝军的存在，使华为保持一种超高的危机意识，时刻提醒华为"冬天"可能随时到来。

华为的经历也显示了当初设置蓝军的高瞻远瞩和极端重要性。当时，华为红军认为未来五年无线产品线的销售收入能够达到一百亿，其中WCDMA[①]产品销售收入预计70个亿，CDMA[②]产品销售收入预计10个亿，其他产品销售收入预估20个亿。然而，公司高级专家组成的蓝军却认为这个目标难以完成，指出该产品线市场空间有限，销售人员能力一般，难以满足客户需求，并让红军再对战略进行研讨，通过提升组织能力，收集客户信息，不断改进不足等方式来支撑新战略目标的实现。在红蓝军的反复对抗下，无线产品线的战略也就基本上明确了。这种对抗机制，保证了战略能够切切实实帮助公司成长，而不是原地踏步，做井底之蛙。

2.3.2 华为战略管理流程

华为战略的实现依托于战略管理过程的执行，华为战略过程分为四大步骤，分别是：战略洞察、战略制定、战略解码以及战略执行与评估。这四个

---

① WCDMA是宽带码分多址，它是第三代移动通信技术，是Wideband Code Division Multiple Access的缩写。

② CDMA是称码分多址，是在无线通信上使用的技术，是Code Division Multiple Access的缩写。

步骤在华为每年都会程序化地执行（详见图2-6）。

华为在每年的3～5月或者4～6月会开展战略洞察工作。在战略洞察阶段，华为会分析行业，评估自身能力，再从市场上去发现战略机会点。

7～9月，是战略制定阶段，组织会根据战略洞察的结果去制定公司的战略目标，并且明确战略控制点。

10～12月，进入华为的战略解码阶段，有了好的战略，还需要落地战略、执行战略，从战略制定到战略执行就需要战略解码的帮助。战略解码会将未来五年的战略解码成第二年的业务规划，也就是BP。并且会将BP和第二年战略自上而下层层分解，分解到各级组织，让每位干部和员工实际承担起战略执行的责任。依靠战略解码，战略才能够真正落地。

华为战略管理的最后一步是战略执行与评估。战略经过解码，已经在逐步落地。在战略执行过程中，企业一方面要时刻关注战略执行情况，要不断根据战略执行情况与理想情况的差距进行纠偏与调整，以保证企业的战略方向始终围绕着业务目标与业务方向。另一方面要审视战略本身是否存在问题，如有问题要及时根据外部环境变化去调整战略。

对于战略规划，需要输出两方面的内容。一个是战略专题画布，是对未来的不确定性进行管理，可以组建专题小组进行研究，并在战略规划中体现出来，比如考虑网络体系未来是向软件系统发展，还是向硬件系统发展，就可以进行研讨判断。另一个是重点工作的关键任务，实际上就是扎扎实实地去完成战略规划中明确的工作任务。

此外，在制定战略规划的过程中，要分层分级同步制定规划，不要完全割裂开。公司层面制定战略规划，各业务部门在公司层面战略的基础上制定各自的业务规划，其他职能部门再参考各业务部门的业务规划来制定各自的规划，实际上就是一个横向拉通，协同合作的过程。在明确战略规划后，就需要确定支撑战略规划实现的关键任务和关键指标。

战略规划让管理者清楚未来三到五年需要做什么，那么，明年需要完成什么就比较清晰，并且可以通过BP帮助管理者进一步理清明年的年度业务计划，包括人力和财务预算，输出相关的内容、时间节点以及目标任务。对于财务预算，要引起足够的重视，可以采取季度受理审核的方式保证资金供应

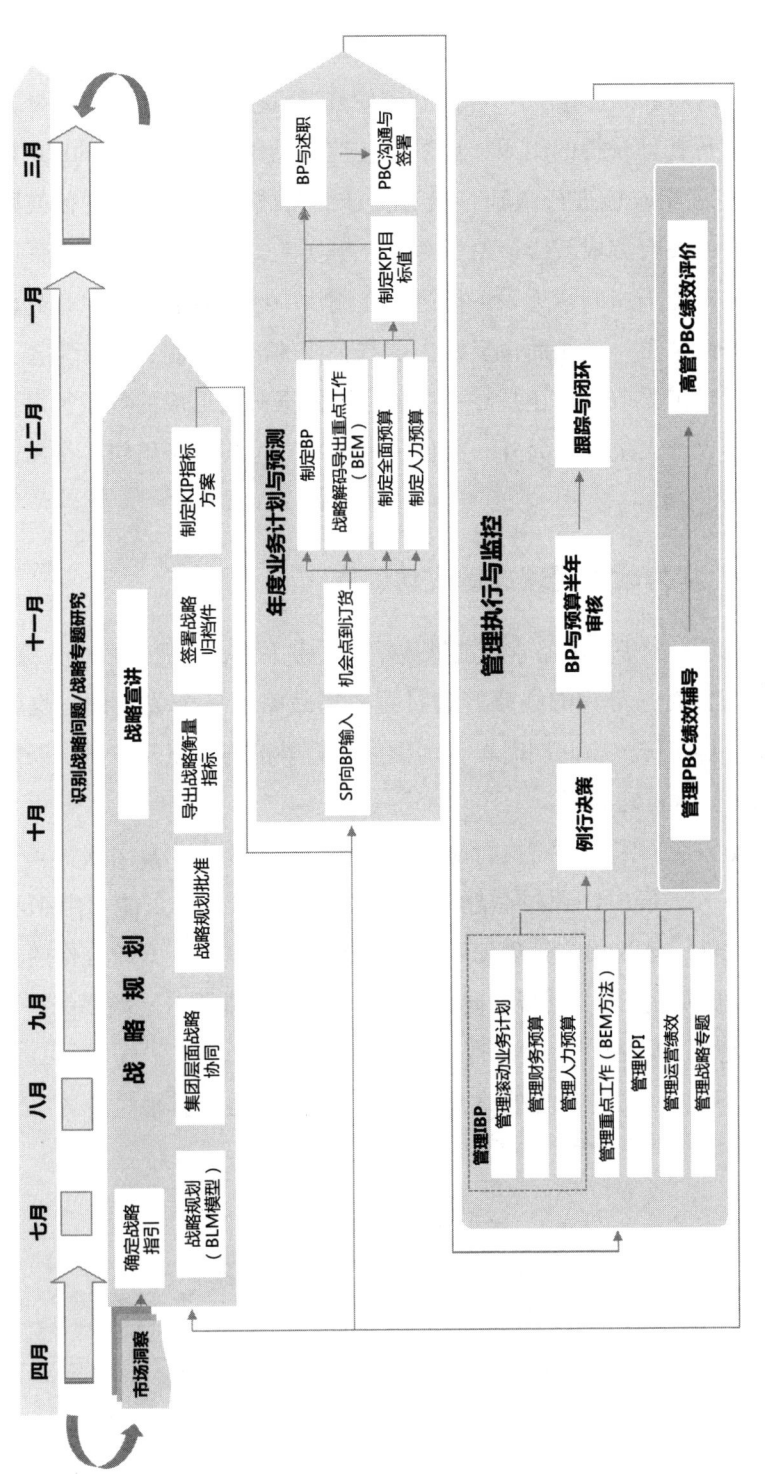

图2-6 DSTE流程

及时。而对于其他业务计划也很有必要进行例行的监控管理，可以月底审视组织各层级的KPI完成情况等，从而让组织经营可控、可管理、可衡量。

对于例行管理获得的结果，要配套相应的动作，比如高管的PBC按期完成了，就应该相应地进行激励，通过升迁、发放奖金等方式进行鼓励。当然，如果高管没有完成就应该给予惩罚。事实上，许多国有企业在面临这些问题时，并不能干净利索地采取措施，在淘汰一些绩效表现难以达到标准的员工时会非常慎重。从侧面也反映出国有企业的部分机制并没有完善。理想状况下，对员工采取提拔还是辞退应该尽量依据机制形成的规章制度办事，而不是管理者个人决定。另外，其他一些事项，也应该是组织各个团队一起研讨共同决定。

2.3.3　华为战略管理关键成功因素

我们总结一下华为战略管理能够成功的关键因素，主要是两个方面：

第一个方面，华为的战略管理过程遵循战略的三个关键词，也就是专注、扩张、再定位。与此同时，华为能够结合外部环境以及自身发展阶段在正确的时间做正确的事。

第二个方面，华为战略执行能力以及公司治理能力非常出众，真正能做到力出一孔。同时，通过激励体系还实现了干部、员工能与组织利出一孔。除此之外，华为战略管理的成功还在于其兼收并蓄、开放合作的文化内涵，从开始的师从IBM，到现在向其他优秀互联网企业看齐，始终保持着谦虚的姿态，从外界汲取养分，培养自己不断变革的能力。

正是这两方面帮助华为战略管理获得了成功，也是其他企业可以对照审视学习的地方。

第三章

CHAPTER 3

战略规划 SP

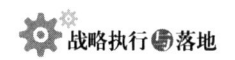

3.1 BLM业务领先模型

战略实际上是企业在资源有限的情况下，决定做什么和不做什么，有时候，决定不做什么可能更加重要。企业每年的预算是有限的，在洞察战略机会点时可能会发现不少机会点，然而，预算并不能支撑所有机会点都能够投入，对投入的决定和取舍实际上就是战略。

战略规划就是明确企业未来愿景，并基于此不断形成和调整如何实现愿景的目标，同时思考达成目标的路径。

不少企业在制定战略规划、执行战略落地时会采用BLM（业务领先模型），比如广联达就应用BLM模型有十多年，并取得了长足的发展。

如图3-1所示，业务领先模型的左边侧重战略规划，包含市场洞察、战略意图、业务设计和创新焦点。右边侧重战略执行，包含关键任务、氛围文化、组织和人才。实际上，战略落地的核心就是处理好人、业务和组织之间的关系。

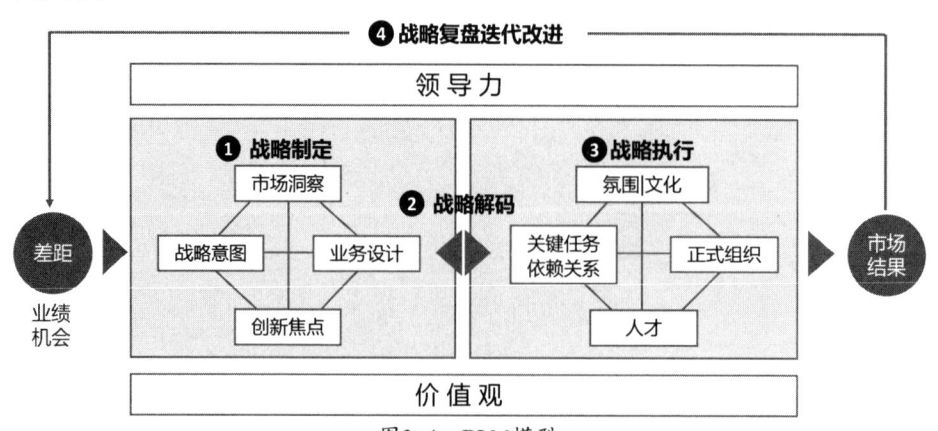

图3-1 BLM模型

业务领先模型有以下五个方面的价值：

第一，提供同一种语言。在没有业务领先模型提供思考、研讨的逻辑框架前，组织在进行研讨时可能会出现混乱，不清楚对方指的是什么，也不知道该从什么方面开始讨论。但引入BLM之后，组织就能统一语言，让战略制定和实施变得更加顺畅。

第二，有助于达成共同的目标。在目标确定前，给每个人提供建言献策的机会，在目标确定后，就必须不折不扣地执行，不能推脱拒绝，能够帮助组织更好地达成共识。

第三，提供一种最基本的分析方法。帮助组织分析目标客户、竞争对手等。

第四，一种逻辑的力量。在找准客户需求后及时跟上业务来服务，在明确未来五年的战略目标后，就找出关键举措来实施战略，投入人力和物力。

第五，跟踪执行。战略目标制定完后要持续跟踪其完成情况，在年底要进行评价与差距分析，并积极应用评价结果来改进提升。最后是自上而下实施，领导要担起重任，组建合适的团队去完成目标，激活组织的战斗力。

3.2 BLM 模型的逻辑思路

为了更好地使用BLM模型，可以通过图3-2来把握该模型的逻辑思路。

图3-2 登珠峰的战略图

首先，我们最终的目标是要登上珠穆朗玛峰的山顶，这个山顶实际上就是组织的战略意图。战略意图是领导者要带领团队在未来实现什么样的战略目标，确定什么样的战略地位。

其次，我们要知道自己身在何处，现在我们是在山脚的位置，离山顶有较长的距离，这个距离就是组织进行差距分析后得出的业绩差距和机会差距。在缩小差距的过程中，可以设置阶段性目标，避免在过程中迷失方向。

此外，在攀登的过程中，我们需要观察周围环境，可以通过市场洞察来看宏观环境、客户需求以及自身情况。接下来，我们就需要制定策略来攀登山顶，可以通过创新焦点、业务设计和战略执行来实现我们的目标。

总的来说，攀登山顶的过程就是从战略制定到战略执行的过程，也与业务领先模型的逻辑思路不谋而合。

3.3 领导力是根本

在BLM模型中，领导力是根本。领导力不是组织赋予的，而是领导者在带领团队的过程中不断获得的，能够帮助团队在黑暗中找到一条通往黎明的道路，给团队带去希望和新机会、新机遇。另外，领导力是一种综合能力，包括组织发展、团结协作等方面的能力。

我们服务过一家公司，一把手想要将一名原本在研发序列的员工培养成销售团队的负责人，但是发现他非常缺乏领导力，于是就耐心地对其进行培养，教他如何开会，如何引导团队成员建言献策等。当然，这个员工的学习能力还是比较强的，经过半年时间的锻炼，员工自身的领导力提升是显而易见的。

此外，管理者要遵循有的放矢的原则。一把手要通过掌握公司六七件事情，解决部门百分之七八十的事宜，要将合适的人放在合适的岗位上，同时充分授权，减轻自己身上的管理负担。众所周知，任正非起初是抓业务的，之后放手业务，只抓文化思想，通过内部文章向干部和员工传达自己的管理理念，比如在某一季度内的每个月，围绕客户的方方面面提出自己的理念，让下属能够快速把握。

3.3.1 领导力概述

什么是组织领导力？

为什么组织领导力发展如此重要？

企业需要什么样的领导人才？

如何建设这样的人才队伍和组织领导力？

……

这些是很多企业管理者不断思考的问题。

领导力就是指在管辖范围内充分利用资源和相关影响力，以最小成本办成所需的事，提高整个团体的办事效率。可以被形容为一系列行为或人格魅力的组合，而这些将会激励人们跟随领导去要去的地方，不是简单的服从。

美国前国务卿基辛格博士说："领导就是要让他的人们，从他们现在的地方，带领他们去还没有去过的地方。"

领导能力是把握组织的使命以及动员人们围绕这个使命奋斗的一种能力，领导能力的基本原则是：

第一，领导力是怎样做人的艺术，而不是怎样做事的艺术，决定领导者能力的是个人的品质和个性；

第二，领导者是通过其所领导的员工的努力而成功的，领导者的基本任务是建立一个高度自觉、高产出的工作团队。

领导者有三个必备核心：专业知识、管理技巧及领导能力。

在华为，任正非用他的文章、他的思想满怀激情地引领公司不断发展。任正非是卓越的领导力代表，作为一个精神领袖，他指出了华为的远大目标，激励员工向目标奋进。任正非是一个非常有危机感的企业家，总是在想明天华为可能就会倒掉，同时在华为面临困难时，能够带领大家面对困难。

3.3.2 领导力与管理

领导力是团体之间两个人以上的互动，这种互动通常以塑造或重塑成员的感知和期望来改变所处的情形。领导通常作为变化的介质来影响成员，当一个成员通过一些方式来激励和改变其他成员，领导力就适时产生了，举个例子：

爸爸对小明说，你这次如果能考双百，爸爸就给你买玩具车。小明一边憧憬自己玩玩具车的情景，一边答应爸爸，"好呀，我好想要上次看到的那辆，但是我考双百分，遗传智商是硬伤"，爸爸说，"没关系，我给你找老师补课"。于是，小明为了得到玩具车，每天放学就去补课，也不出去玩了。等到他考了双百分，爸爸果然给他买了玩具车。在这个过程中，爸爸和小明之间，就是领导力关系。在领导力中，最重要的是设定方向、明确清晰的愿景（vision）、设立目标（goal）和激励实现目标的机制（motivation）。而爸爸请老师给小明补课，则是提供帮助和资源给成员，辅助成员实现目标。

领导力不是只存在于组织当中，而是在生活的方方面面。在一个团队中，领导力的发出者并不是传统意义上职位更高的人，而是依据情况出现的任何一个队员，这种在扁平式的组织结构中比较常见，在分级式组织结构中比较少，领导最大嘛。不过，分散式的领导力是大势所趋。

管理更多的是一种职务和工作，管理的职能包括计划、调查、协调、评估、检测等等，都有潜在的领导力存在。但实际上，无论是现实应用还是理论建构，都很难区分领导力和管理。1978年，历史学家詹姆斯·麦克格雷格·伯恩斯（James MacGregor Burns）出版了一本书就叫《领导力》。他提出了"变革型领导力"的概念，描述领导力不仅在领导身上出现，也会在下属身上出现，在团队中，领导力扮演的是激励成员去达成共同目标。那个时候，人们开始意识到，原来管理人员并不一定是领导。

不过，相对于管理和领导来说，有两种领导力类型可以做比较：交易型领导力和变革型领导力。交易型领导力趋向于管理方向，我给你钱，你给我完成目标。而变革型则属于你给我钱多钱少我不在乎，你让我觉得我是在为梦想而努力。

简而言之，领导者就是有追求的人，或者说是发动变革的人。在一个组织里，管理者是不需要变革的，就是按照规定的流程做事情，也就是正确地做事，而领导者是做正确的事。

领导者在领导一个组织时，要时刻发现外面的变化，同时要在自己的组织里发动顺应这种变化的变革，以应对变化的挑战。有些领导者，做着做着自己就成了一个管理者，发现不了问题，只能处理那些细枝末梢的琐事，或者是发现了问题，但无力改变和解决这些问题，只能听之任之，装糊涂，这样的领导者是失职的。当然，领导与管理存在着许多不同，主要有以下几点：

第一，领导力更多面向变革，而管理是面向计划。

今年的预算是多少，今年要达到的利润目标是多少，我们这个月要达成的目标是什么等等。管理通过这一系列问题，希望一切都是可预期的、可控的。但是今天我们生活在一个商业环境不断变化的时代，有些变革说来就来。因此很多时候我们要去面对变革，要去主动拥抱变革，这就要发挥领导力的作用。

第二，与管理相比，领导力更关注人。

管理是讲怎么把这个事情做好，而且是重复做好。不只是做对一次，而是要重复做对一千次，强调可重复、可控制。领导力更多讲人的问题，怎么激励人、发展人，除了要求他做成这件事以外，还要调动他内心的激情，让他主动把事情做好，在一些管理覆盖不到的、没有人看得见的地方，他能够发挥自我领导力把事情做好。

第三，领导力更多强调协调，而管理强调流程制度。

管理都希望有一个清晰的组织架构，谁汇报给谁，谁负责哪一块，每个人都应该有职业说明书，有绩效考核指标。但实际上，今天大量的工作需要跨部门的协调才能完成，而这些协调不是公司的管理制度可以完全管到的，这时领导力就起作用了，在没有上下级关系的各部门之间，协调出一致的行动。领导力在协调时，强调打破官僚主义，有时候甚至强调要抛弃僵化的流程，去做一些出格的事情。

3.3.3　领导力决定执行力

领导力与执行力二者相互推动、相互促进。那么，如何处理好企业领导力与执行力的衔接问题，并真正实现执行力的落实呢？

从某种意义上讲，员工的执行力等于管理者的企业领导力。一个好的领导者才能带出一个强大的执行团队。它来源于明确的目标与责任人、及时的激励、严格的考核、畅通的沟通、有效的辅导等方面，这些都属于企业领导力的重要范畴。同样，企业中许多看起来缺乏执行力的员工，其实与目标、责任人、标准、利益等方面管理密不可分，当然还包括其他诸多方面。

执行力的落实不在员工，而在管理者身上。企业领导力越强，执行力就越强，企业领导力成就企业的执行力，而企业执行力是评价企业领导力的最好标准。它不是单纯的培训教育，也不是一朝一夕就能达成，需要日积月累地逐步提高。

导致企业缺乏执行力的因素有很多，例如管理环节过多、员工综合素质不高、企业文化、组织等很多原因。

员工的执行力问题其实是管理者造成的，除了上述所说的，还包括管理者自己的工作，例如不太健全的管理制度，给了员工找理由或借口的机会。如果员工找理由或找借口，至少说明企业的制度还不完善。管理者要把建立完善的制度当作重点来抓，以此提高员工的执行力。

另外，战略本身不具有执行性，领导者在制定战略目标时，要与当时的时空背景、人文环境以及员工执行力进行匹配，有什么样的执行人才就制定什么样的战略目标。

布置任务不等于完成工作，领导者需要亲自参与，把执行的责任都归给下属，认为战略与制度执行不好就是下属的问题是错误的。领导者自身工作很重要，古人云：己身不正，其令不从；上梁不正、下梁歪。领导者应该身先士卒，以身作则。在现代企业里，领导者更应该作为表率，带领团队完成战略目标，领导者的执行力是下属执行力的上限。

3.3.4 领导力模型的作用

华为曾对公司几十位成功的高级领导进行访谈，对他们为什么成功，他们具有哪些素质等各方面进行归纳总结，从而得出成功干部需要的九条要素。这九条应该是教育培养员工，以及引导干部进行自我学习总结的好方法（详见图3-3）。

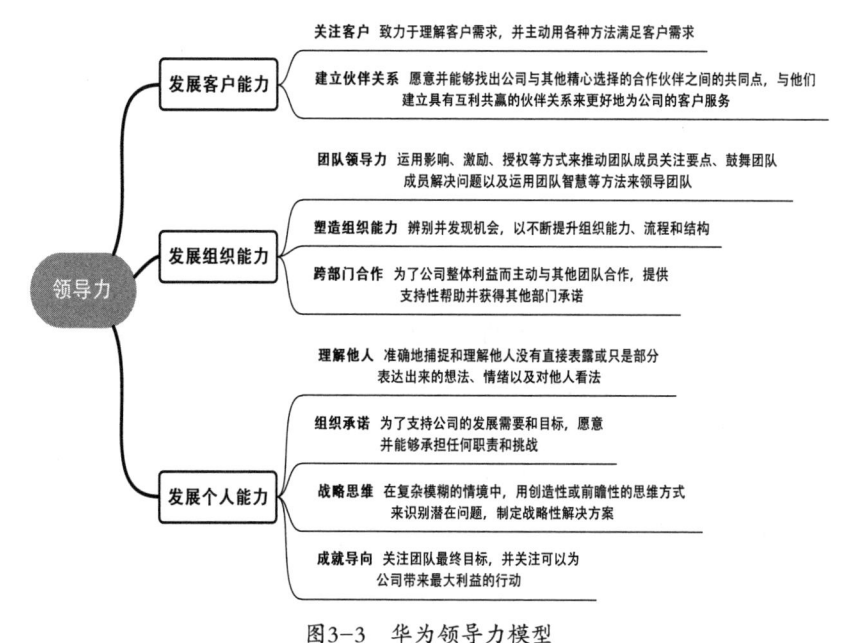

```
领导力
├── 发展客户能力
│   ├── 关注客户  致力于理解客户需求，并主动用各种方法满足客户需求
│   └── 建立伙伴关系  愿意并能够找出公司与其他精心选择的合作伙伴之间的共同点，与他们
│                    建立具有互利共赢的伙伴关系来更好地为公司的客户服务
├── 发展组织能力
│   ├── 团队领导力  运用影响、激励、授权等方式来推动团队成员关注要点、鼓舞团队
│   │              成员解决问题以及运用团队智慧等方法来领导团队
│   ├── 塑造组织能力  辨别并发现机会，以不断提升组织能力、流程和结构
│   └── 跨部门合作  为了公司整体利益而主动与其他团队合作，提供
│                  支持性帮助并获得其他部门承诺
└── 发展个人能力
    ├── 理解他人  准确地捕捉和理解他人没有直接表露或只是部分
    │            表达出来的想法、情绪以及对他人看法
    ├── 组织承诺  为了支持公司的发展需要和目标，愿意
    │            并能够承担任何职责和挑战
    ├── 战略思维  在复杂模糊的情境中，用创造性或前瞻性的思维方式
    │            来识别潜在问题，制定战略性解决方案
    └── 成就导向  关注团队最终目标，并关注可以为
                  公司带来最大利益的行动
```

图3-3　华为领导力模型

领导力模型具有以下四个方面的作用：

1. 招聘和选拔

（1）增强岗位与任职者的能力匹配程度；

（2）降低管理层的流失率；

（3）更加科学客观地评估人才。

2. 培训和发展

（1）针对薄弱处学习，缩短学习曲线；

（2）聚焦在关键行为、关键能力上；

（3）根据工作、组织和个人的需要来制定发展目标；

（4）有明确的里程碑来衡量进程。

3. 职业发展及后备干部计划

（1）更好地支持提升的决策；

（2）减少关键岗位优秀员工的流失；

（3）防止人员需求的瓶颈出现。

4. 绩效管理

（1）在领导力素质模型上，进行双方沟通，科学评估绩效；

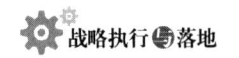

（2）不仅仅评估过去的绩效，更着眼于将来的发展，将来的评估。

3.4 价值观是基础

在BLM模型中，价值观是基础。在企业中，价值观就是告诉员工什么是应该做的，什么是不应该做的。

华为的价值观是"成就客户、艰苦奋斗、开放进取、自我批判、志诚守信、团队合作"，并始终坚决维护自己的价值观。

投资暴风影音的案例诠释了华为对价值观的坚持。当时暴风影音的股价是一股两块钱，华为的投资部门购进了三百五十万股，也就是向暴风影音投资了七百万。此后，暴风影音的股价水涨船高，从两块钱上涨到了三百块钱，相当于华为的投资从七百万变为了十五个亿。虽然赚取了巨额利润，但是华为认为这与自己以奋斗者为本的理念相悖，因为投资赚钱太快，会让员工心浮气躁，难以脚踏实地地完成自己的工作任务。所以，华为之后收回了投资部的权限，并设定超过五百万以上的投资需要向董事会报告。尽管价值观或许也会不断发生变化，但是以客户为导向，为公司创造价值的理念是亘古不变的。

3.4.1 核心价值观是企业第一核心竞争力

著名的管理咨询公司麦肯锡，用著名的组织管理7-S框架，描述出影响企业成功的七个方面，即：组织结构、战略、体系、技能、管理风格、员工、核心价值。麦肯锡认为：这七个变量中的核心是企业核心价值观。

企业之间的竞争主要是核心竞争力的竞争，而核心竞争力的竞争实质上反映了企业文化理念的竞争。企业价值观是企业文化的核心，是企业生存的基础，也是企业追求成功的动力。没有强大的企业文化，没有卓越的企业价值观，再高明的企业经营也无法成功。

北大张维迎教授曾经对核心竞争力的特性作了界定，他认为核心竞争力必须具备五个特点:"偷不去、买不来、拆不开、带不走、流不掉"。为什么呢?因为作为核心竞争力固然需要以上五个特性,但更为重要的是,作为"核心"两个字,本身就蕴含着一层意思,即"最关键的、最重要的",所以它必须保障企业在相当长时间内都能够通过核心竞争力获得竞争优势,否则的话就只能算是企业的相对竞争力。

企业价值观是企业发展过程中逐步形成的,是真正意义上的"偷不去、买不来、拆不开、带不走、流不掉",而且对企业成功起着非常关键的作用。

在企业发展过程中,有太多这样的例子。一个企业由于没有以正确的价值观为导向,而是以快速圈钱为目的,把客户的利益放在一边,最终被客户所抛弃的事例比比皆是。

3.4.2 价值观是企业的凝聚力

一个组织的凝聚力,就是一个行业或一个组织具有的优良素质所形成的吸引力。

如今,企业老板最头疼的问题是什么呢?在授课过程中,很多老板都说是员工人心涣散,员工没有激情,很多人成为混事的"职场木乃伊",很多员工、中层经理患了"职场倦怠症"……

难以想象一支没有凝聚力的部队能打胜仗,一家没有凝聚力的企业能在现在如此残酷的商业竞争中胜出。

稻盛和夫27岁时,与七位硬汉创立了京都制陶公司。公司成立之初,业务发展迅速,为了赶工期,实现自己技术报国的理想,他经常要求员工加班到深夜,星期天也经常不休息。慢慢地,年轻的员工开始不满,一次加班后,年轻的员工提出了抗议,要求加薪加奖金,并以集体辞职相威胁,稻盛和夫花费了三天三夜才说服这些员工留下来。

稻盛和夫陷入了深深的思考:"本来以为创立京都制陶是为了让我们技术闻名于世,现在看来,应该还有更为重要的事值得思考,也就是公司究竟是什么?公司的目的和信誉是什么?"

经过思考他得出结论:"让技术闻名于世其实只是低层次的价值观,是次要的事情,那种想法应该把它抛得远远的。经营公司的目的是为员工谋求物质和精神方面的幸福，为人类社会进步贡献力量。"

自此之后，"为全体员工谋幸福，为社会发展贡献力量"就成为京都制陶公司的价值观，成为全体员工共同的使命，企业发展也越来越大。直到现在，京都制陶公司的员工干到晚上10点，也没有人会视为"加班"，为了赶工期，全厂干到晚上12点也是经常的事。

3.5 差距分析是战略管理的起点

3.5.1 差距分析的本质

接下来，就需要通过差距分析来判断公司现状与战略目标之间存在多大的差距，并分析产生差距的根因是什么，以便后续通过BLM模型解决差距，实现目标。

差距分析是对现状和期望业绩之间的差距进行分析，并对根因进行深入探究。下面通过一些案例让各位读者更加清楚如何进行差距分析。

公司某部门需要完成三亿的销售额，A产品需要完成两个亿，B产品需要完成一个亿。到年底发现A产品如期完成两个亿的目标，但是B产品只完成了五千万的销售额，未完成的五千万就是差距。对于未完成的原因，该公司需要深入分析，考虑产品与客户关系是否存在问题。

我们辅导的一家上市公司，每年都会基于市场的判断列出许多战略机会，但是到年底复盘时发现这些战略机会并没有取得实质性进展。经过调查发现，出现这个问题的原因是部门承接的KPI更多是针对成熟产品，在完成主要经营指标后，业务部门也没有更多的精力投入到新产品中。从短期来看，公司的确看不到新产品的作用，但是对于公司的长期发展和战略能力，开发新产品和新业务是很有价值的。在华为，对于新的战略机会，公司会成立专门的产品线，配置相应的预算，并要求新产品聚焦于提升市场竞争力。与此同时，当年不会对该产品的收入进行考核，但是会通过设立两个样板点来评估该产品是否已经具有价值。

广联达公司在面对来势汹汹的数字化趋势时,毅然决然地选择云转型,在这一过程中也遇到了许多困难。那么,广联达是如何推行云产品的呢?它先是在一个省的市场试点,再推行到另外两个省。在完成三个省的试点后,相应的产品模式、人才队伍也基本成形,然后再加大资金和人力的投入。经过五年的时间,广联达的产品全部完成云转型。即使在2020年出现疫情的时候,广联达的云产品依旧能保持20%的增长。正因如此,尽管销售额只有五十多个亿,利润也只有五个多亿,但资本市场对广联达的估值将近千亿。

从这些案例中不难看出,要想实现组织目标,就需要找准差距,找出不足的原因,对症下药,进行补齐。

当然,战略调整作为一种具有高度风险性的决策活动,一定有它的触发事件,触发事件就是引起战略规划的一些事情,包括:

第一,业绩差距:当公司管理层意识到业绩没有达到预期(与公司以往或者同行竞争对手相比);

第二,机会差距:由于时代与技术的升级,产生新的市场机会,需要有新的产品或服务去占领;

第三,新的市场威胁:竞争对手强势崛起,对公司产生巨大的市场威胁;

第四,所有权变更:董事会与管理层变动,公司战略方向发生改变。

3.5.2 业绩差距与机会差距

业绩差距是指有市场机会,但是因为没有做好,从而导致绩效和目标之间形成了差距。比如说今年计划在某一个地区、某一个产品上达成100亿的销售额,但是因为没有做好,无论是销售执行没有做好,还是资源匹配没有做好,最后只实现了80亿的销售收入,因此产生了20亿的差距,这个差距就是业绩差距。

机会差距是指在执行方面已经做得非常好,不存在绩效差距,但是为了完成更大的目标,要寻找新的机会。如果找不到新的机会就存在机会差距。通俗地讲,机会差距就是本来你可以做的事情,由于种种原因没有做,错过

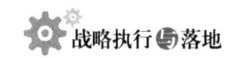

了机会。

有人将业绩差距定义成今天的差距,机会差距定义为明天的差距、未来的差距。只有真正将业绩差距分析透彻后,才能看出是否存在机会差距。因为人们最容易为失败寻找借口,当业绩差距出来后,虽然有可能因为自身没有尽最大努力而造成业绩没有达标,就马上认为自己已经努力了,于是开始寻找机会差距,去开发新的市场,搜寻新的机会,寻求新的资源支持。机会差距可以找,但一定要确保业绩差距分析透彻,以便未来更好地提高自己。

用业绩差距和机会差距分析问题被证明是强有力的工具,一旦开始寻找绩效差距,我们真的能够发现一些在绩效方面的缺陷,在执行过程中做得不到位的地方。同时,当我们开始思考机会差距,或者说为了完成更高的企业目标时,需要开拓新的市场,寻找新的机会。我们发现,真的有这么大一片市场等待我们去开发,等待我们去突破。

使用差距分析方法可以燃起团队对实现目标的渴望,也能够和团队一起建立一种使命感和紧迫感,而这种渴望感、紧迫感以及使命感是一个组织进行变革、领导引领变革的最基础条件。如果没有这样的渴望感觉、没有迫切感,一切的企业变革都无从谈起。

很多公司,包括IBM、华为等在内,往往将战略和变革合并在一起讨论,其中的原因就是战略思考往往意味着变革的发生,而变革需要新的战略予以支持。用差距分析引领变革不是一个孤立的方法,它需要把问题的界定与问题的解决方法配合起来使用。

因为在界定差距、分析差距的过程中,要用问题的解决方法进行挖掘,直到找到每一个差距背后深藏的原因和根源,再制定详细的解决方案进行解决。随着业绩期望落差的扩大,企业为解决困境和避免权益损失,实施战略调整的力度就越大。

在业绩差距分析中,组织通过评估当前实际绩效与"目标期望水平"的差距来决定后续的行为选择。即当绩效低于"目标期望水平"的时候,管理层会将"低于目标期望"的状态界定为组织的"损失",该损失状态会驱动企业管理层实施战略管理,以使企业绩效回到目标期望水平上。实际绩效低于目标期望水平的差距越大,企业处于损失状态的程度越严重,企业战略调整的动机和程度也将加剧，这是因为：

第一，业绩期望落差的出现意味着企业当前在资源配置、经营机制、产品制造或市场战略等方面出现问题，需要通过新的调整以适应市场的竞争，提高竞争力。期望落差越大则越能让管理者意识到组织问题的存在，进而促使他们进行组织的战略调整，比如进入或退出市场，改变产品或市场策略，对战略进行重新定位等。

第二，业绩期望落差越大，越会降低和威胁到企业存在的声誉和外部合法性，导致企业存在的理由受到利益相关者的质疑。尤其当企业在经历持续的业绩下降而无法提出解决方案时，当事企业就会被迫要求对业绩的持续下滑做出公正合理的解释。股东、投资者、媒体和公共机构等往往也会强化对绩效下滑企业的关注力度与监督力度。内外部危机威胁到组织的合法性，从而迫使企业管理层必须重新思考自身的战略活动和经营方向，以修正现存的问题，提高企业业绩。

第三，对员工而言，企业良好的业绩代表着个人较佳的升迁机会以及期望工资的提升。相反，欠佳的业绩表现，则会引发员工不断的负面预期，如减薪或裁员等。总之，业绩期望落差越大，则越会降低员工对企业的正向预期，最终引发员工的自动离职，一旦企业的核心员工离职，企业所面临的经营问题将变得更为严重。企业若在此状况下实施主动的战略调整，则会成为安定员工的一种信号机制，即让员工意识到企业在积极地解决问题，经营绩效可以获得再次改善。

第四，业绩期望落差也会影响管理者自身在外部劳动力市场上的声誉。在业绩期望落差扩大时，管理者为规避自身利益损失，尤其是维持自身在未来劳动力市场上的声望，他们会通过积极的探索解决路径达到拯救企业的目的。此外，业绩期望落差扩大还有利于打破管理者固守现状的傲慢情结，从而促使他们去重新审视当前战略所存在的问题。同时也会降低管理者的自负心理，刺激他们去寻求更多信息，尤其是学习竞争者的行为，对标竞争者，调整自身战略方向，以重新得到潜在投资者对组织战略的理解与支持。

业绩差距表明了每种产品的增长机会，相当于公司当前的销售额加上竞争差距。造成公司业绩差距的因素如下：

第一，产品差距：缩小这一差距需要从宽度或深度方面完善产品，或者引进新产品和改进产品，从而提高产品的竞争力。

第二，销售差距：可以通过扩展销售覆盖范围、提高销售密集程度和商品陈列缩小差距。

第三，竞争差距：可以通过从现有竞争者手中夺取额外的市场份额，改善公司的地位，从而弥补这种差距。

机会差距表明了公司错过的增长的市场机会，相当于公司将来可以增加这一块的销售额。造成公司机会差距的因素如下：

第一，市场敏感的差距：缺乏对市场前景的洞察，以至于产品在市场爆发起来的时候才发现有产品的市场机会。

第二，资源（研发、人才）的差距：知道有该产品的市场机会，但公司因为资源的原因，无法按时研发出产品，错过市场机会。

3.5.3　差距分析与企业定位

差距与定位息息相关，根据定位才能确定自己的真实差距。企业战略定位的核心理念是遵循差异化，差异化的战略定位，不但决定着能否使你的产品和服务同竞争者区别开来，而且决定着企业能否成功进入市场并立足。

著名的战略学专家迈克尔·波特早在其著作《竞争战略》中指出了差异化战略是竞争制胜的法宝，他提出的三大战略——成本领先、差异化、集中化都可以归结到差异化上来。差异化就是如何能够做到与众不同，并且以这种方式为客户提供独特的价值。与此同时，差异化还能够为顾客提供更多选择，为市场提供更多的创新。

这里我们来了解一下华为手机的定位，可以让大家更容易理解差异化的重要性。之所以谈论华为的手机定位，就是因为如今许多手机厂商都在追求规模，把苹果、三星、小米作为目标，然后就不知道自己是谁了。当然，要向苹果、三星、小米学习它们的优点，但不要盲目对标它们。应该像华为的消费者BG那样，坚持走自己的路，我就是我！

任正非在2014年面对消费者BG的讲话中也提到，华为不要盲目对标苹果、三星、小米，以下是讲话中的部分内容：

销售额是为了实现利润需要的，不是奋斗的目标。终端没有黏性，量大而质不优，口口相传反而会跌下来。不要着急，慢慢来，别让互联网引起你们发烧。我们要活下去。消费者BG要以利润为中心，严格控制库存风险。活不下去就没有未来！我们的价值评价体系要改变过去仅以技术为导向的评价，大家都要以商业成功为导向。

在应用上，我认为还是要以客户需求为中心，客户需求应该有个正态分布规律，可以用数学方法来分析人类信息需求的轨迹。在最终用户使用量最大的功能这块，我们要下决心做好；对于边缘部分，即使高技术、高水平的需求，有点问题也没关系。应用平台不一定要自己开发，谁做得好就跟谁捆绑，一定不能捆绑垃圾应用。

我认为有几方面华为手机一定要做到世界领先：

第一，物联网的芯片（通信模块和数据卡）要做到长期世界领先，控制好成本，价格尽量卖低，但是要盈利。质量好、价格低、服务好，逐渐全世界就都在使用，提高了竞争对手进入的门槛。我们可以把数据卡做到各种车辆、物联网里去，空间非常大；而且数据卡不一定需要标准统一，各业务各自也可以有专门的设计，把硬件成本降低下来。你们要把战略想清楚。

第二，手机的通信平台应该要做到世界最好。手机三大功能：通信、图像、操作系统。通信功能：华为本来就是做通信技术出身，通信平台也不涉及操作软件的问题，做不好是没有理由的。图像功能：图像是模糊数学，是目前谁都做得不太好的新事物，我们有希望突破。操作系统：我们不可能做得全球最好，因此坚决不做，就与微软、安卓……系统捆绑，他们积淀了几十年的经验。我们省些力，搭搭车，何必一定要"自主"的光荣呢？

3.5.4 差距根因分析

找到业绩差距与机会差距，就要找到产生差距的原因，可以通过5Why分析法进行分析。

所谓5Why分析法，又称"5问法"，也就是对一个问题点连续以5个"为什么"来问，以追究其发生的根本原因。虽称为5个为什么，但使用时不限定只做"5次为什么的探讨"，主要是必须找到根本原因为止，有时可能只要3

次，有时也许要10次，如古话所言：打破砂锅问到底。

5Why法的关键是，鼓励解决问题的人要努力避开主观或自负的假设和逻辑陷阱，从结果着手，沿着因果关系链条，顺藤摸瓜，直至找出原有问题的根本原因，便于后期解决问题。

5Why可以从三个层面来实施：

第一层，为什么会发生？从"制造"的角度。

第二层，为什么没有发现？从"检验"的角度。

第三层，为什么没有从系统上预防事故？从"体系"或"流程"的角度。

每个问题经过连续5次或N次的询问，得出最终结论。只有以上三个层面的问题都探寻出来，才能发现根本问题，并寻求解决（见表3-1）。下面举个简单的例子帮助大家理解。

A公司的手机产品，2016年第四季度在江苏地区的市场份额为12%，低于预期20%的市场目标。

第一个"为什么"：为什么会是这个结果？因为竞争对手X和Y的销售额增速大于A公司。

第二个"为什么"：为什么竞争对手X和Y的销售额增速大于我们？因为我们A公司的销售代理商没有竞争对手X和Y的数量多。

第三个"为什么"：为什么竞争对手的渠道覆盖会大于我们？因为A公司没有去招募足够多的代理商。

第四个"为什么"：为什么没有去招募足够的代理商？因为A公司专注于线上销售，缺乏渠道发展计划，没有设置专职的渠道管理人员，并且渠道奖励措施缺失。

第五个"为什么"：为什么没有渠道奖励措施？因为没有在公司层面进行规划，没有足够的资源去推进渠道。

当这些"为什么"都被询问和思考以后，我们会发现这个问题背后的原因在于没有具体的规划，没有市场拓展人员，没有足够的经费支持。因此当这些问题的根本原因被呈现出来的时候，就有可能从根本上去解决这些问题。

表3-1　差距分析常用表格

差距类别	
差距描述	1. 2. 3.
形成差距的主要原因	1. 2. 3.
负责人	

3.6　市场洞察决定战略管理的深度

很多公司在做战略规划时会面临很多挑战,最典型的就是不知道机会怎么找、目标怎么定。对市场洞察了解的也很少,基本上是凭感觉做计划。公司的业务发展既没有战略规划的牵引,也没有市场洞察,结果就是没有数据的支撑,作决策就不准确,公司的发展就缓慢,管理水平提升缓慢,这些都是亟待解决的问题。

企业要想做好战略规划,有一个大的前提就是要做好市场洞察。做市场洞察虽然看起来很难,但其实也有一定的内在逻辑。

第一层是尽可能收集全面的行业数据,梳理出基础事实,把握整个行业大的发展方向。

第二层就是整合收集到的数据,将其转化成能够为我们所用的信息。

很多企业容易将整合数据做成数据的罗列,在网上有很多动辄几十页的数据报告,但这些数据连结论都没有,离我们要找的机会点就更远了。因此,企业家一定要能够描述数据背后的故事,找到其中的有效信息。

第三层便是洞见,在得到有效信息的基础上进行推理分析。

企业家要建立一种能够预见产业发展机会点的能力,也就是发现隐藏在数据背后的机会点,然后制定措施和采取行动去把握这个机会点。总而言之,做好市场洞察要把握三个层面:一定要看得见,再次看得懂,最后一定要有行动。

一个好的洞察报告一定要能看到机会点，并且能够经得起时间的检验。当然，其实无论作出多少努力，企业最终获得的信息都是不够的，但是这并不影响企业作决策。企业在做市场洞察时要谨记一句话"模糊的正确胜过精确的错误"，只要大方向上保证正确即可。

华为喜欢将复杂的市场简单化，因为有时候如果事情太复杂，你是看不清的。华为做市场洞察有一套方法论，叫作"五看"：看行业/趋势、看市场/客户、看竞争、看自己、看机会。

第一，看行业/趋势：要全面了解企业所在市场的总规模、增长及趋势，具有什么明显的特征以及未来的发展情况等信息；

第二，看客户/市场：要真正掌握细分市场的客户以及他们的需求偏好、痛点；企业如果想要满足客户需求面临哪些挑战；还包括客户发展战略分析和客户购买行为分析等；

第三，看竞争：对主要竞争对手发展战略要进行系统详细的解读分析，端到端价值链的全面竞争分析；

第四，看自己：主要是对自己的过往进行复盘总结，从而明确自己的优势到底是什么，核心竞争力是什么，战略控制点在哪里；更重要的是要看清自己的劣势，也就是要构建或提升的能力短板是什么；

第五，看机会：也就是明确企业发展的战略机会点。

接下来，详细为各位介绍市场洞察"五看"的具体含义：

3.6.1 看趋势/行业

"看趋势/行业"就是看企业所处的宏观环境，分析国家政治与经济的大环境，涉及行业发展政策、进出口政策、税收优惠政策、国内外竞争情况、相关的法律法规，分析行业的上下游产业链，产业链生态发展情况等等。

针对企业所处的具体行业，分析行业发展趋势，看行业的市场容量、竞争格局、技术发展情况，以及当地渠道架构、潜在合作伙伴情况等等。企业可以思考以下问题：

产业格局的变化带给我们的影响、机遇和挑战；这个行业是怎么挣钱的，利润率怎样；这个行业现在能不能挣钱，这个行业以后能不能挣钱，能挣多久的钱，需要多久挣钱，这个行业挣一笔钱需要多久，周转多长；这个行业挣钱容易吗？风险大吗？是不是挣了钱把人都整进去了？靠周转？资本金？大数量？大体量？高负债？还是高科技？行业乱不乱？是监管严重，灰色监管，还是江湖呢？

这里，向各位读者介绍两个常用的模型工具。对宏观环境的分析，常用的工具叫"PEST分析法"，找到风口和大市场；对行业的分析，常用的工具叫"波特五力模型"。

1. PEST 分析法

PEST分析是指宏观环境的分析，P是政治（politics），E是经济（economy），S是社会（society），T是技术（technology），详见图3-4。在分析一个企业所处的外部环境的时候，通常是通过这四个因素来分析企业集团所面临的状况。

政治要素 （Politics）	・世界贸易协定 ・垄断与竞争立法 ・环保、消费者保护立法 ・税收政策	・执政党性质和主张 ・就业政策与法规 ・贸易规则 ・公司与政府的关系
经济要素 （Economy）	・商业周期 ・GDP趋势/国民可支配收入 ・货币供应、利率、汇率 ・通货膨胀、失业与就业	・人口数量及趋势 ・原料、能源来源及成本 ・贸易周期、价格波动 ・公司投资
社会要素 （Society）	・出生率、老龄化 ・人口流动性 ・地理分布、种族平等状况 ・生活方式及价值观变化	・对工作和休闲的态度 ・收入分配/消费结构和水平 ・教育水平 ・文化传统、宗教信仰
技术要素 （Technology）	・政府对研究的支出 ・政府和行业的技术关注 ・新技术变革 ・技术转让速度	・互联网等技术普及度 ・老产品更新换代 ・优质品率、废品率 ・技术工艺发展水平评估

图3-4　宏观环境的分析

（1）政治要素：通常包括国际关系、对经济发展的态度、产业发展政策、政治不确定性等。这些因素不仅会对公司和产业的发展产生直接影响，而且会通过影响供应商、客户等对生产企业产生间接影响。例如：美国轰炸中国驻南斯拉夫使馆事件影响了中美关系，直接导致联通暂停CDMA项目，因此影响企业在CDMA资源投入的决策。

（2）经济要素：通常包括产业结构、经济增长、市场利率、人民生活水平、消费倾向等。经济环境的各种因素对公司运营会产生影响，例如：中国人均收入持续增长，消费能力随之增长，为移动通信设备行业提供了广阔的前景。

（3）社会要素：通常包括文化氛围、民众教育程度等。文化环境的特点会影响市场消费者的生活方式，以及对产品和服务的需求和期望，造成其消费行为的改变。例如：在中国手机产品日渐成为一种消费性产品乃至于时尚的标志，年轻人成为手机消费的主流。

（4）技术要素：通常包括社会总体科技水平、科技发展趋势等。这些方面的变化会影响产品生命周期以及研发技术发展趋势，例如：宽带通信和移动互联网技术发展，会影响企业加强技术研究，以增加产品竞争力。

PEST分析相对简单，可通过头脑风暴列出所有可能影响的因素，找出对企业影响最大的几个因素，并分别评估对企业的影响。

2. 波特五力模型

企业常用波特五力模型来分析行业，波特五力分析模型是迈克尔·波特（Michael Porter）于20世纪80年代初提出，对企业战略制定产生了全球性的深远影响，可以有效分析客户的竞争环境（详见图3-5）。

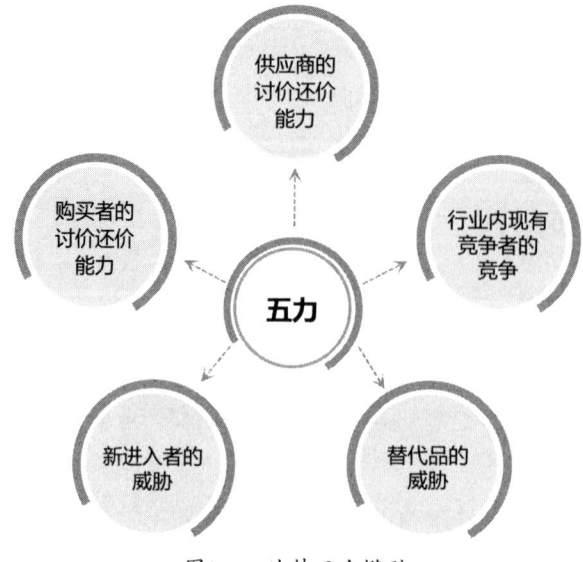

图3-5　波特五力模型

五力分别是：供应商的讨价还价能力、购买者的讨价还价能力、潜在竞争者进入的能力、替代品的替代能力、行业内竞争者现在的竞争能力。五种力量的不同组合变化最终影响行业利润潜力变化。

（1）供应商的讨价还价能力

供方主要通过其提高投入要素价格与降低单位价值质量的能力，来影响行业中现有企业的盈利能力与产品竞争力。供方力量的强弱主要取决于他们所提供给买主的是什么投入要素，当供方所提供的投入要素其价值构成了买主产品总成本的较大比例、对买主产品生产过程非常重要，或者严重影响买主产品的质量时，供方对于买主的潜在讨价还价力量就大大增强。一般来说，满足如下条件的供方集团会具有比较强大的讨价还价力量：

- 供方行业为一些具有比较稳固市场地位而不受市场激烈竞争困扰的企业所控制，其产品的买主很多，以至于每一单个买主都不可能成为供方的重要客户。

- 供方各企业的产品各具有一定特色，以至于买主难以转换或转换成本太高，或者很难找到可与供方企业产品相竞争的替代品。

- 供方能够方便地实行前向联合或一体化，而买主难以进行后向联合或一体化。

（2）购买者的讨价还价能力

购买者主要通过其压价与要求提供较高的产品或服务质量的能力，来影响行业中现有企业的盈利能力。一般来说，满足如下条件的购买者可能具有较强的讨价还价力量：

- 购买者的总数较少，而每个购买者的购买量较大，占了卖方销售量的很大比例。

- 卖方行业由大量相对来说规模较小的企业所组成。

- 购买者所购买的基本上是一种标准化产品，同时向多个卖主购买产品在经济上也完全可行。

- 购买者有能力实现后向一体化，而卖主不可能前向一体化。

（3）新进入者的威胁

新进入者在给行业带来新生产能力、新资源的同时，将希望在已被现有企业瓜分完毕的市场中赢得一席之地，这就有可能会与现有企业发生原材料与市场份额的竞争，最终导致行业中现有企业盈利水平降低，严重的话还有可能危及这些企业的生存。竞争性进入威胁的严重程度取决于两方面的因素，就是进入新领域的障碍大小与预期现有企业对于进入者的反应情况。

进入障碍主要包括规模经济、产品差异、资本需要、转换成本、销售渠道开拓、政府行为与政策（如国家综合平衡统一建设的石化企业）、不受规模支配的成本劣势（如商业秘密、产供销关系、学习与经验曲线效应等）、自然资源（如冶金业对矿产的拥有）、地理环境（如造船厂只能建在海滨城市）等方面，这其中有些障碍是很难借助复制或仿造的方式来突破的。

预期现有企业对进入者的反应情况，主要是采取报复行动的可能性大小，取决于有关厂商的财力情况、报复记录、固定资产规模、行业增长速度等。总之，新企业进入一个行业的可能性大小，取决于进入者主观估计进入所能带来的潜在利益、所需花费的代价与所要承担的风险这三者的相对大小情况。

（4）替代品的威胁

两个处于不同行业中的企业，可能会由于所生产的产品是互为替代品，从而在它们之间产生相互竞争行为，这种源自于替代品的竞争会以各种形式影响行业中现有企业的竞争战略。

首先，现有企业产品售价以及获利潜力的提高，将由于存在着能被用户方便接受的替代品而受到限制；第二，由于替代品生产者的侵入，使得现有企业必须提高产品质量，或者通过降低成本来降低售价，或者使其产品具有特色，否则其销量与利润增长的目标就有可能受挫；第三，源自替代品生产者的竞争强度，受产品买主转换成本高低的影响。

总之，替代品价格越低、质量越好、用户转换成本越低，其所能产生的竞争压力就强。而这种来自替代品生产者的竞争压力的强度，可以具体通过考察替代品销售增长率、替代品厂家生产能力与盈利扩张情况来加以描述。

（5）行业内现有竞争者的竞争

大部分行业中的企业，相互之间的利益都是紧密联系在一起的，作为企业整体战略一部分的各企业竞争战略，其目标都在于使自己的企业获得相对于竞争对手的优势,所以,在实施中就必然会产生冲突与对抗现象,这些冲突与对抗就构成了现有企业之间的竞争。现有企业之间的竞争常常表现在价格、广告、产品介绍、售后服务等方面,其竞争强度与许多因素有关。

一般来说,出现下述情况将意味着行业中现有企业之间竞争的加剧:行业进入障碍较低,势均力敌竞争对手较多,竞争参与者范围广泛;市场趋于成熟,产品需求增长缓慢;竞争者企图采用降价等手段促销;竞争者提供几乎相同的产品或服务,用户转换成本很低;一个战略行动如果取得成功,其收入相当可观;行业外部实力强大的公司在接收了行业中实力薄弱企业后,发起进攻性行动,结果使刚被接收的企业成为市场的主要竞争者;退出障碍较高,即退出竞争要比继续参与竞争代价更高。在这里,退出障碍主要受经济、战略、感情以及社会政治关系等方面考虑的影响,具体包括:资产的专用性、退出的固定费用、战略上的相互牵制、情绪上的难以接受、政府和社会的各种限制等。

根据上面对于五种竞争力量的讨论,企业可以尽可能地将自身的经营与竞争力量隔绝开来,努力从自身利益需要出发影响行业竞争规则,先占领有利的市场地位再发起进攻性竞争行动等手段来对付这五种竞争力量,以增强自己的市场地位与竞争实力。

此外,企业在应用波特五力模型的时候,要注意其缺点:一是模型假设同行业之间只有竞争关系,没有合作关系,但现实中企业之间存在多种合作关系(共生关系),不一定是你死我活的竞争关系;二是模型中行业的规模是固定的,因此,只有通过夺取对手的份额来占有更大的资源和市场,但现实中企业之间往往不是通过吃掉对手而是与对手共同做大行业的蛋糕来获取更大的资源和市场。同时,市场可以通过不断地开发和创新来增大容量。

华为对趋势/行业的研究一直很重视。2000年开始,在华为业务国际化之初,就开始对目标国家的市场进行研究,华为和中国外交使馆、目标国家中国领事馆等机构接触,从相关部门获得商业信息,了解政治、经济、文化、宗教、关税等各领域信息以后,再落地这些国家。

数通产品线2004年就开始了对亚太、拉美、欧洲等地区的国家开始了宏观环境的行业分析,从专业的调研机构、协会、国家相应政府机构等收集情报，为市场开拓做准备。

数通产品线是2005年进入印度市场，在进入印度市场之初，就有工作团队先行进行分析，了解印度的市场容量、印度政府对外资公司以及中资公司的态度、印度IT产品的关税等情况。

这些信息使华为在国内就能了解到国外的市场情况，做好各种准备，为日后的工作顺利开展打下了良好的基础。

3.6.2 看市场/客户

"看市场/客户"是指针对潜在行业客户进行调研，理解客户自身的发展计划，发现客户在企业发展过程中对产品的具体需求，理解用户的痛点和难点，目的在于解决客户问题，为客户创造价值。

比如，我们都知道中小企业客户的上网需求有明确特征，虽然预算少，但是需求可一点也不少。在1998—2010年期间，大部分公司普遍要求电话拨号上网、宽带上网、Wi-Fi功能；同时还要求兼顾网络安全，有防火墙功能；为了防止员工上班期间打游戏、看视频，还需要限制每个网络端口的速度，种种需求不一。华为则对这些需求进行全面的调研和分析，逐一增加了这些功能，同时也没有大幅涨价，做到物美价廉，让中小企业客户普遍能接受。

企业可以用价值链分析来看客户，了解客户需求，解决客户痛点，了解客户的战略与企业战略的匹配性。其中，了解客户需求是形成市场营销战略的基础操作和重要手段。通过合理、系统的客户分析，企业可以知道不同的客户有着什么样的需求，分析客户消费特征与商务效益的关系，使运营策略得到最优的规划。更为重要的是可以发现潜在客户，从而进一步扩大商业规模，使企业得到快速的发展。

客户分析一般可以从两个方面入手：一是"客户需求分析"，二是"客户购买行为分析"。

1. 客户需求分析

在分析客户需求之前，我们要了解到底什么是"需求"？

IBM曾指出需求有三个重要层次，第一个叫Requirements，第二个叫Wants，第三个叫Pains。举个例子，小孩饿了要吃汉堡，结果妈妈带他去吃比萨，他也很开心。汉堡就是小孩提的一个Requiremens的需求，他真正的Wants需求是他想吃好吃的，他的痛点是饿了，而比萨也能满足他饿了的需求。

在需求管理里面有一句非常经典的话，客户告诉你他想要的，并不是他想要的，而是各种可能性都有。我们需要深入理解Requirements背后的需求，才能提供客户真正需要的东西，这后面有大量的战略机会。

从客户系统经济学来看，客户的需求是处在变化中的，先把现在的需求是什么理解清楚，然后需求的变化才会带来机会。其实仔细去想，客户需求的变化到机会点的路途是很短的，通过简单粗暴的方式就能找到一些机会。

2. 客户购买行为分析

客户购买行为分析，就是通过分解客户的完整购买行为，来分析市场需求。

如果你是手机客户的供应商，客户的完整采购行为是不是都有可能是你未来的机会？

举个例子，小米是一家聚焦的公司，因为小米这么多产品的客户是一模一样的，他们就是既想要相对高品质的产品，又想要极致性价比的一群人，而这群人在中国数以亿计。小米是典型的把这类客户的采购行为分析透彻的公司，客户要买手机、平衡车、电饭煲、空气净化器，小米都会全部准备好。

总之，看客户，客户需求是基础，如果不了解客户需求，就没办法继续去看机会。然后基于客户系统经济学和客户的应用场景，去看客户的需求变化能不能找到机会，同时分解客户的完整采购行为，也有可能找到新的机会。

3.6.3　看竞争

"看竞争"是看外部的威胁，是进行竞争对手分析，了解主要对手情况，了解竞争格局，确定对标竞争对手，向对标的友商学习，学习竞争对手的长处来提高自己，同时也找出对手的不足予以打击。

市场竞争就是商战，要战胜对手就要知己知彼，才能百战不殆。钱钟书在《围城》里面写道：情敌的彼此想念，比情人的彼此想念还要多。在市场竞争中，情人就是我们的客户，情敌就是我们的对手。

华为一路走来，特别重视和强调向竞争对手学习。当年，华为为了追赶爱立信，专门组建了一个研究所，300人中有四分之三来自爱立信的关键岗位。这群人编制出一个解读爱立信的报告，篇幅达到了130页，报告内容包括了关于爱立信的方方面面，它的历史、战略、组织、流程等等。这就是华为研究对手的程度。

做竞争对手分析，不是简单的信息搜集，而是要深入分析可能的变化，并快速响应，提出应对策略和措施。不能仅仅关注竞争对手的表面现象，而是要从对手解决方案和产品策略、人力资源策略中发现问题，提出应对策略；不可只关注竞争对手已发生的行为，而是要依靠经验、数据来分析竞争对手未来的动作。

关于评价竞争对手的关键竞争力，有一个方法，就是挑选一些竞争力要素，形成一个维度体系（比如，质量、成本、特性等），把所有竞争对手放到这个体系里去评估，每个要素都设置一个分数区间，对竞争对手的每个要素逐个评估打分，最后输出一张雷达图，简单、清晰地呈现到管理者面前（详见图3-6）。

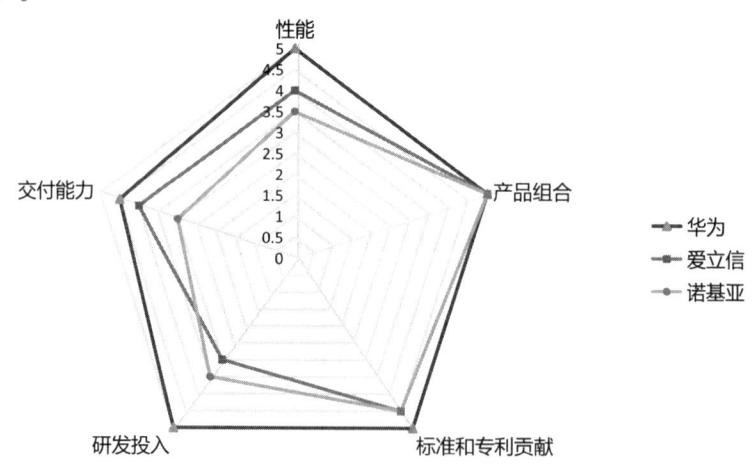

图3-6 企业雷达图

通常要比较的维度有：1.利润；2.市场占有率；3.产品系列；4.产品质量；5.新产品；6.客户关系；7.价格与成本；8.增长策略；9.财务安全；10.原料供应；11.产能；12.合作伙伴和联盟；13.战略控制点与商业模式；14.组织结构；15.奖励构成以及评估；16.企业文化；17.并购或投资；18.存在问题。

企业在具体操作时，一般根据行业属性选择7~8个就足够了。当企业完成了这样一张雷达图，发现自己的雷达图被竞争对手的雷达图牢牢包围起来，那企业就必须去思考如何突围了。

另外，在进行竞争分析前，非常关键的一步就是要确定谁是你的核心竞争对手。

一般，对资源掠夺性最强的企业就是你的核心竞争对手。角度不同，竞争对手就不同，企业可以从客户资源和产品等角度出发。

1. 从客户资源角度

从争夺客户资源的角度找到竞争对手，包括客户的时间资源、预算资源、身体资源等。现在是一个互联网信息爆炸的时代，网络游戏、微博、微信、各种客户端APP都在抢夺用户的碎片化时间，他们之间互为竞争关系。乃至于胃对于饮品公司而言，就属于人的身体资源，毕竟喝多了可乐就没法再喝啤酒。总之在挖你墙角的那些企业，或者你的员工离职后去得最多的企业，他们一定也是你的竞争对手，说明你们之间的资源有相似性，你们在抢夺同一个类型的人力资源。

2. 从产品角度

销售同品类商品或服务的为直接竞争对手，这是最大众化意义上的竞争对手，大家常说的同业竞争就是这个意思，也是狭义的竞争对手。耐克和阿迪达斯，肯德基和麦当劳，百事可乐和可口可乐都是典型的竞争对手。

销售扩大品类的商品或服务，也就是非同品类但是属于可替代，这也构成竞争关系。休闲服的同品类竞争对手是休闲服，它的可替代竞争对手是体育运动服饰，甚至是正装等。再比如柯达的同品类竞争对手是富士，扩大品类的竞争对手是数码相机公司。

销售互补品类的商品或服务，互补商品指两种产品之间互相依赖，形成互利关系。例如牙刷和牙膏，照相机和胶卷，汽车和中石油、中石化等等，都形成互补关系。一般意义的互补商品间不形成竞争关系，但是如果你是生产电动汽车的公司，加油站就是你的隐形竞争对手。如果你是生产数码相机的公司，那么胶卷行业就是你的竞争对手。

实际上，对一个企业来说，找到竞争对手不难，找准竞争对手不容易。

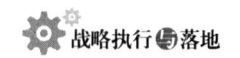

竞争对手的界定有如下几方面的特点：

第一，竞争对手形式呈现多样性，包括直接竞争、间接竞争、替代竞争等。

第二，竞争对手具有地域性，同一个公司在不同的地区，竞争对手很可能是不一样的，所以竞争对手管理需要差异化。包括全球性竞争、全国性竞争、区域性竞争、渠道通路内竞争等。渠道通路的竞争，例如，在超市里，方便面的直接竞争对手是其他方便面；在学校，方便面的竞争对手就是食堂和餐厅。

第三，竞争对手非唯一性，对销售部来说同业竞争就是最大的竞争对手，对市场部来说，抢夺营销资源的都是竞争对手，对生产部来说，抢夺生产资源的都是竞争对手，HR和其他抢夺人力资源的公司也都是竞争关系。

第四，竞争对手具有变化性，现在的竞争对手是A，未来的竞争对手可能是B，是否能及时发现潜在的竞争对手也很重要。

当然，如果用这个方法分析下来，会发现全世界都是我们的竞争对手，所以我们要找到那些最关键的竞争对手，不一定是最大的，但一定是最具有相似性的。很多小公司经常犯这种错误，公司刚一成立就把业内最大的企业列为核心竞争对手。从战略上可以这样，但战术上绝对不可以，不然就是以卵击石。

核心竞争对手的确定可以利用竞争对手评估表来判断（单项分值10分），此表采用了排名制方式，根据相似性进行排名，也可以用打分制来评估。根据评估表3-2分值最高的就是企业最主要的竞争对手。

表3-2　竞争对手评估表

评估项（每项10分）	战略层面竞争对手评估			
	企业A	企业B	企业C	企业D
战略的相似性				
竞争环境的相似性				
上游客户的相似性				
下游客户的相似性				
产品的相似性				

续表

评估项（每项10分）	战略层面竞争对手评估			
	企业A	企业B	企业C	企业D
价格的相似性				
渠道的相似性				
客户的相似性				
营销的相似性				
规模的相似性				
总分（100）				

3.6.4 看自己

看对手是"知彼"，看自己是"知己"。战略规划、战略洞察需要发现很多机会点，这是加法，而看自己是掂量掂量自己，很多业务不是你的菜，就要做减法，最后输出的东西就是很具象化的战略机会点。

企业要分析自身的优势、劣势和差距，一般可以从以下三个方面入手：

1. SWOT 矩阵

所谓SWOT分析，即基于内外部竞争环境和竞争条件下的态势分析，将与研究对象密切相关的各种主要内部优势、劣势和外部的机会和威胁等，通过调查列举出来，并依照矩阵形式排列，然后用系统分析的思想，把各种因素相互匹配起来加以分析，从中得出一系列相应的结论，而结论通常带有一定的决策性。

运用这种方法，可以对研究对象所处的情景进行全面、系统、准确地研究，从而根据研究结果制定相应的发展战略、计划以及对策等。

S（strengths）是优势、W（weaknesses）是劣势、O（opportunities）是机会、T（threats）是威胁。按照企业竞争战略的完整概念，战略应是一个企业"能够做的"（即组织的强项和弱项）和"可能做的"（即环境的机会和威胁）之间的有机组合。

企业通过SWOT分析就可以着力构建自身的竞争优势。竞争优势是指消费者眼中一个企业或它的产品有别于其他竞争对手的任何优越的东西，它可以是产品线的宽度、产品的大小、质量、可靠性、适用性、风格和形象以及服务的及时、态度的热情等。虽然竞争优势实际上指的是一个企业比其竞争对手有较强的综合优势，但是明确企业究竟在哪一个方面具有优势更有意义，因为只有这样，才可以扬长避短，或者以实击虚。

2. 企业经营状况分析

企业经营状况分析也很重要，在确定拓展机会点之前，你还要看一下未来三年的发展规划。比如最典型的场景就是上市前，这时就不适合拓展机会点，特别是需要投钱比较多的机会点。

我们在给企业做辅导时一直强调，要少做一些机会点，先把规模发展起来，把自己的核心竞争力慢慢建设起来，这才是根本重点。做多永远没有做好重要，只有做好了，才有价值。

3. 内部运营能力分析

如果企业能够先在自己的赛道一直往上攀爬，做到前三，然后再做横向的扩张，这是比较好的一种发展状态。企业能在一个赛道跑到前三，其实就足以证明你的内部运营能力很强大。在这种情况下再去做扩张，稳健性会高很多。

很多人都会想，我在这个赛道没做成，去另外一个地方就有可能做成，当然有可能，但你还是没有构建属于自己的核心能力。不要总是贪心地想着到处还有很多机会。

当企业把自己的运营能力、管理能力构建起来，再来看自己，就会发现，机会和企业自己的核心能力是极其相关的，核心能力越强，企业能做的机会就越多。

3.6.5 看机会

通过分析上面一系列外部的机会和威胁，以及内部的优势和劣势，已经把机会点梳理出来了。但这时出来的机会点还相对比较模糊，也无法判断优先级。

看机会，就是找到市场的蓝海，这也是战略规划的目的。然而，大多数情况是，企业在商海中航行，抬头一看，到处都是红海，已经没有蓝海了。怎么办？那就只有在红海中找寻蓝海了，也就是在主航道里找细分领域，在细分领域找更细分的领域。如果要用一句话概括如何找机会的话,那就是:寻找市场上没有被充分满足的客户需求。

我们拿华为手机为例。手机市场是一个典型的红海市场,华为进入这个红海市场是怎么生存下去的?华为进入手机市场的时候,苹果无疑是这个领域的王者,但是华为发现,苹果用户有三个关键需求是苹果长时间没有满足的。企业的竞争对手没有满足客户的需求,那就是企业的机会。

这三个关键需求是什么?第一,苹果手机的屏幕太小,商务人士经常需要在手机端处理邮件、编辑文档,小屏幕对用户非常不友好。第二,屏幕小,因为物理空间的问题,必然带来电池续航不足,这对于手机中重度使用者来说是一个痛点问题。第三,苹果坚持单卡,不做双卡双待。这对于经常跨国出差的商务人士来说非常不方便。

这三个关键需求,就是对手的软肋,就是手机红海市场中的蓝海,就是机会空间。华为瞄准这三个需求,推出了主打高端商务人士的华为Mate7,从此,华为手机崛起。

寻找细分市场主要从5个方面来考虑:重要性、持久性、独特性、可衡量性和可识别性。

重要性,简单说就是看这个细分市场未来能不能达到足够大的规模,这个规模能否产生足够的利润来支撑企业进行产品差异化、组织市场活动和提供售后服务等。

持久性,就是这个细分市场的存在时间要足够长,至少持续到公司投入后能够产生利润。

独特性,看这个细分市场是否要求成本优势,或者要求较高的资本投入,或者需要满足客户独特的需求、又或者要求提供的产品有足够的差异性。

可衡量性,就是做理性算计,衡量市场销量和增长率。

可识别性,就是通过在这个细分市场中进行目标明确的销售与宣传,让各种具有不同特性的客户群体都能识别到,占领他们的心智,换言之,就是可以高效覆盖不同客户群。

在做看机会模块的时候,还有一个环节是不能绕过的,那就是战略定位分析,需要用到经典的波士顿矩阵分析工具,因为这个工具总是在做战略定位分析的时候会用到，所以绘制波士顿矩阵图，常常也叫画战略定位图（SPAN图）。详见图3-7。

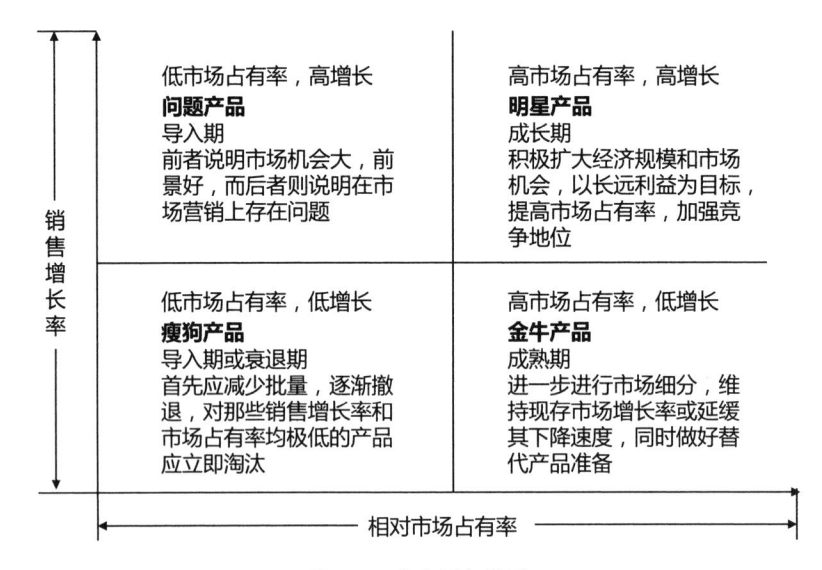

	低市场占有率，高增长 **问题产品** 导入期 前者说明市场机会大，前景好，而后者则说明在市场营销上存在问题	高市场占有率，高增长 **明星产品** 成长期 积极扩大经济规模和市场机会，以长远利益为目标，提高市场占有率，加强竞争地位
销售增长率	低市场占有率，低增长 **瘦狗产品** 导入期或衰退期 首先应减少批量，逐渐撤退，对那些销售增长率和市场占有率均极低的产品应立即淘汰	高市场占有率，低增长 **金牛产品** 成熟期 进一步进行市场细分，维持现存市场增长率或延缓其下降速度，同时做好替代产品准备

相对市场占有率

图3-7 波士顿矩阵图

波士顿矩阵仅仅是提供了一种战略定位分析的框架，并不表示某一个产品在某一个象限就意味着必须采取该象限对应的战略决策。

为什么呢？因为波士顿矩阵的区间划分（份额中线）是人为设置的，是存在主观性的。在代表市场份额的横轴上取一个值来划分象限就能决定一个产品是处在"瘦狗"还是"金牛"象限里（或者"问题"还是"明星"），在代表行业吸引力的纵轴上取一个值来划分象限就能决定一个产品是处在"问题"还是"瘦狗"象限里（或者"明星"还是"金牛"）。

用主观性的"游戏设置"去投射客观现实，就一定会产出偏差。所以说，一个产品在"瘦狗"象限，它的命运就一定是退出吗？并不是，很可能未来一段时间它就变成了"金牛"产品。

华为当年做SPAN图时，手机产品被定义为典型的"瘦狗"产品，但这个"瘦狗"被华为做成了年收入四千亿的"明星"。企业在做战略的时候，不可本本主义，务必警惕产品象限与战略决策对号入座，否则战略就可能是伪战略，所做的战略规划仅仅是过去战略的延长线罢了。

做战略定位就是寻找细分市场，但是在做战略定位的过程中，常常会找到若干个细分市场可以选择（至少不是一个），这就涉及优先级的问题了。华为有一个公式可以相对比较完美地解决优先级排序的问题。这个公式是：

优先级排序指数=行业空间×成长速度^5×（公司竞争力/对手竞争力）^{10}

成长速度为什么是5次方？因为企业在做战略规划的时候一般以5年为周期，因此要预判5年后这个市场规模是怎么样的，所以需要行业空间乘以其增长速度的5次方。

那为什么又要用到公司竞争力与对手竞争力的比值的10次方呢？因为企业一旦选择了战略市场，就等同于你选择了竞争对手，如果企业与竞争对手相比有绝对竞争优势，那么这个系数就会被无限放大。反之，是劣势，这个比值就无限缩小，意味着企业选择了一个他不擅长的领域。

至此，市场洞察模块就基本讲完了。市场洞察模块的价值主要体现在三个方面：

第一，帮助企业找到市场细分领域。为DSTE（Develop Strategy To Execute）流程提供输入，开启了"谋定而后动""胜兵先胜而后求战"的第一步。

第二，让企业感到绝望或者羞愧。绝望的是发现对手仿佛永远无法超越，产生了强烈的危机感。羞愧的是发现自己在汪洋大海般的市场空间里自己赚到的钱是沧海一粟。于是，不论绝望还是羞愧，都使得企业有了新的成长动力。

第三，就是企业推进市场洞察模块时，在组织内部会逐渐形成对战略的共识，提前为战略执行扫平障碍。

3.7 战略意图是战略管理的目标

在公司制定计划之前，我们常会憧憬诗和远方，制定一个高远的目标。

高目标本身就是一种战略思维，强调以终为始，对准未来打开现在的思维路径。如果目标不清楚，就会陷入对目标的苦思冥想，更别提如何去达成。若目标基于"延长线思维"，则只能平平无奇，无法脱颖而出。

在经历了起起伏伏的三年疫情，大多数企业或多或少感受到了寒冷。在面临一系列困境和挑战后，华为仍坚持"多产粮食，做强根基，投入未来，为客户及伙伴创造价值"，并强调要在寒冬中活下来，有质量地活下来，这体现的就是华为的战略意图。

3.7.1 什么是战略意图？

战略意图的概念出自加里·哈默尔（Gary Hamel，当今商界战略管理的领路人，数次获得"麦肯锡奖"）和普拉哈（C.K. Prahalad，密西根商学院的企业管理教授，哈佛大学客座研究员）名为《战略意图》的文章。哈默尔和普拉哈对战略意图的定义是：一个雄心勃勃的宏伟梦想，它是企业的动力之源，它能够为企业带来情感和智能上的双重能量，借此企业才能迈上未来的成功之旅。

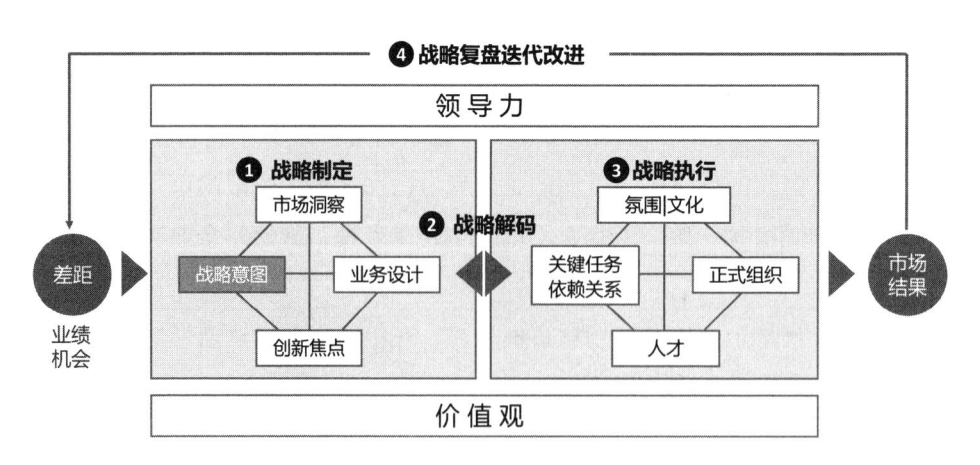

图3-8　BLM业务领先模型之战略意图

图3-8是BLM业务领先模型的全景图，我们可以看到战略体系的内容是在整个模型的左侧。战略体系从战略意图、市场洞察、创新焦点、业务设计四个方面出发，引导业务领导人员在战略制定的过程中进行系统思考和务实分析。

如果把企业的战略体系架构（即包括功能配置、竞争力获取、资源重组在内的高端蓝图）比喻为企业大脑的话，那么战略意图则是企业的心脏。战略意图应该表现出一种迎接未来挑战的张力——当前的资源与能力不足以完成企业所面临的任务和挑战。

从战略管理实践看，战略意图应该包含但不限于使命、愿景、价值观和战略目标，如图3-9：

- 使命与价值观
- 愿景
- 战略目标
- 战略澄清图
- 平衡计分卡
- 组织目标和行动方案
- 个人目标和行动计划

图3-9　企业战略意图设计框架

一家企业之所以能赢，除了成本、质量、营销等形成的优势外，很大程度上是因为其战略意图的定位准确。

3.7.2　战略意图的思考逻辑

1. 确定战略意图的原则

明确战略意图通常要遵循三个原则。

第一，确定战略意图必须基于企业的愿景，愿景在确定战略意图时起到方向性指引作用，确保战略不会跑偏。

第二，确定战略意图必须基于机会，企业确定的细分市场要是蓝海，机会空间要足够大。整个蛋糕有多大，企业能吃下多少蛋糕，这些都需要企业去计算而不是空想。

第三，确定战略意图必须基于对对手和相关环境的判断。

所以说，战略意图是基于愿景、机会、能力、对手、环境的综合考虑。

2. 倒逼思维如何体现战略意图

绝大多数企业做战略都是要基于自身能力来进行的，似乎这是顺理成章的事情，但"顺理成章"就像是硬币的一面，而这个硬币的另一面叫"墨守成规"。

大多数企业出于惯性思维的本能，喜欢墨守成规，基于自身能力来做规划定战略，只有那么极少数的企业不这么干，他们喜欢天马行空，怀揣浪漫主义的情怀、英雄主义的本色和堂吉诃德式的执着来谋划未来。

在过去二十年，能达到世界顶点的公司，最初都具有和其资源与能力极不相称的雄心壮志，或者说是野心。华为也恰恰把这句话作为对战略意图的定义：具有和其资源与能力极不相称的雄心壮志。

如果企业在进行战略意图模块的时候只把当前的能力作为基点，那么最终输出的战略只不过是在做过去战略的延伸，也就是战略延长线，是伪战略（其实就是没有战略）。真正做战略，要用倒逼思维而非延长线思维。

什么是倒逼思维？

早在1997年任正非的一次讲话，就显露了任正非管理思想中的倒逼思维。讲话的大致意思是：华为必须在混沌中找到战略方向。华为也总有一天会走到悬崖边上，什么是走到悬崖边上呢？就是走到了世界同行的前列，不再有人能够清楚地告诉我们未来会是什么，未来必须靠自己来开创。华为不走到悬崖边上是不可能的，如果不想走到悬崖边上，就是没有出息。

要知道，当时华为的销售收入不过25亿（按照当时美元汇率大概3亿美元），与当时世界第一相比相差七八十倍。在这种背景下，华为要"抵达悬崖"的战略意图却是非常明确的。

所以说，倒逼思维就是以企业的雄心壮志为起点，想象未来十年想变成什么样子，先设置理想，再根据这个理想去思考要构建什么样的能力来实现这个理想。

3. "唯心"VS"唯物"

即便用倒逼思维来确定战略意图，还是会遇到一系列问题。

首先，要么"不切实际"的战略意图会定得过大，大到痴人说梦，大到无法实现。要么这个战略意图会因为"贫穷限制了想象",定得太小,不敢投入,导致失去难得的机会。对于前者,或许根本不是个问题,因为即便企业做不了行业内的世界第一,也会因为这个目标,向世界第一靠拢,做成第二或者第三。对于后者,企业要挣脱既有认知的束缚,这恐怕更多的是需要依靠企业家的智慧和魄力了。

其次,确定战略意图没有按产品领域、区域、客户群来打开,容易导致企业的未来增长点及难点业务目标很低,过低的目标即便实现,也难以支撑企业的战略转型。对于这个问题,绘制战略定位图(SPAN图)就显得尤为重要了(在市场洞察模块)。企业要沿着产品领域、区域、客户群去绘制SPAN图,层层打开。

如果一张SPAN图没办法说明问题,看不清未来,或者企业内部有极大争议,那么就继续往下画,比如沿着细分的产品领域继续往下画SPAN图,沿着细分客户群维度打开来画SPAN图,往往会得到新的线索。现实情况是,企业要搞明白自己的战略意图,至少要绘制几十张SPAN图。作者见过的做战略定位图最多的企业有60张之多,当然,这60多张图都是过程产物,最终提交给决策层的一般也就2~3张。

所以说,定战略意图要先"唯心"再"唯物"。"唯心"就是那颗与资源与能力极不相称的雄心,"唯物"就是用好SPAN这个工具来格物致知,做计算、做权衡以及进行可控下的冒险。这就说到了最后一个问题:战略意图确定了,要开干了,收入和投入如何安排?面对新的细分市场,面对没有经过事实证明的"战略假设",敢不敢投入,如何控制风险?我们来看看华为是怎么做的。

4. 范弗里特弹药量

华为对于确定性的商业机会一直信奉"范弗里特弹药量",坚持战略聚焦,瞄准战略重地,集中力量炸开城墙口,采取饱和攻击、力出一孔、压强式投入的战术,在认定的战略制高点上,一定是以对手3~6倍的资源进行投入的。

2018年,华为在研发上的投入是1000亿元,中兴在研发上的投入是几十个亿,不足华为的1/10。投入的巨大反差并没有使两家企业在产品上有很大差距。当时，如果说中兴的产品是90分，那么华为的产品就是95分，5分的差距而已。但市场结果的反差是强烈的：华为在通信行业的利润排行第一，并且比第二、三、四、五名企业利润总和的两倍还要多。

所以说，在战略制高点上敢于投入，不但不是浪费，反而是一件性价比超高的事情。企业投入研发，研发可能会失败，但对手也会失败，投入得大，比对手成功或者先成功的可能性自然就高。当企业成为行业第一，绝对的领先和技术的垄断会带来超额的、丰硕的利润。在战略制高点上敢于浪费，在商业战争中突围制胜的机会就更大。

对于确定性的商业机会，华为采取饱和攻击策略，那么对于不确定性的商业机会呢？如果把一只帝王蟹摆到从来没有吃过螃蟹的你面前，你该如何处置？面对未来不确定性的机会，吃螃蟹的企业和不吃螃蟹的企业恐怕都会遭殃。吃螃蟹的企业太激进，还没看清楚就倒下了。不吃螃蟹的企业太保守，还没来得及干点什么，就被市场淘汰了。吃，可能会被毒死；不吃，可能会被饿死。所以标准答案是：先吃一点点，嗯，没毒味道还挺好；或者是拉几天肚子后知道这玩意儿再也不能碰了。吃了没事，就逐步加大"饭量"。这就是华为进入新领域的惯常做法，华为称之为：先开一枪，再打一炮。开一枪，让子弹飞一会儿看有没有效果，没效果也不过是浪费了一颗子弹而已。有效果，就换炮弹打击，扩大效果。

5. 碗里的、锅里的、田里的

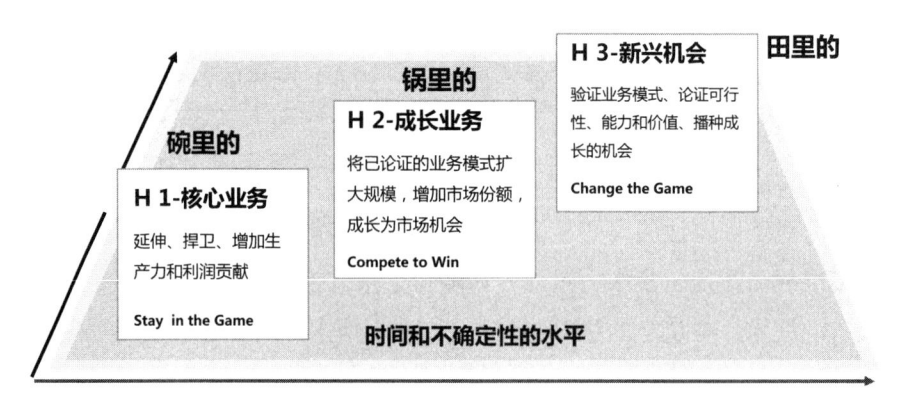

图3-10 企业战略意图

企业战略意图是分阶段的，详见图3-10。

2010年，华为的战略意图有两条。

第一条：通信行业第一，市场份额xx，收入xx亿美金。

第二条：拓展多元化战略：突破手机和企业市场，孵化云计算等新产业。

多么简单！两句话就把一个庞大企业的战略意图给说完了。但这两条战略意图是基于华为翔实的市场洞察得出的。没有前期扎实的市场洞察工作，就得不出如此精练的战略意图描述，也没办法保证它的科学性和相对客观。

2010年，华为通过市场洞察，已经预测到五年后通信行业将达到一个峰值，华为将迎来天花板。如果是一般的企业，会采取什么行动？肯定是调转火车头，赶紧去拓展新的方向。但华为不这么做，华为认为，如果企业还没有在自身主航道上做到世界第一，那就持之以恒，久久为功，干到第一为止。这是华为一直坚定的战略决策第一原则，华为"敢于将鸡蛋放在一个篮子里，把活下去的希望全部集中到一点上"。

作者认为，这是工匠精神的另外一种诠释。华为之所以是华为，恰恰是源自华为坚持优先做深碗里的、专注一点的朴质精神。

华为既然在2010年已经预测到了5年后通信业务的天花板，那要不要为新的方向做一些准备呢？显然是要的。按照华为的经验，在一个全新领域构建起无人企及的战略竞争力，至少需要五年时间。所以，如果等主航道的业务达到世界第一以后再启动构建新领域的战略优势，是来不及的。华为的做法是派出若干个小分队，准备锅里和田里的，这是智者的变通，华为手机业务和企业业务就是从2010年开始准备的。

6. 聚焦 VS 多元化

华为关于碗里的、锅里的和田里的问题，其实本质上是如何处理战略管理基本矛盾的问题。战略管理有一个永恒的矛盾，就是聚焦与多元化。企业内部始终都存在着多元化的冲动，但同时，企业的可持续发展又要求企业克制多元化的欲望。所以，这是企业在做战略管理的时候必须要面对的事情。华为对待这件事情的方式是，以核心能力驱动多元化，这是华为又一处令人佩服的地方。

在华为投资控股有限公司2020年年报中，华为将自身业务进行了新的划分，分别为ICT基础设施业务、终端业务、智能汽车解决方案业务。其中，华为把运营商业务、企业业务、云与计算、联接等划入ICT业务；终端业务基本上就是过去的消费者业务，包括手机、笔记本、穿戴设备、智能家居等等；汽车业务其实是华为很早就布局的业务领域。

从2012年开始，华为就启动对汽车的相关研究，并且在2012实验室下成立了车联网实验室。华为一直坚持聚焦主航道，这个主航道就是大数据流量的管道战略，建设像太平洋一样宽的管道，并且，对这个方向坚定不移采取针尖战略坚持压强原则，绝对不把战略资源浪费在非战略机会点上。但是现在不仅做终端，还正大光明做起汽车来，这不是背道而驰了吗？

这里有一个底层逻辑，就是华为的多元化依靠的是对共性技术的应用。换言之，华为的这种多元化有内在技术上的联系，核心技术是具有一致性的。

比如说，华为在ICT领域奠定的核心技术优势包括：芯片+OS+AI+云+传感器，而这些华为已经掌握的技术优势，是可以帮助华为在未来智能电动汽车的关键领域和基础的子领域做出有竞争力的产品的。在芯片方面，有海思通用五大类芯片，分别是AI芯片昇腾系列、CPU鲲鹏芯片、手机SOC芯片麒麟系列、5G基站芯片天罡和5G基带芯片巴龙、联接芯片凌霄系列，芯片技术是可以在汽车业务中复用的。在操作系统方面，华为研发鸿蒙操作系统所储备的基础软件技术，能够转化为汽车鸿蒙座舱操作系统HOS、智能驾驶操作系统AOS、智能车控操作系统VOS以及跨域集成软件框架Vehicle Stack。在AI算法方面，华为可以依托昇腾AI芯片和AI机器学习算法基础实现智能驾驶快速、精准、巧妙。在云技术方面，就更不用多说了，华为在云技术上的沉淀是非常深厚的。

所以说华为的这种多元化是一种赢家通吃的做法，既不分散投入到主航道上资源，又能利用积累下来的技术能力另辟蹊径，开拓新的增长极，非常智慧地解决了战略管理的基本矛盾。

大家终于达成共识，发展的核心原则：先深后广，谨慎尝试。对于确定的通信行业，采取范弗里特弹药量密集轰炸，在战略制高点上持续投入。对于（相对）不确定的领域，先开一枪再打一炮，逐渐构建起新领域的战略竞争力。

3.8 创新焦点是战略管理的重点

企业的战略意图是与其资源和能力极不相称的雄心壮志。要把这种雄心壮志变为现实，企业就必须具备持续的创新能力和保护创新的管理机制。因为只有创新，才能使企业具备足够能力，为客户提供竞争对手无法追赶、无法模仿的产品和服务，为客户带来差异化的价值，才能使自己与对手区隔开来，形成鲜明的竞争定位（总成本领先、产品领先、全面解决方案、关系锁定），高筑起商业护城河。

然而，要构建起持续创新的能力，是极其困难的。真正能做到持续创新的企业，屈指可数。创新可能会失败，不创新注定会失败，很多企业管理者都明白这个道理，因此，究竟要不要创新，如何创新，成为他们在管理实践中遇到的两难问题。

3.8.1 什么是创新焦点？

创新焦点是为了匹配外部市场机会和达成战略意图，结合企业自身优势，把握市场切入时机，将企业的核心资源投在业务的关键创新点（战略控制点）上（详见图3-11）。

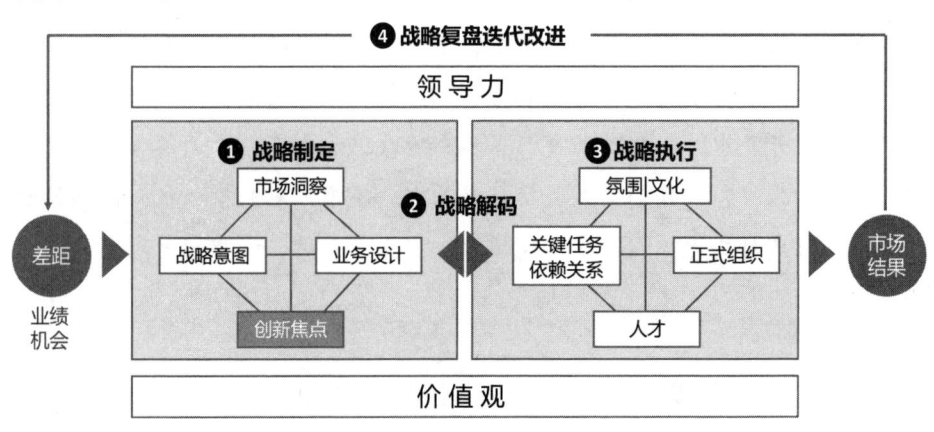

图3-11 BLM业务领先模型之创新焦点

这也是华为提倡的"不在非战略机会点上消耗战略竞争力量",企业应该为打造更强大的战略控制点而创新,而不仅仅是在现有业务逻辑的延长线上创新。

爱因斯坦曾经说过:"我们不能用造成问题的思维方式,去解决因为这些思维方式产生的问题"。创新说着容易,做起来却很难。创新需要灵感,更需要方法,应避免"为创新而创新",而不知道创新的目的何在。

企业如果缺少有效的创新机制来积极探索、验证和紧跟市场脉动,就不可能实现自己的战略意图或者拥有持续的优势。换句话说,创新焦点要求企业从广泛的资源中过滤想法,通过试点和深入市场的实验探索新想法,谨慎地进行投资和处理资源,以应对行业的变化。

3.8.2 任正非对创新的态度

2000年7月18日,光明日报刊登任正非署名文章《创新是华为发展的不竭动力》,文中阐述了任正非对创新的看法。

在华为创业初期,除了智慧、热情、干劲,我们几乎一无所有。从创建到现在华为只做了一件事,专注于通信核心网络技术的研究和开发,始终不为其他机会所诱惑,敢于将鸡蛋放在一个篮子里,把活下去的希望全部集中到一点上。华为从创业一开始就把它的使命锁定在通信核心网络技术的研究与开发上。我们把代理销售取得的点滴利润几乎全部集中到研究小型交换机上,利用压强原则,形成局部的突破,逐渐取得技术的领先和利润空间的扩大。技术的领先带来了机会窗利润,我们再将积累的利润又投入到升级换代产品的研究开发中,如此周而复始,不断地改进和创新。今天尽管华为的实力大大地增强了,但我们仍然坚持压强原则,集中力量只投入核心网络的研发,从而形成自己的核心技术。使华为一步一步前进,逐步积累到今天的世界先进水平。

以上这段话,可以看出任正非对于创新的三点态度。

第一点,华为的创新成就了华为的成功。企业想要获得巨大成功,终究是要走创新的道路。

第二点，华为的创新有焦点，这个焦点就是专注于通信核心网络技术的研究和开发。企业创新要有明确的方向和清晰的边界。

第三点，华为的创新是持续的。持续创新必然需要构建持续创新的能力和保护创新的管理机制来支撑。

下面，我们逐条来解构并延展吧。

3.8.3　创新的思考逻辑

1. 左右为难：先模仿，后创新

1993年，联想、中兴等当时的大企业纷纷开发出数字交换机，任正非不甘落后，决定华为也要制造自己的数字交换机。但是研发需要大量的资金以及漫长的研发周期，当时的华为只不过是一家小民企，根本没办法获得银行贷款，任正非可以说是孤注一掷，向其他企业借贷来投入研发。当时，任正非对团队成员说："这次研发如果失败了，我只能从楼上跳下去，你们还可以另谋出路。"好在最后的结果是，华为研发的C&C08数字程控交换机收获了巨大的市场成功，也才有了今天屹立于世界企业之林的华为。

创新本身是一件冒险的事情。创新可能会有成果，但更有可能会带来包括机会成本在内的重大损失，并且这种损失对于企业来说或许是灭顶之灾。

那么，一个问题摆在企业面前：To be or not to be？该不该创新？

华为在创新这件事情上，坚定地坚持实用主义，先模仿，再在模仿的基础上创新。也就是说，当企业在其行业或领域里有对象可以模仿的时候，不要去轻易创新，去模仿那个优于自己的对手就好了。只要企业没有做到第一名，就向第一名学习，尽可能地模仿。因为模仿可以避免企业少走弯路、多走捷径。华为当初自主研发C&C08，其实是模仿式的创新，但即使是模仿，也让弱小的华为险些无力回天。所以，对于大多数企业，先要考虑的并不一定是创新，而是把在其之上的企业研究透彻，模仿好再说。

但是，企业不创新同样也是一件冒险的事情。企业如果一味模仿，就永远无法成为行业的引领者。所以当企业把行业的第一名研究透，学彻底以后，就一定要开始做创新这件事了，那么首先就要搞明白创新的方向性问题。

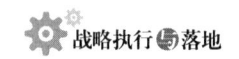

2. 路在何方：对准价值客户的价值追求

华为在长期的创新管理实践中积累了两条关于创新方向的经验。

第一条，对准价值客户的价值追求。

企业的创新要让客户愿意买单。企业通过创新实现产品（或服务）的差异化并且为客户带来价值，满足客户没有被充分满足的需求，客户才会买单。要对准客户价值，企业就要精准地识别变化的客户和客户的变化，看清客户的需求、痛点以及客户未来五到十年的目标，这需要企业在做市场洞察时，对客户进行全面而深刻的分析。

第二条，鲜花长在牛粪上。

这是质朴的华为人对创新边界最为生动的阐述。"鲜花"指的是创新，"牛粪"指的是企业现有的核心能力。企业的创新要与企业核心能力匹配，不能跳出企业的核心能力圈。否则，企业创新就相当于另起炉灶，舍本逐末，没有意义。

总而言之，华为的创新是客户价值驱动的创新，这是华为创新的方向。华为是一家技术公司，技术很强大，所以以技术驱动创新是显而易见的事情，但是技术驱动的创新最终还是要回归到客户需求、客户价值上来的。因为企业的技术领先最终要转化成客户价值，否则技术领先就没有意义。

3. 如何落地：创新机制与创新文化

从"空中楼阁"到"万丈高楼平地起"，创新如何落地？一个相对比较标准的答案是塑造企业的创新文化。简单的道理往往是真理，管用的方法往往都简单，这些方法有：全员参与、团队赋能、扫除障碍、宽容失败。

（1）全员参与

华为定期会举行名叫"创新茶话会"的头脑风暴。这个会议按照岗位分级的方式，把各个部门的人聚集起来，一起探讨关于创新的话题。比如，下一代产品应该是怎么样的？现有产品应该在哪些方面提升功能以提升竞争力？未来应该在哪几个方面加大投入？通过集思广益，华为的战略规划师会通过IDEA管理系统把这些"民间"智慧归集起来，初步筛选出有价值的想法，再经过进一步论证，如果结论是有价值的，那就投入开发，最终变现为商业价值。

（2）团队赋能

事实上，大多数人都不具备创新的能力，因为通常情况下人们的成长过程、学习经历、工作环境都没能提供锻炼和培育创新能力的机会。创新是一种专业能力，是可以并且必须通过后天学习和锻炼来习得的，所以企业需要有意识地给员工赋能，培养员工创新的思维，帮助员工掌握创新的方法，并且把员工个体的创新能力转化为企业整体的创新合力。

（3）扫除障碍

伟大的创新最初总是来自无厘头的想象，所以创新的想法最开始总是让人觉得不靠谱，超越了当时的世俗观念和社会常识，但是管理经营企业必须谨慎稳重，控制风险。于是，企业管理者成为了企业创新的最大扼杀者。企业管理者并不是圣人，他们为了基业长青总会倾向于把创新的星星之火毫不犹豫地扑灭，实属遗憾之事。这里用腾讯微信的案例来举例是再合适不过了。

当时，腾讯已经有QQ这样一个超级APP了，为什么还要再研发一个与QQ有高同质化的微信？（而且是以内部竞争的方式，三个团队同时开发。）按照企业的惯性思维（战略的延长线思维），企业已经在这个领域有了制胜的王牌，另起炉灶再去建立起一个明星产品，不单是重复投入，而且还会对当前明星产品产生很大影响。这种惯性思维恰恰就是许多企业管理者扼杀创新的"原罪"。

庆幸的是，腾讯遵循了创新的规律，他专注互联网用户的小痛点，实现了比QQ更加迎合手机端使用场景的功能和体验，成了腾讯新的明星产品。马化腾曾在公开场合表示，腾讯如果没有微信，可能是一场灾难。什么意思？客户的需求发生了变化，QQ没有充分满足这种变化的需求，如果这个时候腾讯没有感知到，而另外一家互联网公司抓住了这个机会开发了"微信"，腾讯会失去大片市场，那么现在腾讯的处境恐怕就是"往日不再"了。

所以说，只有企业管理者对创新的规律有深刻的理解，才能成为企业创新的支持者，而非扼杀者。

（4）宽容失败

是创新就可能失败，打击失败就是打击创新，这是显而易见的道理。所以，越希望创新出成果，就越不能让搞创新的人压力太大。

华为是怎么宽容失败的？任正非的态度是：对于科学家的话或观点，应放在一个很长的时间轴去看，不能过于计较现实性意义。孟德尔发现遗传基因后，其见解沉寂了两百年才被人类重新认识。所以，在研究方向大致对准主航道的前提下，华为对科学家要多一些宽容。这就是华为宽容创新的理念，只要创新的方向是沿着企业的战略方向，是不偏离焦点的，那么就给予失败足够的容忍，这是定性的原则，而定量的原则就是要给这个容忍一个度，一个阈值。

华为投入巨额经费用于营造好奇心驱动的研究氛围，但是为了消除思想自由造成的效率低下，华为制定了一项政策：用于基础科学研究的研发投入中，可以接受50%的失败率。这个50%就是定量，尽管这50%意味着每年几十亿美元被消耗。这就是华为对创新的"容错机制"：通过试错，培养了一大批高级将领，在各自领域都能独当一面。

4. 创新不仅仅是研发：创新领域

很多企业都有一个误区，把创新和研发画等号。创新的范畴绝不仅仅只是产品和技术的创新，还包括：服务创新、业务流程创新、业务模式创新、文化和管理创新、政策和社会创新。这其中任何一类都是非常大的课题，对应案例的数量和个性可以用花色繁多来形容。

比如服务创新，华为的初期非常弱小，根本不可能谈什么技术创新，华为依靠"保姆式"服务起家，这个"保姆式"服务就是服务创新。还有"海底捞"，也是服务创新的高手。比如业务模式的创新，众所周知，商业的本质是信息不对称所产生的空间，商业行为就是调动资源填补信息不对称所产生空间的行为。美团就是把市场上已经被填补的信息不对称所产生的空间全部破坏掉，再构建起新的空间，并且"近水楼台"地把它们填满。比如业务流程创新，华为1998年引入IPD流程（集成产品开发）、2009年引入LTC流程（从线索到现金的运营管理）、2011年引入DSTE流程（从战略到执行）等等，就属于业务流程创新。

5. 创新投入是投资而非成本

现代管理学之父彼得·德鲁克在其1954年出版的著作《管理的实践》

中，提出了这样一个鲜明且在当时格外新颖的观点："一个企业要发展，它最大的两个动力是营销和创新，其余都是成本。"这一句话包含两个重点：第一个是营销和创新，这是企业发展的两大动力；第二个是除营销和创新之外，企业的其他一切活动都是成本。华为深刻地理解德鲁克的思想，不把创新投入作为成本来看待，而把它看作是构建企业战略安全和赢得竞争胜利的投资。

那么，身为企业管理者，不妨打开你企业近三年的财务账簿，细数一下，对创新的投入有多少？而那些你认为有价值的但事实上只能算作成本的花费，又有多少？如果你的企业想要基业长青，那么构建创新的机制和培育创新的能力这件事，就该提上日程了。

3.9 业务设计是战略管理的落脚点

在市场洞察模块，企业看清市场和对手，洞察市场机会，发现红海中的蓝海。在战略意图模块，企业基于对未来的畅想而非基于现有能力来确定战略目标，用倒逼的方式，开始思考要实现与当前资源与能力极不相称的目标需要构建起什么样的组织能力。在创新焦点模块，企业真正认识到要构建起组织能力，最终要依靠围绕战略方向的创新实践来实现，通过创新实现企业产品或服务的差异化，满足市场上没有被充分满足的需求。

那么，企业完成以上这些模块后所形成的宝贵共识，最终都要落地的，这就是业务设计模块要做的工作了，同时，对外部的深入理解，对目标的清晰认识，对创新的反复斟酌，也为利用内部能力并持续增加价值探索的业务设计提供了基础。

图3-12的BLM业务领先模型中的业务设计包括六个方面的内容：客户选择、价值主张、价值获取、活动范围、战略控制点、风险管理。当企业依次完成这六个方面的文档输出，那么一份货真价实的企业战略规划（SP）才算是完成了。

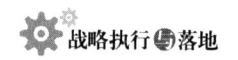

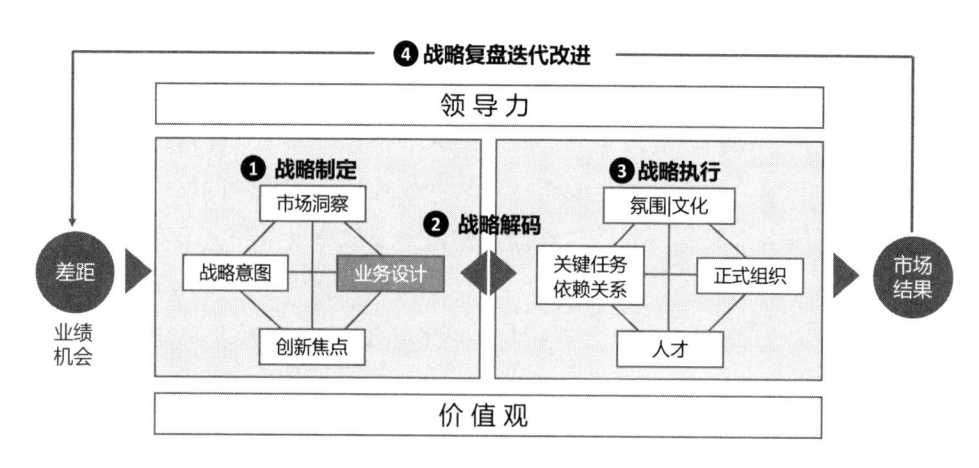

图3-12　BLM业务领先模型之业务设计

业务设计也称为价值驱动业务设计（VDBD）（详见图3-13），是与不断变化的客户偏好和价值转移趋势协调一致的蓝图。业务设计其实就是业务的商业模式设计，它是业务级的，而非公司级的。

很多企业是多业务的（相关多业务或非相关多业务），不同业务的商业模式设计往往是不同的，即便看似类似的业务，背后的商业模式也可能截然不同。

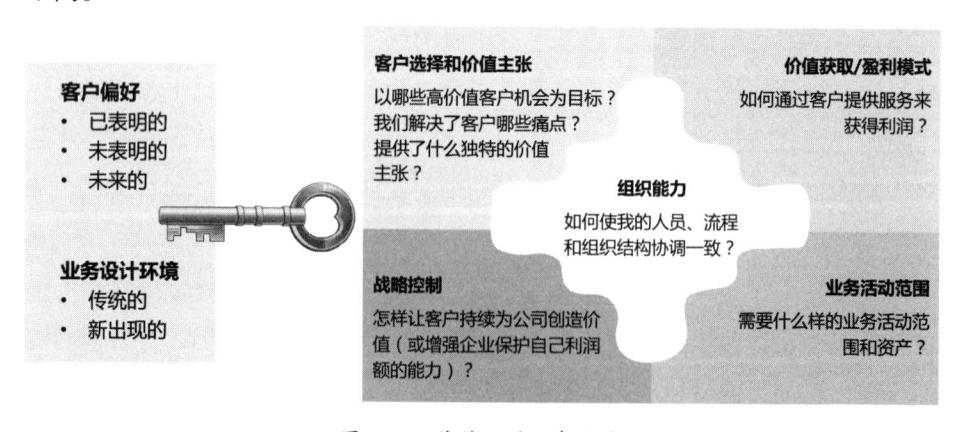

图3-13　价值驱动业务设计

业务设计是华为战略规划非常重要的方法论，它不仅是战略的落脚点，也是战略从虚到实的关键步骤。只有通过业务设计筛选下来的机会点，才是真正的机会点。但这个环节，很多时候只存在于老板或CEO的脑子里，没有变成一种组织能力。

接下来，我们将对业务设计的六个部分进行逐一说明。

3.9.1 客户选择

业务设计的第一个要素是客户选择。企业的不同发展阶段决定了不同的客户选择。

在企业成立之初，比较弱小的时候，一般是没有资格来选择客户的，选择权往往在客户手中，是客户选择企业而不是企业选择客户。但是企业总归是要发展的，总是要发展到可以选择客户的阶段的。这个时候，企业就要回答这些问题：谁是你的客户？细分市场在哪里？在这个细分市场中，价值客户有哪些特定的价值需求？

这些问题，企业在进行市场洞察模块的时候应该已经得到了答案，企业通过SPAN图工具精准识别到有价值的细分市场，发现红海中的蓝海，为企业进行客户选择奠定了基础。但是，企业在进行业务设计并最终要把目标客户落到纸上的时候，还是要对客户选择这件事有更深刻的认识才行。

首先，客户选择是战略上的取舍。

一种对"战略"一词最简单最直观的解释是：从字面上拆解，"战"就是做什么，"略"就是不做什么。企业一旦锁定了细分市场，就意味着选择了客户，选择了客户，也就决定了企业未来很长一段时间的所有投入，做了"战"的事情，也做了"略"的事情。

其次，客户选择是战术上的考虑。

华为在手机领域的客户选择是怎么做的？选择是高端市场还是中低端市场？华为在高端市场有mate系列和P系列双旗舰，在中低端有子品牌荣耀和nova，既选择高端市场也选择了中低端市场，都选择了也就是都没有选，这是不是说明华为在手机业务上的客户选择有问题？

事实上，这是华为在战术上的考虑。华为选择了高端市场，追求高利润回报，但同时，华为也不放任低端市场野蛮生长。华为以荣耀进入低端市场，目的是巩固华为在高端市场的战略安全。

专门投入资源来做战略安全，建立一个独立于主品牌的子品牌来打击低端市场的后起之秀，这样做对企业来说算不算一种资源浪费？这个要辩证来看。不妨看看苹果是怎么做客户选择的。

2021年，iPhone的业绩表现可以说是大幅回暖，其第三财季财报数据显示iPhone总营收达到了395.7亿美元，同比去年Q3季度增长49.78%。苹果手机以市场占有率第三的份额拿到了全球手机市场利润的大头，这种巨大的成功与苹果坚定不移地集中资源投入利润最丰厚的高端市场不无关系。但同样，这样做必然决定了苹果的手机产品在低端市场的"真空"状态，于是危险隐藏在漂亮的财报数字之下，mi、huawei、vivo、oppo有了成长的空间，有朝一日，他们就会在高端市场形成威胁。

事实上，这种威胁已经产生了影响。比如，华为在通信、充电技术、摄影摄像方面碾压苹果；小米MIUI良好的用户体验和系统功能更新更加灵活、敏捷、定制化。这些胜于苹果手机的特质，越来越成为消费者不选择苹果的理由。当然，苹果在它强大技术优势的加持下依旧是手机市场的霸主。

所以说，商业之所以有趣，就在于很多时候没有标准答案，最后还是要依靠企业家对取舍的决断。企业能力强大了，有资格聚焦高端市场了，聚焦高端市场也确实能够集中资源稳固优势，但伴随而来的是中底端市场企业崛起的隐患。如果企业不像华为一样在客户选择层面就采取措施，构建竞争壁垒，那么就要像苹果一样以绝对的技术领先优势，或者在其他方面构筑护城河，否则被超越的风险就会像吹气球一样越来越大，直到爆裂。

最后，客户选择是要区别对待的。

客户选择之后，要根据价值高低对客户进行分级分类，华为内部就把客户分为五类。价格最高、采购最多、带来收益最大的客户肯定是一类客户；老是不回款、项目周期长的客户肯定被列入"黑五类"。"以客户为中心"绝不是对任何客户一视同仁，而是优质资源向高价值客户倾斜，并且这种资源倾斜要达到企业内部各个流程环节对齐一致的程度。把优质客户服务好，建立稳固的客户关系，牢牢把握在手中，把低价值客户拉入"黑名单"，留给竞争对手去周旋，拖垮竞争对手。

客户选择的核心就是：用企业有限的资源，去聚焦高价值的客户，从而实现提高利润的目的。

通过以上三点原则，我们基本上对客户选择有了比较清楚的认识。之后，就是基于这三点原则进行具体选择了，这里本书提供了两点建议供大家参考。

1. 在细分赛道中选择目标客户

在产能过剩、竞争充分的时代，如果没有目标人群的取舍，基本上没有活路。在细分领域选择目标客户，就是在作取舍，聚焦做一件事。

以华为手机为例，有三大典型系列——"MATE"系列、"P"系列和"nova"系列：MATE系列定位商务人士，主打大屏长续航；P系列定位是懂科技，又会玩科技的人，主打拍照；"nova"系列定位是年轻人，主打性价比。各个系列有其特定的目标人群，目标之外的"客户"被放弃。

选择什么样的客户，这背后对应的是企业的战略规划。

2. 选择客户的三大标准

（1）战略匹配度、竞争匹配度；

（2）对规模、利润、增长、品牌和竞争的贡献；

（3）对能力成长的贡献。

举个例子，当华为的光纤宽带已经在电信、移动、联通等产业占据50%以上份额，开始寻求新增长曲线、新目标客户时，发现中国会用到光纤宽带的行业，还包括酒店、教育、医疗、金融等等。在这些大行业里，又会有许多细分领域，比如金融行业会分证券、银行、保险等。

结合电信行业的竞争格局，以及自身的战略规划，华为最终将目标聚焦在教育领域。主要逻辑在于：学校里面的人，思维相对活跃，乐于拥抱新鲜的事物，对于扩展新市场是一个不错的选择。

在教育领域就面临客户选择，华为的做法是，首先选择一定规模以上的高校。因为如果是小学、初中这些学校，园区不大，而且使用人数少，对光纤宽带业务的整体规模、利润、增长、品牌和竞争的贡献也相对较小。而大学高校基本上是好几万人的园区，华为就可以复用在中国电信、移动用的光纤宽带平台，最大化提高利润。

优选北大、清华等院校，这类高校有一定的示范效应。只要这些学校使用华为的光纤宽带，会起到示范效应，其他高校自然就会跟上。

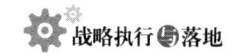

3.9.2 价值主张

价值主张的意思就是企业要给客户一个理由：为什么选择我？与竞争对手相比，企业的产品或者服务能给客户带来什么样的独特价值？

只要企业对客户有特别的产品（服务）价值呈现，就一定能抓住客户。世界上根本就不存在完美的产品（服务），受欢迎的产品（服务）通常都是在某一方面有特别的价值特性，刚好能击中客户痛点，满足了长期没有被充分满足的需求，在这种情况下，客户愿意忍受产品在其他方面的不完美和瑕疵。

比如，京东，不少人都叫它"二手东"，言下之意就是会在京东上买到退货商品，但是还是有很多人喜欢在京东上买东西，因为京东到货足够快，质量相对可靠。

再比如，早期小米的小米手机1、小米手机2/2S，虽然很容易发热，品控上也有瑕疵，但还是持续热销，原因是性价比足够高，用便宜的价格就能体验到高性能。

企业往往需要用一句最能体现品牌差异化的广告语作为价值主张，因为客户记不住厂家的产品和服务的"三大优势"或"七大卖点"。

这里作者想重点强调的是，企业一定要格外重视BLM模型的市场洞察模块，企业只有将市场洞察工作做得足够扎实，对客户的需求和痛点有深度的研究，企业才能设计出好的、有特点的价值主张，才能做出具有独特性和影响力的产品。

华为早期的产品与爱立信、阿尔卡特等国际大厂比肯定是不堪一击的。但是华为为什么能获得客户？因为价值主张正中了客户的下怀，这个价值主张就是7x24小时保姆式的服务。客户对通信业务最基本也是最重要的功能需求是稳定，一旦通信设施发生故障，哪怕是一点点小问题，导致通信不畅，对客户来说都是难以承受的。

产品比竞争对手差一点，或者说，服务比竞争对手差一点，并不一定就代表竞争不过对手，关键是企业要精心设计价值主张。

价值主张的提炼可以从雷达图中选择适当的关键要素入手，详见图

3-14。例如，早期中国的电信市场之所以选择华为，就是因为华为在服务方面响应迅速、价格便宜，这就是华为早期的价值呈现。

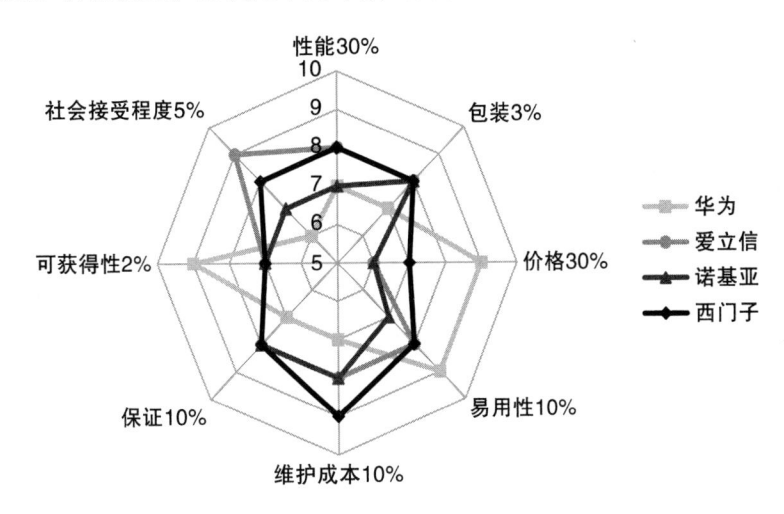

图3-14 价值主张雷达图

企业为客户提供的价值一般可分为三大类。

第一，总成本最低，提供一致、及时和低成本的产品和服务

作为全球最大的连锁零售商——沃尔玛，是成本领先战略践行得比较成功的企业之一，它的价值定位是"天天平价，始终如一"，即所有商品、所有地区、常年以最低价格销售。

为了做到这点，沃尔玛在采购、存货、销售和运输等各个商品流通环节，采取各种措施，将流通成本降至行业最低，把商品价格保持在最低价格线上。

第二，产品领先，突破现有的业绩边界，提供令人高度满意的产品和服务

英特尔、耐克、奔驰等公司在其发展过程中，始终在强调产品领先或产品创新。产品领先公司的价值强调：客户能够从你这里得到的产品，有着和竞争对手不同或超越的特性。

做到产品领先，企业需要具备三大核心能力：

强大的创新能力。产品创新的本质不是标新立异，也不是与众不同，而是以目标客户的需求为导向去创造新的价值。

将创新快速转化为商品化的能力。技术创新把一个想法变成了一个成果，而商品化是把想法变成了收入和利润，做产品最终落脚点是收入和利润。

要有敢于向自己开炮、自我淘汰的魄力。"优胜劣汰，适者生存"的法则大家都懂，要想在商场上处于不败之地，就要不断挑战自己，主动淘汰劣势产品。

第三，为客户提供最优的解决方案

IBM从一个IT产品公司，转型商业模式，走向为客户提供解决方案的公司。这个过程很好地诠释了一个底层逻辑：解决方案公司一定要以客户为中心。持续经营客户关系、持续服务客户、持续和客户直接做交易，以客户为中心，才是解决方案公司的精髓。

3.9.3 价值获取

价值获取又叫作盈利模式，简单来说就是如何把产品卖出去？如何赚到钱？有哪些盈利模式？是一锤子买卖还是持续盈利？哪个是最优解？这其实就是商业模式设计，是需要做精细设计的。

一般，企业在设计价值获取模型时，要遵循以下两个原则：

1. 价值获取要坚持双赢的价值取向

某企业基站中有一个设备模块叫业务处理板。这是在其企业通信系统中发挥关键功能的模块，并且这个模块是要随着客户业务量的提升而成比例追加配置的。百万级业务量客户所需配置的模块量是十万级业务量客户的十倍。企业为了实现最佳的价值获取，在设计项目报价方案的时候，把所有业务处理板的价格相应地减少，再把减少的部分加总后，打个七八折计入其中一块业务处理板的报价中去，于是这块业务处理板的单价就高很多。这样做的好处是，随着客户业务量的提升，必然会追加采购业务处理板，也就实现了企业的持续可观的盈利。为了方便读者理解，笔者用简单数据来解释一下。

假设，有10块业务处理板，每块的报价是10元。

方案A：在没有经过设计的情况下，给客户的报价就是10*10=100元。

方案B：经过上述方法设计后的结果是，其中9块业务处理板的报价是2

元，减少的部分就是8*9=72元，把这72元打个七折加到第十块业务处理板的价格中去，就是72*0.7+10=60.4元。所以给客户的报价就是60.4+2*9=78.4元。

虽然方案B的报价会比方案A少一些，但是随着客户业务量的提升，每次追加采购的报价都是单价60.4元，这就非常可观了。

企业这么做不是坑客户吗？客户也不是傻瓜，你能蒙客户一次，还能蒙客户两次？

事实上，这种业务设计是一种类似耗材模式的商业设计，是客户可以甚至是愿意接受的。因为客户在业务启动初期，一下做太大投入肯定是有顾忌的，所以建议客户先不要全部铺开，初期先投入一部分。客户当然愿意接受一个起步门槛不高的方案。之后，客户业务发展起来了，赚到钱了，肯定会继续扩充业务，向华为采购新的业务处理板。这样设计商业模式的好处是，客户可以控制风险，企业可以持续盈利。

所以，业务设计并不是想着如何蒙骗愚弄客户，而是以双赢作为目的，设计出企业和客户都欢迎（至少是接受）的商业模式，成就企业与客户的共同成长。

2. 业务设计要追求可持续的存量经营

什么是可持续的存量经营？就是企业向客户交付了项目以后，还能够持续在该项目上创造利润。

华为当初在研究思科的时候发现，在思科每年的收入当中有30%左右来自其上年已经交付回款的项目，这是为什么？这些项目已经交付回款了，彻底完结了，为什么还有收入进账？这些收入来自已经完结项目的扩容、维护以及其他增值技术服务。

对企业来说，可持续的存量经营是一份十分稳定的收益，因此值得企业在设计产品（或服务）的时候就花费脑筋进行提前的设置和预埋，最开始设置低门槛，吸引客户，再预埋各种"与客户共同成长"的未来服务项目，增加盈利点，并且企业的这种考虑应该覆盖产品（或服务）的全生命周期。

美世咨询公司前副总裁亚德里安·斯莱沃斯基总结出企业获取利润的36种模式，共分为八种类型：价值链模式、客户模式、渠道模式、资源模式、产品模式、组织模式、巨型模式和知识模式。规划团队在进行业务设计的时候，可以参考这36种模式。

这八种类型及其对应的模式如下：

第一，价值链模式

（1）价值链分拆模式

（2）价值链挤压模式

（3）价值链修补模式

（4）价值链重新整合模式

第二，客户模式

（1）利润转移模式

（2）微型分割模式

（3）权利转移模式

（4）重新定位模式

第三，渠道模式

（1）渠道倍增模式

（2）渠道集中模式

（3）渠道压缩/无中间商模式

（4）配电盘模式

（5）区域领先模式

第四，资源模式

（1）优势资源模式

（2）寄居蟹模式

（3）资源整合模式

（4）创业家模式

第五，产品模式

（1）从产品到品牌模式

（2）卖座大片模式

（3）利润乘式模式

（4）金字塔模式

（5）客户解决方案模式

（6）速度创新模式

（7）售后利润模式

第六，组织模式

（1）技能转移模式

（2）从金字塔到网络模式

（3）基石建设模式

（4）数字化企业设计模式

第七，巨型模式

（1）走为上模式

（2）趋同模式

（3）行业标准模式

（4）技术改变格局模式

第八，知识模式

（1）经验曲线模式

（2）从产品到客户知识模式

（3）从经营到知识模式

（4）从知识到产品模式

3.9.4　活动范围

企业在活动范围这个模块要做的工作是，确定经营活动中自己的角色和范围，简单理解就是：我们做哪些事情，不做哪些事情；哪些核心业务是我们要做的，哪些业务是我们需要通过合作伙伴、供应商去做的。

因此，"活动范围"这个环节其实就是要搞明白企业的价值链环节参与问题。企业既可以从所在行业的单一或少数价值链环节开展垂直整合或横向整合，也可以只重点参与少数环节。

企业进行要素分析和资源整合的目的是把企业的核心能力发挥到极致，卡好位（战略机会点），并且占据有利地形（战略控制点）。前提是看清楚自己的核心能力和不足，不足的部分找合作伙伴弥补。

华为在活动范围这件事上态度非常明确，只专注能增强核心控制力的价值链环节，也就是高度聚焦设计部分的事情，原则上不做生产，其余的都外包出去。

当然，不做并不代表没有能力做，华为是拥有世界级水平的生产线的。把活动范围确定在设计部分，但同时又进行不小的投入建设生产线，是一种矛盾，也是一种统一。这个"统一"还是要回归到战略安全上来的，一旦外包的合作伙伴"掉链子"了，华为自己可以兜底。

企业的活动范围一般应该考虑以下几项内容。

1. 确定经营活动中的角色和范围

关于公司从事的经营活动、提供的产品和服务，企业总是在动态地扩大或缩小这个范围。业务设计的重要问题是：我在业务范围上，需要做出什么样的变化，以留住高价值的客户，带来高额利润，实现战略控制？

举个典型例子，华为终端在做业务设计的时候，有件非常核心的事情，就是芯片要不要自己做。最后通过战略规划，华为终端的业务设计之后，确定下来业务范围，芯片是要自己做的，这才有了之后的麒麟芯片。

2. 确定哪些业务需要外包、外购

在华为，讲究"精兵"文化，只保留核心人员、核心能力，对于一些无关紧要的业务，尽可能走外包，比如外包生产、工程安装等等。

3. 与合作伙伴的协作

合作伙伴是谁，做什么，对我们影响同样巨大。特别是上下游合作伙伴，需维持合理利润，最好的结果是，一起把整个产业链盘子做大，这是大家喜闻乐见的。

例如，华为手机为了构建强大战略控制点而进入手机芯片设计和开发业务环节，华为是能够胜任芯片设计和开发的，因为复杂数理逻辑能力是其核心优势。但手机的外观设计是华为的弱项，因此它联合保时捷推出MateRS保时捷版手机，从而满足自身的需要。

业务范围的扩张，基本上意味着要扩大投资规模，这时往往需要追求投资回报。但投资规模的扩大，很有可能影响企业的核心竞争能力。如果扩大业务范围，能够帮助企业构建核心竞争能力，那么就需要做，而且要坚定地做。

也有人盲目扩张业务范围，投了一大笔钱，最后不仅没有挣到钱，还破坏了已有的竞争优势，这是业务范围扩张里最危险的事情。

3.9.5 战略控制点

战略控制点就是在企业现在和未来都能够挣到钱的机会点上构建战略控制力，是一种不易构建的，也不易消失的中长期竞争力。所以，设计战略控制点是业务设计中至关重要的模块。

从战略安全的角度来看，战略控制点可以比作企业的护城墙，护城墙垒得越高，企业的生存和发展就越有保障。从战略进攻的角度来看，战略控制点相当于企业的核武器，在商业竞争的关键战役中起到举足轻重的作用。因此，企业不论是构建战略安全能力还是战略进攻能力，都要把着力点放在战略控制点上持续施力。

亚德里安·斯莱沃斯基在《发现利润区》一书中提到，为了实现利润增长，公司在制定战略时必须同时寻找和培育行业内的战略控制点。没有战略控制点的企业就像一艘舱底带洞的船，很快就会沉没。

每个企业可以问问自己：怎样保证企业在价值链中持续有存在价值？核心竞争力和战略控制点是什么？客户选择企业而不是竞争对手的理由是什么？站在客户角度去看，是更低的价格、更好的质量、更能满足客户需求的产品，还是更快的交货周期？企业必须具备什么样的竞争能力才能被客户选择？核心竞争力到底是什么？在核心竞争力上的投入够不够？这些问题值得高管团队认真思考。

战略控制点可以让业务设计的盈利具有可持续性，保护利润来源，避免因强大的客户影响力而波动，避免受竞争者模仿的影响，甚至避免受强大产业政策或贸易政策的打压。

按照构建的难易程度，从易到难，由下往上，战略控制点可以划分为10级，详见表3-3：

表3-3 战略控制点的强度指数

指数	战略控制点	保护利润的力量	案例
10	拥有行业标准（或强大的专利组合）	高	高通、ARM、华为
9	控制价值链/生态链	高	Wintel联盟、苹果、三星
8	绝对的支配地位（市场份额）	高	微信、QQ
7	解决方案/拥有良好客户关系	中	IBM、华为
6	品牌/版权影响力	中	宝洁
5	分销渠道控制	中	OPPO/vivo、分众传媒
4	功能、性能、品质领先	低	格力
3	生命周期成本优势	低	富士康、沃尔玛
2	性价比	无	许多公司
1	商品	无	许多公司

从以上10种战略控制点中，可以得知：并非所有的战略控制点，都具有保护利润的能力。真正好的战略控制点有四大特点：价值性、稀缺性、不可替代性、难以模仿性。

业务设计需要构筑多个（多维）战略控制点。每一个战略控制点的设计都是为了让企业留在利润区内，并防止竞争对手分得其中的利润。一个优秀的业务设计至少有一个战略控制点，更优秀的业务设计往往有两个及以上的战略控制点。

例如，富士康具有全生命周期的成本优势，也具有大规模、高质量交付的能力。华为的强项在于客户关系，在拓展海外市场时，公司逐步打造专利组合，制定行业标准，构建战略控制点。

战略控制点越高，业绩的可预测性越高，估值越高。因此，企业需要对不同的业务设计的战略控制点不断加以拷问。构建一个战略控制点并非易事，需要注意几点：

第一，以终为始，要从终局的角度来看，用战略投入，而不能用投资回报的逻辑看战略控制点；

第二，客户需求是战略控制点的根本来源；

第三，组织能力是构建战略控制点的瓶颈，要为战略控制点提前构建组织能力；

第四，学习同行或跨行的标杆企业，参考它的战略控制点。

这里有一个企业常有的误区：企业总会认为自己在某一级战略控制点上达到一定条件，就认为占领了这一层级的战略控制点。这是非常危险的认知陷阱，会导致企业在做业务设计时在根本上犯错。

对战略控制点正确的认识应该是：企业在某个战略控制点上，只有比自己所在行业的那个世界第一的竞争对手还要强，才能算是占领了这个战略控制点。

比如说，技术领先，一定要是行业内世界最好的技术，才能算是战略控制点，否则就不算；品牌黏性，一定要在这个品类里决定性地占据客户心中第一个"抽屉"（凉茶里的王老吉、辣酱里的老干妈、卤味里的煌上煌）；客户关系，企业的产品或服务一定是客户最离不开的，一旦离开就会很难受，甚至会影响客户的战略实施。

所以，反过来讲，如果企业在某一件事情上可以称得上是它的战略控制点，那么企业在这件事情上一定是全世界最领先的。

3.9.6 风险管理

企业为了抢占市场先机，业务设计和战略决策往往是在掌握60%~70%信息的条件下作出的。因此，业务设计和战略决策本身就是风险决策，需要做好风险管理工作。

风险是指可能发生的、潜在的，一旦发生会对业务设计及战略目标产生积极或消极影响的不确定事件或情况。

风险管理的对象包括外部风险和内部风险。外部风险有政策或产业风险、客户变更、需求变迁、供应中断、价格陡降、汇率风险等；内部风险有人才流失、产品进度滞后、成本超预期、关键物料缺货、生产能力不足等。

从实践看，不少企业都缺乏基本的风险管理意识和管理应对能力，对"灰犀牛"类风险视而不见，没有对此类风险的跟踪解决形成可执行的方案和计划，更谈不上提高对"黑天鹅"类风险的洞察和预防管理能力。

因此，从全面的视角审视潜在的风险及其影响，尽可能规避和降低风险可能造成的危害，需要企业持续思考以下问题：

如何保证对关系成败的不确定因素的识别、理解与管理？

引发风险背后的根本原因是否被理解？

管理的风险是独立的还是系统的？

如何通过更好的风险管理增加成功的可能性，同时降低失败的可能性？

如何利用公司的其他业务部单元或职能部门更好地进行风险管理？

……

端到端的风险管理过程包括：风险识别、风险评估、制定风险管理计划、风险跟踪与监控。

风险管理的常见措施包括规避、承受、减小、分担和利用。

规避策略，比如，严格管制业务组合中风险显著高于其他部分的业务；聚焦业务发展和市场扩张目标，避免追逐和目标不一致的"机会"。

承受策略，比如，重新对产品和服务定价，通过调整均衡价格（商品需求量与供给量相等时的价格），对风险部分进行补偿；或者把风险分散给可管理业务组合中的若干个组成部分。

减小策略，比如，在小范围内测试战略的可行性，限制新产品（服务）的投放范围。

分担策略，也叫转嫁风险，比如，评估哪些是有相对优势的价值业务，把缺乏竞争力的业务外包出去，转移风险。

利用策略，比如，配置专业人员和流程管理来深入分析风险的可利用机会，以新的视角评估管理风险，设计新的产品和服务。

在众多风险应对策略中，最为高明的无疑是利用策略，它相较于规避、分担、承受、减小等策略，更为积极，也更具战略智慧。所谓"危机"，"危"是危险，"机"是机会。但大多数人、大多数企业只会看到"危"，很难发现"机"，没有"化危为机"的主观意识，更无须说"化危为机"的智慧了。应对风险，关键是要提前准备，作了战略准备，危机就可能成为机会。

接下来是华为从危机里寻找机会的故事。

2009年，是全球金融危机爆发后的一年，是全球经济最困难的时期。很多运营商客户都收缩预算，这对于通信行业的企业来说无疑是进入了寒冬，他们面对危机不得不战略收缩。但华为认为机会出现了，反其道而行之，大肆扩张欧洲市场。华为的逻辑是，在客户普遍减少信息化建设预算的大环境下，竞争对手对待市场会非常保守，那么也就出现了争夺地盘绝佳的时机。

华为采取激进的策略开疆拓土，利用对手的保守，不计亏损地抢占市场。在两年半左右的时间里，华为在欧洲的市场份额从5%提升至30%。华为的"不计亏损"是经过盈利预测的，是胸有成竹、心中有"数"的不计亏损，在别人后退时前进，把握住市场有限的空间缝隙，不仅度过了危机，而且赢得了先机。

危险与机会是伴生的。几乎所有的危险都伴随着机会，当企业面临危机的时候，要意识到或许机会就在面前，因为竞争对手要面对同样的危险，而你只要利用好这次变动，或许就成功了。

至此，业务领导力模型的业务设计模块全部完成了。企业经过市场洞察、战略意图、创新焦点、业务设计四个模块，在形成共识的前提下理清了思路和大致路径，完成了中长期战略规划（SP）输出。但这还远远不够，因为战略是要落地的，不能落地的战略只是口号。因此，战略管理接下来就进入了战略执行的部分，也就是BLM模型的右侧。

战略制定解决的问题是，做正确的事情。战略执行解决的问题是，正确地做事。要把正确的事情正确地做好，就需要高颗粒度的战略解码。

什么是战略解码？

战略解码可以理解为一座桥梁，它能够衔接起战略规划和战略执行。战略解码是通过可视化的方式，将企业未来三到五年的战略规划转化为各个部门和全体员工可理解、可执行的行为的过程，并且在这个过程中，解决了定义绩效目标以及企业内各组织之间目标协同一致的问题。

除此之外，战略解码还帮助企业的执行层充分理解企业战略并找到自身在企业战略中的价值关系，使得执行层理解到自身工作的意义，进而激发整个组织的活力。战略解码需要用到的工具有BEM（业务执行力模型）、BSC（平衡计分卡）、战略地图等等，使用这些工具，能够保证战略解码的完整性和战略执行过程中战略意图不被衰减。

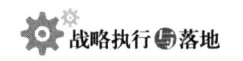

3.10 关键任务是战略管理的执行细节

业务领导力模型的左边是战略体系,是完成"方向大致正确"这件事,而业务领导力模型的右边是执行体系,是完成"组织充满活力"这件事。

在图3-15模型的右边,依旧是四个模块,分别是关键任务、人才、正式组织和氛围与文化。我们可以把这四个模块,划分为两个关键,第一个关键是一定要通过关键任务的识别找到战略落地的焦点。第二个关键是要让正式组织、人才、氛围与文化这三个组织能力能够与战略落地的焦点保持高度一致,也就是支撑起关键任务的实施。本节内容,我们先来看执行体系中第一个关键点,也就是识别关键任务。

关键任务是战略落地的关键举措,是实现战略意图的重要保障。关键任务即关键策略,是满足业务设计所需要的策略和行动。因此,关键任务需要支持业务设计,尤其是价值主张的实现。

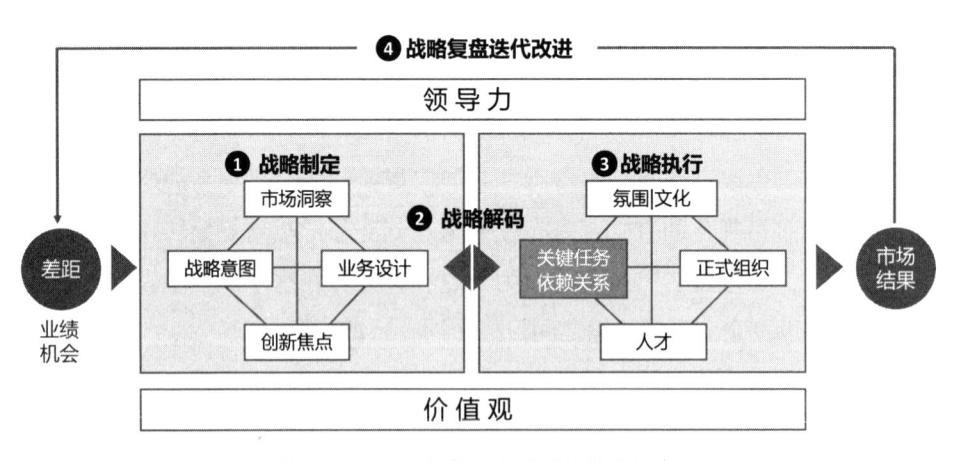

图3-15 BLM业务领先模型之关键任务

一般,对关键任务的界定有这样五条:

第一条,关键任务是连接战略与执行的轴心。也就是说,关键任务是战略从制定到执行的贯穿环节。

第二条，关键任务是支持业务设计，尤其是实现价值主张的战略行动。

第三条，关键任务一般要将重要的运营流程的设计与落实包括在内。

第四条，关键任务是执行体系中其他模块，也就是正式组织、人才、氛围与文化的基础。

第五条，关键任务是年度性的，应当是可按季度跟踪衡量的。

接下来，本书将通过逻辑推演、概念界定、案例演示，来帮助各位读者理解关键任务，以期达到"知其然，更知其所以然"的效果。

3.10.1 关键任务的逻辑推演

识别关键任务可以认为是企业整个战略执行体系中最重要的起点，所谓万事开头难，关键任务本身的识别也恰恰是战略执行体系中最具挑战性的。关键任务是企业完成业务设计和价值主张不可或缺的业务活动。也就是说，关键任务要承接起业务设计，把价值主张从理念性的文本表述转化为一系列的具体行动。

打一个形象的比喻，红军和蓝军有一场战役即将打响，作为红军，需要识别取得战役获胜的若干个关键的具体行动，采取这些行动，红军就能把分散在各方的力量汇集起来，形成合力，在红蓝搏击中劲往一处使，赢得战役胜利。

那么，这个"具体行动"究竟是什么呢？

解决复杂问题的思路是从简单到复杂，从简单开始，不断推演，最终解决复杂。这是"第一性原理"的思维方式。我们不妨来推演一番，先找到那个"简单"。

第一步推演：识别关键任务是为了什么？关键任务是为了实现战略落地，完成战略从制定到执行的贯穿，让企业从相对比较务虚的战略规划向更加务实的战略执行迈进，所以说，关键任务是战略管理的关键环节，识别关键任务是为了做好战略管理这件事情。

第二步推演：那么，企业为什么要做战略管理？企业战略的目的是什么？是为了活下去，为了可持续的盈利，为了做大做强，但归根到底，是建立有持续利润的竞争力，这个"竞争力"就是战略控制点，就是关键任务要构建的事情，而关键任务的终极目标则是持续的利润，也就是创造价值。

第三步推演：既然关键任务最终是为了持续的利润，那么利润是怎么来的呢？我们来看看一个利润公式。

利润=客户数量*（单客收入–单客成本）

这个公式反映了企业利润产生的基本逻辑：利润等于客户数量乘以单客收入与单客成本之差。公式中有三个要素，分别是客户数量、单客收入和单客成本。企业要提高利润，就要尽力增加客户数量、提高客单收入，降低单客成本。我们逐一来看。

第一个要素，客户数量。企业怎么提升客户数量呢？当然是依靠客户管理能力，也就是在客户选择、客户获取、客户关系维护以及单个客户价值增长等方面的能力。

第二个要素，单客收入。单客收入由什么决定呢？这是由企业以客户为中心的创新能力所决定的。企业的创新能力越强，产品线就可以比竞争对手更丰富，更具竞争力，而且越是创新的产品，越是领先的产品，溢价也就越高，客户单价也就越高。

第三个要素，单客成本。成本与运营息息相关。企业对客户成本的控制显然要依靠改善运营来实现。

现在，我们已经发现了企业为改善利润可以施加影响的管理区域，也就是"具体行动"所处的区域，它们是客户管理、创新管理、运营管理。

第四步推演：在第三步推演中，利润公式其实是静态的，并不能反映"可持续"的利润，所以还应当加入时间的要素。企业能够多长时间持续获利，由什么决定？以企业自身为原点，向外看，这件事情完全是由法规与社会所决定的。向内看，这件事情则取决于企业能够履行多大的社会责任。

如何理解呢？彼得·德鲁克的一个观点是："企业是社会的组成部分，是社会的器官。企业只能是满足社会某种特别需要的手段，它并不能仅仅为了满足自身的目的而存在……企业存在的唯一目的是创造顾客。"

换一种表达就是企业的本质是为社会解决问题，一个社会问题就是一个商业机会，解决的问题越大，商业机会就越大。企业持续解决社会问题，企业就能一直存续，企业没有作用了，就会惨遭淘汰。如果有一天，政策法规发生了变化或者社会需求发生了变化，原来的社会问题不存在了，新的社会问题出现了，如果企业不能解决新问题，市场"无形的手"会配置资源，没落企业的人、财、物会流动到其他企业中去。

2016年4月，中国绿公司年会上，俞敏洪向马云提问说，10年内阿里、腾讯、乐视肯定还在，100年后肯定不在。但100年后教育还在，新东方也肯定在。马云反驳称，10年内阿里就不一定在了，100年后教育一定在但新东方不一定在，教育不等同新东方。

在当时，这不过是商界的一则趣闻。但当下国家"双减"政策重磅出台，新东方市值一下子蒸发了上千亿。为什么？因为政策变化了，补课需求被中断了，以往需要教培机构解决的社会问题不存在了，所以资本市场不看好新东方了。新东方只有另谋出路，找到新的社会问题，履行新的社会责任，才会有好的未来。

有研究发现，社会责任是决定一个企业生命周期长短的最重要影响因素。如果说利润公式中，客户数量要素对应的是客户管理，单客收入要素对应的是企业创新，单客成本要素对应的是运营管理，那么时间要素对应的就应该是企业在法规与社会方面的管理工作。

那么，现在我们知道了，企业最后获得利润的总量，是由客户管理、创新管理、运营管理以及法规与社会管理四个方面的能力决定的，所以，关键任务一定处于这四个方面的范畴之中。事实上，这四个方面就是企业的四类核心价值创造流程。

同时，以上整个推演过程，不仅是识别关键任务方法论的论证过程，也是企业在战略管理实务中，设计有创意的关键任务的思维范式。

3.10.2 关键任务与价值主张

关键任务是用来支撑业务设计的，是为实现业务设计中的价值主张的一系列战略行动。

通用的价值主张有四类：

第一类是总成本最低。这是一种以低单位成本为客户提供低价格产品的价值主张。在满足顾客认为最重要的产品特征与服务的前提下，实现相对于竞争对手的可持续性成本优势。竞争性价格是总成本最低战略的显著特征，所以实施低成本战略的企业必须找出成本优势的持续性来源。

第二类是产品领先。产品领先公司的价值主张强调前卫客户看重并愿意支付更高价格的特征和功能。这个价值主张的战略目标包括突出的表现，以及比竞争对手产品优越的性能等。产品领先战略关键是创新的功能和增强的性能要首先进入市场，因为是第一个进入市场，所以可以对产品进行高定价。

第三类是全面客户解决方案。这种价值主张强调建立与客户的长期关系，让客户感觉到企业理解他们的业务，相信企业会开发出最适合于他们的解决方案。

第四类是锁定。企业通过客户创造较高的转换成本，从而产生长期的可持续性价值，就是锁定。比如，苹果的产品线生态圈就属于锁定价值主张，客户一旦习惯了苹果的系统生态，就不愿意付出学习成本去适应其他智能产品的交互了。有一种特殊的锁定叫作"系统锁定"，这种方式在公司核心专利产品成为标准时才能构建起来。华为提出"万物皆鸿蒙"，就是试图通过harmony OS构建起锁定，而华为的5G通信解决方案因为专利进入标准，成了强锁定。

可以说，关键任务为价值主张而生，所以，企业选择了哪个方向作为价值主张，关键任务就要构建起支撑这个价值主张的能力。

比如说，总成本最低，要求企业运营能把成本控制到行业最低，所以对应的是运营管理能力；产品领先，显然对应的是创新能力；全面客户解决方案要求企业充分理解客户价值是什么，要与客户建立牢固可信关系，所以对应的是客户管理能力。锁定就相对比较复杂了，会要求多个方面的能力达到协同。

这里需要强调的是，尽管不同的价值主张决定了关键任务设计的方向，但是其他非对应能力也不能"偏科"得太厉害。设计关键任务是要遵循木桶原理的，基本思路就是做好凸显价值主张和填补短板的平衡。

一方面，投入50%的资源用来凸显自身的价值主张。通过持续地、聚焦地对凸显价值主张影响最大的环节进行投入，构建核心的能力，建设关键的流程。

另一方面，投入50%的资源用来填补短板。企业要通过差距分析去发现核心问题，想尽办法去解决制约价值主张实现的堵点。

最后，企业再根据实际设计出具有创意的行动，企业的关键任务也就水到渠成了。

3.10.3　关键任务的四个特征

一般而言，企业每年的关键任务不宜过多，有五到六个就足够了。如果企业能够把这几个关键任务高质量完成，就非常了不起了。

有的企业管理者会问："我们的关键任务都完成了啊，可是公司的绩效并没有什么改观。"如果是这样，那说明关键任务本身设置就出了问题。

少数的、关键的、能够有效支撑价值主张实现的关键任务应该具备四个特征：

第一，所有的关键任务都必须是组织需要大幅改善的领域。看到不足，就在不足之处设计好关键任务，改善不足领域的绩效。

第二，关键任务要具有创意（战略的艺术是确定并擅长少数几个关键的流程），创意体现在拉大与竞争对手的差异化程度，并最终在改善组织绩效上有明显成效，包括市场占有率、营收、利润的提升。

第三，关键任务所作用的领域一定是在客户管理、运营管理、创新管理或社会与法规管理当中的。否则，就不是关键任务。

第四，关键任务是行动导向的，是具体的行动，是可衡量的。衡量指标可以是财务指标，也可以是客户层面、流程层面、学习与成长层面的非财务指标。

倘若企业识别到的关键任务具备以上四点，那么就可以认为找到了战略执行的焦点。

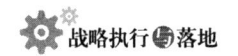

3.11 组织是战略管理的执行保障

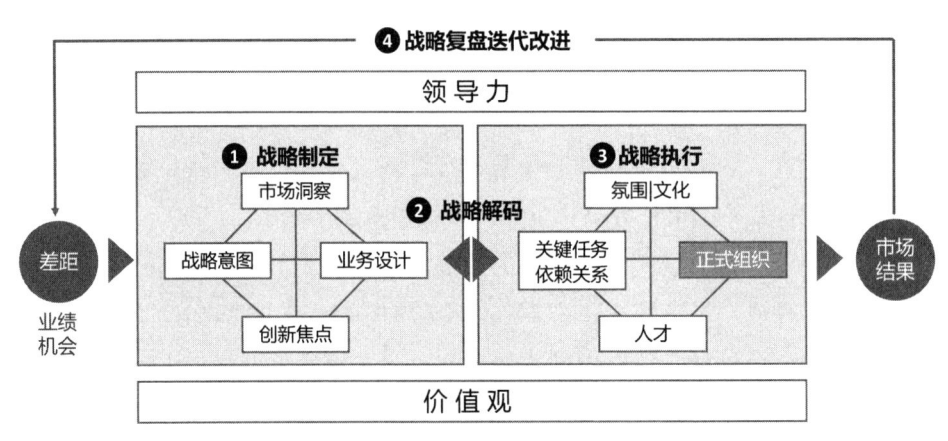

图3-16 战略管理的执行保障

正式组织的概念大家肯定不陌生，比如组织结构的管理、考核、激励机制的设置都属于正式组织的一部分。在图3-16中，正式组织是支撑关键任务落地的关键要素，它的目的就是让经理能够去指导、控制和激励个人或者集体去完成公司的重要任务。

正如巴纳德所言："组织是人们寻求合作的一个自然的结果，人们为了突破个人在'资源和能力'上的限制，追求更好的或更高的目标，会自然而然地选择合作的途径，建立协同关系。这种协同关系有了'共同的目标'和'社会性协调规则'时，协同关系就逐渐稳定下来，转变为稳定的协同体系。"

3.11.1 组织设计的内涵

正式组织包括要建立相应的组织结构、业务作业流程、营运管理机制和组织效能评估。通常我们可以从四个维度去确立公司的正式组织（详见图3-17）。

第一个维度是组织结构，包括公司要设置哪些部门、各个部门的定位和使命、职能分工和授权、管理层级的设置、人员组合和配置、考核标准和预算；

组织架构	业务作业流程	营运管理机制	组织效能评估
• 组织构成的部门 • 部门定位和使命 • 分工和授权 • 组织设计、模型、管理层级（Management Layer）、控制幅度（Span of Control） • 人员组合和配置 • 考核标准 • 预算	• 业务流程的设计 • 市场通路（Rount to Market） • 赋权、授权、行动和权力保留（Power Reserve） • 关键控制点 • IT系统设计 • 知识管理	• 战略规划 • 业务组合和业务设计 • 财务目标设立机制 • 日常运营机制 • 解决问题机制 • 跨部门协同机制 • 决策机制 • 风险管理机制 • 政策制度的制定和倡导机制 • 授权矩阵（Delegation Matrix）	• 平衡计分表 • 管理阶层的能力 • 员工满意度 • 客户满意度 • 创新

图3-17 组织设计的内涵

第二个维度是业务作业流程，指的是内部管理的流程，包括流程设计、赋能、授权、IT系统等等，主要保障企业内部部门运转的流畅性、各部门相互的衔接；

第三个维度是营运管理机制，例如战略规划、经营分析，包括日常的管理、决策、风险、授权，都属于营运管理机制范畴；

第四个维度是组织效能评估，对于组织而言，如果缺少了评估，就很难管理。组织效能评估的方法有很多，例如平衡记分卡、员工满意度、客户满意度都是常见的组织效能评估方法。

以上这四个维度就规定了正式组织设计和改变的四个领域，以后我们提到正式组织的时候，不能仅将重点关注在组织架构上，如果只看组织架构，可能就过于局限了。

在运用BLM业务领先模型进行战略解码的过程中，正式组织作为执行部分的重要模块，主要实现两个方面的聚焦：第一，我们需要检查正式组织和关键任务的一致性，这是为了分析组织变革的必要性和它所涉及的领域；第二，要通过对资源的调整，并且配套相应的驱动机制来管理组织的惯性，从而更好地支撑关键任务的落地。

3.11.2 聚焦一：检查正式组织和关键任务的一致性

实施任何战略都必须使组织的资源投放和目标一致，并且彼此融合。因此，只有在同战略匹配的情景下，正式组织才能体现价值。

那么，如何去检查和衡量正式组织和关键任务的一致性？虽然检查正式组织，比如说组织流程、员工的管理、信息系统这些无形的内容都比较困难，但衡量的原则却是清晰的。正式组织的价值取决于和公司年度关键任务的一致性，而不是出于他们独自作为个体的价值。换言之，如果正式组织能够承接企业的关键任务，它就将为企业创造更大价值。反之，即使在正式组织中投入了更多资源，也不会创造更多的价值。

表3-4　检查正式组织和关键任务的一致性

正式组织	第1步 支撑关键任务落地的组织保障及其目标状态的描述	第2步 现状评估及可能存在的障碍
组织模式、组织架构人员和活动区域布局		
业务作业流程和IT系统		
运营管理机制		
效能评估		

衡量正式组织和关键任务的一致性，需要依次按照我们所说的正式组织四个维度，通过两个步骤进行检查（详见表3-4）。第一步，需要结合年度关键任务，梳理出在正式组织的四个维度上所需要提供的组织保障，并且厘清目标状态；第二步，客观地去描述正式组织当前的现状，并且分析出可能存在的障碍。这样我们就能够比较清楚地从这些维度和方面去提升正式组织，使得它更好地支撑关键任务的落地。

为了让大家更好地理解这个方法，这里和大家介绍一个在BLM战略训战营中的真实案例。

A公司是一个快速发展的金融科技公司，他们在2018年制定的关键任务之一就是推动行业解决方案的销售。通过A公司当前正式组织的检查，我们发现它的组织现状主要是围绕着占公司营收80%以上的成熟业务去布局自己的销售和研发资源，这明显和提供综合型的解决方案的能力要求不匹配。

具体而言主要问题有两条，第一，在组织架构上，他把所有的销售跟研发资源紧紧围绕着当前的公司核心业务，而在其他的新产品的资源上投入比较薄弱。第二，激励的方式也存在着障碍，原来的A公司的销售都是拿提成，所以大家更关心的是收入额而不是收入结构。而成熟业务的量大而且卖得多，这样自然就导致很少有人有兴趣去卖新业务。

3.11.3 聚焦二：管理组织的惯性

推动公司关键任务落地的第二个聚焦是必须要去管理组织的惯性。而组织惯性有的时候被视作滋生阻力的温床，这是在企业运营中普遍存在的现象。

组织的惯性往往被过度妖魔化，如果我们将组织惯性当作是上一个战略周期的遗产，其实它也是帮助企业最大化上一个战略周期的收益所必须拥有的财富。这样考虑，组织惯性也就没有那么可怕了。

对于组织惯性的管理者，必须学会理性地解构惯性。我们借助《公司进化论》中的说法，也就是从企业的"外围"中提取资源，重新分配给"核心"。这里所说的"外围"并非真正的外围，恰恰相反，企业的外围指的是企业中绝大部分的日常工作，包括给企业带来大量收入的现金牛业务也属于"外围"。而企业的"核心"指的是，企业去保持持续的竞争优势的根本。

企业内部组织的惯性管理，就是要让企业的资源在企业内部流动起来，将资源从企业日常的现金牛业务提取出来，流转到提升核心竞争力的流程中。这种资源的调配和流转方法可以概括为四象限的资源流动（详见图3-18）。

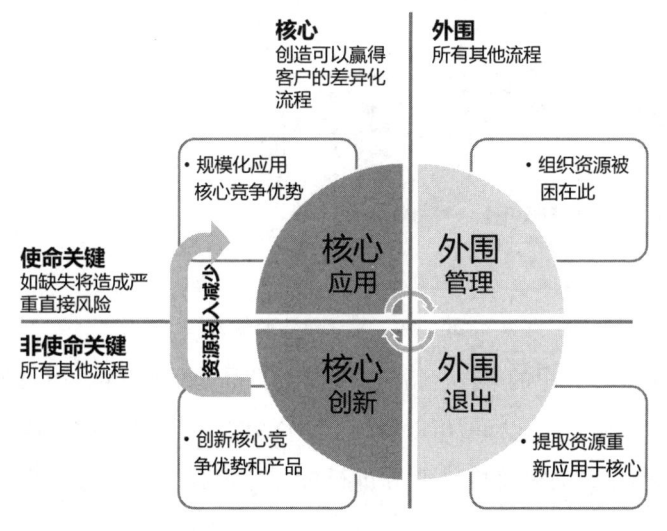

图3-18 管理组织的惯性

在理想的情况下，企业是从第三象限开始，也就是从创新的投入开始。因为考虑到风险的元素，创新属于非使命关键的核心区域，通常企业的创新孵化或小规模实验，都属于创新的流程。等资源到位，新一代的产品开发完成之后，企业就进入了左上角的第二象限。此时的企业形成了差异化的竞争优势，并且能够规模化地应用这些差异化优势。随着时间的推移和竞争对手的发展，新产品最终会到右上方，也就成了企业的外围核心，也就成了企业的现金牛业务。此时企业需要考虑的是用系统和自动化的方法去接管这类业务，最终释放出资源并投入到下一轮的资源循环之中。

然而通常情况下，企业的运作并非如此，图3-19展示的就是通常的情况。

由于所谓的市场导向，企业的大部分资源都会投入到现金牛业务之中，也就是在创新焦点中所说的H1业务。如果是这样，企业的核心业务，也就是H2成长型业务就无法得到有力的资源支撑。我们可以考虑用5个方法帮助企业将资源从外围释放出来。

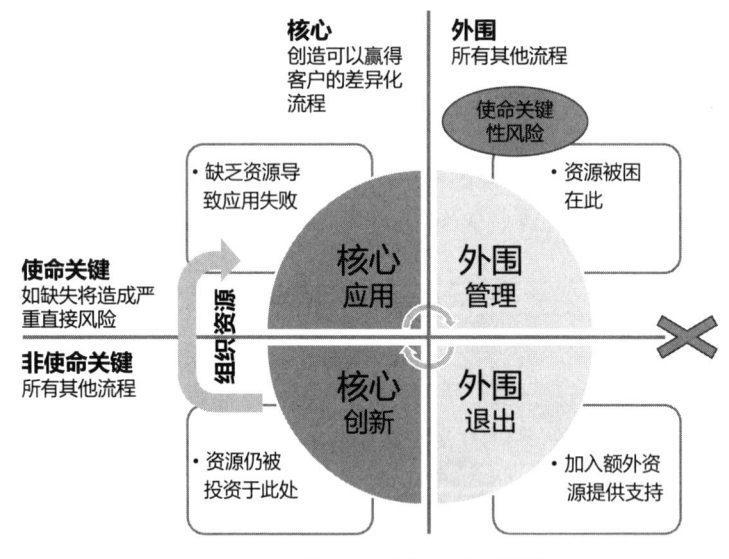

图3-19 管理组织的惯性

一是集权化，这里的集权化指的是把成熟产品的运营交给一个主管或者极少数负责人去统筹管理，这样就可以释放组织资源，并且确保风险的集约化管控。

二是标准化，通过将成熟业务进行标准化流程改造，进一步削减成本和可能的风险。

三是模块化，这里指的是通过系统层面的改进，通常可能是IT系统的改进，来进行系统的标准化，用来削减未来的成本。

四是最优化，包括优化流程，去除重复的步骤，用流水化、自动化的运作，或者替换上低成本的资源，使得流程便于监控和控制。

五是外包，将流程转移到企业的外部，从而降低管理费用，改善成本结构，并且最大限度地降低未来可能的投资。

按照上面的方法，通过对其正式组织的调整，在企业内部促成资源向公司的核心流动。也就是说，释放出更多的资源，会被优先投放到企业的核心竞争力打造上。

大家可能会疑惑，根据常识，公司的营销和组织资源往往都是根据市场收益来分配的，哪一块业务的收益最大，能匹配的资源也就越多。从短期来看，企业的这种资源配置方法确实能够帮助企业从稳定的现金牛业务中获得大量收入，但是当我们用长远的眼光去看，这种分配方式恰恰加剧了企业的惯性。一旦企业无法投入资源，建立起自己新的竞争优势，那么最终将守着当前的业务沦为平庸的企业。

为了更好地理解通过组织资源的流动来管理企业惯性的方法，我们继续看那个金融科技公司的例子。

在A公司里，原先大部分的销售和研发都是基于成熟业务开展的，这就造成了新产品的开发速度低于预期，新产品的销售能力不足等等问题。从中可以发现，A公司存在着比较明显的公司惯性，也就是所有的资源都停留或者被阻挡在第一象限之中。在后来的战略解码中，通过研讨，A公司的管理层决定将成熟业务产品开发团队的一半人员抽调出来，成立公司的公共研发平台，同时也将成熟业务的销售团队转型成为全产品线的行业解决方案销售团队。这样一来，就将公司的资源从第一象限中牵引到创新和发展新业务的第三象限里，从而支撑公司行业解决方案战略的落地。

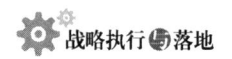

3.12 人才是战略管理的人力资源保证

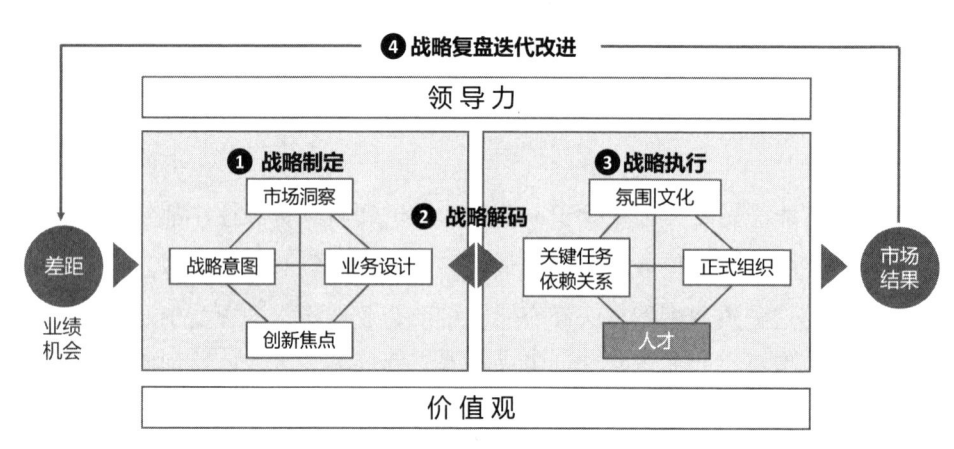

图3-20 BLM业务领先模型之人才

图3-20模型中的人才是我们相对比较熟悉的一个领域，人才的核心除了我们常说的数量与质量以外，更为重要的是如何形成选、用、育、留的机制。

通常，判断一个企业是否存在人才的优势，表面上好像是在考验人才的储备情况，根本上实际是在考验企业人才管理的能力。但是企业的经营管理者往往会忽视人才管理的重要性，会简单地认为人才管理就是人力资源部门的责任，由此造成了人才战略跟企业的业务战略相脱节，严重地影响了企业的战略落地。

为了加强企业人才管理对战略落地的支撑，在本节我们将由浅入深，通过把握人才管理的三个核心要点，来确保对企业战略的承接。这三个核心要点分别是影响战略落地的关键岗位识别、人才队伍盘点和人才战略制定。

3.12.1 识别关键岗位

首先我们来讨论一下影响战略落地的关键岗位。

不可否认，所有的工作岗位对于组织来说都是重要的，从前端到后端，从业务部门到管理支撑，所有岗位的贡献都能帮助提升组织的绩效。但是，其中那些可以形成差异化优势，并且直接影响关键任务落地的工作岗位就是我们所说的关键岗位。

那么，如何去识别这些影响到战略落地的关键岗位呢？不妨按照两个简单的步骤来执行（详见图3-21）。

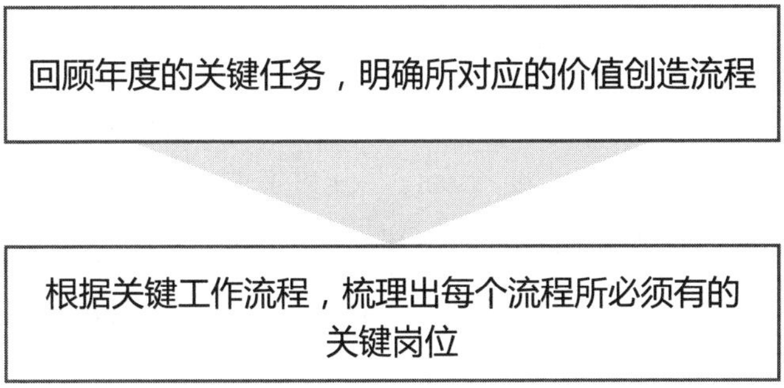

回顾年度的关键任务，明确所对应的价值创造流程

⬇

根据关键工作流程，梳理出每个流程所必须有的关键岗位

图3-21 识别关键岗位

第一步是回顾年度的关键任务，明确所对应的价值创造流程。在这里我们举一个在BLM解码的真实例子。

B公司是一个快消品企业，之前主要通过代理商开拓二三线市场。从2018年开始，公司的有一条关键任务就是通过直营门店的建设去拓展一线城市的市场。而这个关键任务所对应的最主要工作流程就是客户获客的流程，把这个工作流程定位明确，才能够去匹配所对应的工作岗位。

第二步是根据关键工作流程，梳理出每一个流程所必须有的关键岗位。接着上一步的流程，当我们确认了这个关键任务对应的主要是客户获客的流程后，就需要确认客户获客流程中需要有哪些关键岗位的参与。

在B公司的这个案例中，为了在第三季度之前完成100家门店的开设，公司当前最重要的岗位就是门店的店长和直营门店的管理团队，但是公司目前并没有相应的人才储备，因此在人力资源上就需要通过外部资源的引入，以及店长开发计划，直营团队的管理提升计划，来打造统一的门店经营的理念和方法。

如此梳理出来的每个关键任务，可能都会对应一系列的关键岗位，最终输出比较完整的影响公司战略落地的关键岗位的群组。

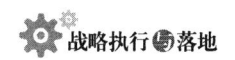

通过上面两个步骤的梳理，其实定位关键岗位并不难，只要确保关键任务所对应的价值创造流程能够被精准地定位并概括，那么接下来匹配的关键岗位就是水到渠成的事了。

3.12.2 盘点人才队伍

提升人才管理能力的第二个核心是人才队伍的盘点，也就是当组织确认了对关键任务落地至关重要的关键岗位之后，接下来就需要对相关的人才队伍进行盘点，这样我们就可以厘清当前公司内部人才队伍支撑关键任务的准备度如何。

同时我们在战略落地的过程中经常会思考一些问题，比如说，合适的员工是不是被安排在了合适的岗位上？当前公司内部是否有足够的人才队伍去支撑战略的落地？这些问题都是我们在这一部分要去谈到的。

人才队伍盘点主要包含了描述人才和评估人才两个核心要素。只有将关键岗位描述清晰，才能够通过评估来盘点当前的人才队伍的准备度。

关键岗位描述是指确定对关键岗位的要求，也就是我们通常所说的工作图解。它可以包括多个维度。通常情况下，公司的关键岗位需要从三个维度去进行描述，包括这个关键岗位所需要的知识、技能和态度。关键岗位的描述也就成为人力资源部招聘、培训和发展人才队伍最重要的参考（详见图3-22）。

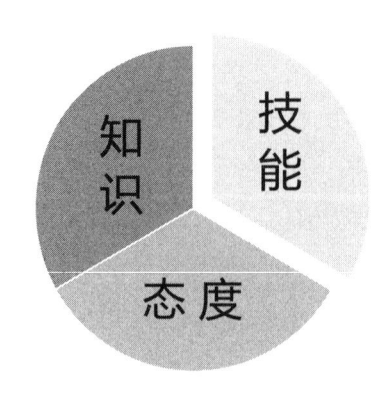

图3-22 关键岗位的三个维度

为了让大家更好地去理解人才盘点的方法，这里向大家介绍一个我们在战略训战营中的真实案例。

C公司是一个本土的医药公司，近年来国内市场开拓上面临挑战，管理层期待通过首仿药的上市和营销模式的升级实现公司业绩的快速增长。在这个雄心勃勃的战略目标背后，其实是对销售人才有了巨大的需求。公司的管理层和人力资源部就能意识到，当前销售团队的薄弱环节在于销售能力低于预期。公司期待打造一支专业销售团队，去帮助其新药在三甲医院进行推广。但公司现在的销售团队的主要经验是在二三线市场用关系型的方式进行销售，而不是用专业推广，这样的专业能力其实是难以满足未来战略的要求，所以公司需要对内部的销售人才进行一次公司范围内的人才盘点。

新的销售团队需要在三个方面都有新的不同要求：

知识方面，要满足新的药品推广的需求，就必须要对药品所属的治疗领域具备专业的知识，同时需要对医院药品的采购流程和竞争对手的策略有充分的了解和把握；

技能方面，最重要的是要具备顾问式的销售能力，同时面对大的三甲医院，销售人员需要具有大客户营销的能力，以及对内调动资源所需要的沟通技能；

态度方面，由于是新产品对新客群的推广，就需要销售人员具有高敬业度和进取精神，要倾尽全力去争取可能的机会。

公司在确定了关键岗位描述之后，同时需要匹配个人关键岗位的评估，来完成本次人才盘点。评估的方法有很多，评估者可以采用不同的方式。

在BLM战略解码中，我们使用了一个非常简单实用的方法，也就是根据关键岗位的描述，结合实际情况进行人才准备度的评估。通过这个流程可以快速完成人才盘点，发现当前人才队伍需求和供给的差距。工具的表单如表3-5，大家可以参考。

表3-5 人才准备度评估表

关键岗位描述	关键岗位1	关键岗位2	关键岗位3
知识			
技能			
态度			

续表

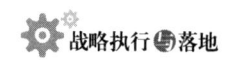

关键岗位描述	关键岗位1	关键岗位2	关键岗位3
所要求的数量			
合格的数量			
人才当前的准备评估	不足/充足	不足/充足	不足/充足

我们以C公司的案例为例，销售人才盘点的情况就像表3-6所展示的，通过知识、技能、态度三方面细致的岗位描述，来对相应的销售团队进行了评估。结果显示，目前在全国范围内大约1000人的销售团队中，仅有1/5能够满足向专业化的顾问式销售进行升级的要求。

表3-6 销售人才盘点的情况表

关键岗位描述	销售
知识	药品知识与临床治疗使用建议 医院新药引进的决策流程 客户知识
技能	顾问式销售 大客户营销 沟通技能
态度	敬业坚韧 学习进取
所要求的数量	1000
合格的数量	200
人才当前的准备评估	严重不足

人才队伍巨大的缺口也给公司明确了方向，所以在年度行动计划中，人力资源部将配合事业部重点进行专业销售人才的招募，以及现有销售团队的能力提升。

3.12.3 制定人才战略

制定人才战略听上去是一个很大的概念，但的确是企业必不可少的战略性工作。

为什么这么说？那是因为企业的人力资源总是有限的，如果没有清晰的人才战略，就必然会导致在关键任务落地的时候准备度不足。尤其是当企业遇到大的格局改变、市场版图改变、公司业务转型，人才战略的制定就显得更为重要。

一个完善的人才战略可以帮助企业聚焦于中长期业务目标，关注于企业人力资源的能力建设，同时使企业在应对市场变化的过程中让自己的人力资源组合更具有弹性。

前面我们所谈到的两部分内容，其实都和人才战略的制定紧密相关。关键岗位识别、人才队伍盘点，其实都是人才战略的组成部分，只是它们各有侧重。

关键岗位的识别，旨在把人力资源计划集中到对公司战略至关重要的关键工作中去，这样的聚焦对快速行动和合理支出都有很大的贡献。不过，需要在这里注意，在关注战略聚焦的同时，也不能完全忽视日常的人力资源管理工作，而人才队伍盘点的核心则是从岗位的工作需求出发，从员工必须具备的知识、技能和态度，也就是员工的价值观，来制定人才管理的目标和行动。

在实际情况中，我们通过人才战略需要统筹解决很多问题，比如这个战略周期结束的时候，要达到多少员工规模？公司对人才新的能力要求是什么？关键岗位和核心人才是哪些？要统一解决上述的问题，我们需要具备完整的人才战略。也就是说，我们需要在一个人才战略规划的逻辑下来制定有关的行动计划。

简而言之，在人才战略规划中必须考虑五个要素（见图3-23）：

- 这个战略周期结束时是个多少人规模的企业？
- 现有成熟业务（H1）、已经付诸实施的新业务（H2）和考虑尝试新业务（H3）各需要多少人？
- 新能力要求是什么？
- 关键岗位和核心人才？

图3-23 人才规划的五要素

第一，人才战略必须基于企业中长期战略中的财务规划。基于中长期的财务预测，能够为企业人力资源的未来规划提供重要参考，避免出现人才战略与公司发展不匹配的情况。

第二，要界定企业关键岗位和核心人才，这就是我们在本节前半部分所说的内容。为支撑公司的关键任务落地，形成关键工作流程和对应岗位的聚焦，并且通过对人才队伍的盘点，确定当前核心人才队伍的选用存留问题。

第三，要合理调配企业各层级比例，这里指的就是公司的人员结构。有些公司是橄榄形的，中层的比重比较大，也可能是以专家团队为主，通常这样的公司需要更多的专业人才和中层管理人员。也有传统的金字塔形的，这类公司在层级跟责任上比较明确。

第四，要考虑未来人均生产力增长目标。人才战略是需要考虑到人员效率提升的问题，不能片面地认为增加了人数就能解决当前的人才挑战，而是要充分关注现有人才生产效率的提升，这样的公司人才战略才是科学的。

第五，要对企业人力资源劳动力成本进行有效控制，这同样是企业人才战略的基础。同时，劳动力成本的控制也体现了人力资源战略的合理性。

让我们再进一步看一下如何制定和推进整个人才战略的全流程，这个流程大致可以分为四个步骤（见图3-24）：

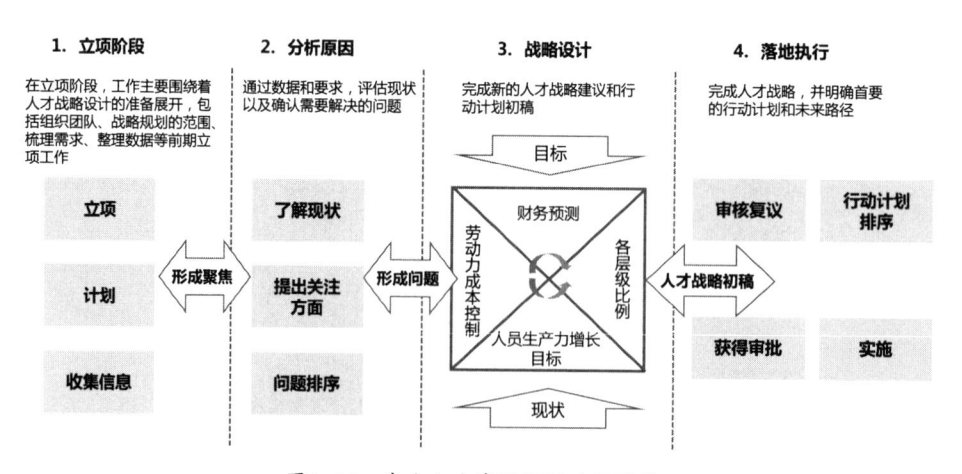

图3-24 战略人力资源规划流程设计

第一步，立项阶段。在立项阶段最重要的是根据战略确定人才需求，并且收集数据。

第二步，评估阶段。在此阶段，工作团队需要了解当前人才队伍的现状，通过一系列的调研和分析，精准地去定位本次人才战略需要解决和讨论的问题，形成聚焦。

第三步，制定人才战略。在此阶段，要运用刚才所讲解的五个要素的基本逻辑，制定细致的人才战略初稿。

第四步，落地执行。人才战略需要制定明确的行动计划和推进路径，由公司高层审核，并且持续跟踪。

在BLM战略解码中，人才战略的体现称为公司的职能规划，通过两个关键的表单，来支撑公司年度战略所需要的人才战略的制定。

其中，表3-7是关键岗位的人才发展规划，通过对关键岗位的梳理来制定人员发展的规划。表3-8是人才管理战略的参考维度，建议从招聘体系、培训体系、薪酬与激励体系、绩效考核体系以及人力资源管理团队建设五个维度，去分析和思考我们的人才战略。

表3-7 关键岗位的人才发展规划

关键岗位	变化	当前	目标XX年	合计	占比%
岗位1	增加人数				
	小计				
岗位2	增加人数				
	小计				
岗位3	增加人数				
	小计				
岗位4	增加人数				
	小计				
岗位5	增加人数				
	小计				
总计	增加人数				
	小计				

表3-8 人才管理战略的参考维度

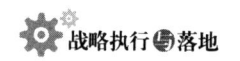

项目名称	现状描述	发展规划描述
招聘体系		
培训体系		
薪酬与激励体系		
绩效考核体系		
人力资源管理团队建设		

这里要提醒大家，表3-8只是一个内容参考的维度，具体的内容需要公司根据自身情况进行详细的制定。

3.13 氛围文化是战略管理的理念基础

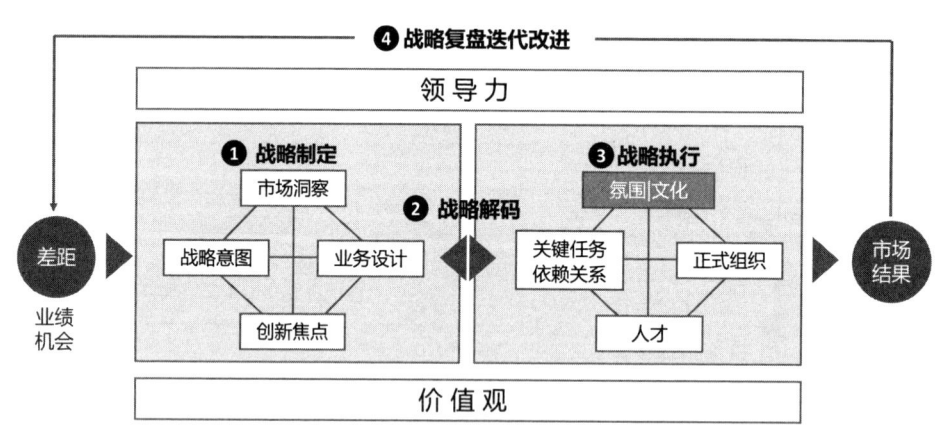

图3-25 氛围文化是战略管理的理念基础

本节是战略执行部分的最后一个模块——氛围与文化（见图3-25）。

一个公司的文化和战略其实是相辅相成的，就像组织发展大师埃德加·沙因在《企业文化生存与变革指南》一书中提到的，"在创始阶段，文化与战略几乎是同一件事情。当企业发展到一定阶段的时候，战略和文化也没有先后顺序。战略受到文化的约束，文化决定了战略是否能够成功。"

在BLM业务领先模型中，文化和氛围模块是指公司内部团队和组织的主导态度和行为。文化和氛围对企业的战略落地有着非常重要的影响，我们可以用前几节BLM的逻辑来理解。

在公司确定了新的战略焦点之后，梳理出来的关键任务是需要组织能力来支撑的。如果说正式组织决定了关键任务落地顺不顺，人才队伍决定了能不能的话，那么文化和氛围就决定了愿不愿的问题。而所谓的愿不愿，其实就是指文化和氛围在战略落地中所发挥的作用。

3.13.1　文化氛围与企业绩效的关系

大家通常都会认为文化和氛围的概念比较虚，可能对企业没有实质性的作用，实则不然。一个公司的文化氛围，其实对它的绩效有着非常显著的影响。

有一个国际知名咨询公司专门做过一项调查，考察组织的文化氛围对绩效的影响，结果影响达到了正负的28%。也就是说，同一个员工，他既可以产生1.28倍于自己正常水平的绩效表现，也可以产生正常水平0.72倍的绩效。

这并不是因为这个员工的技能和可以调配的资源发生了什么变化，而是因为氛围的影响。当一个员工参与到一个具体团队中，他就会受到团队文化和氛围的影响。如果这个团队和组织的文化氛围和员工本身形成了很好的联结与引导，他就能被激发出近30%的超水平发挥。这也解释了为什么通常高绩效的团队，会让人感觉朝气蓬勃、富有活力，而那些死气沉沉的团队往往绩效令人不满意。

3.13.2　文化氛围评价

既然文化与氛围对一个公司的绩效有这么显著的影响，大家可能会好奇，究竟用什么方法可以判断企业这些无影无形的氛围？

在这里，为各位读者介绍一个可以定量衡量企业氛围的工具，叫作组织文化评价量表OCAI（Organizational Culture Assessment Instrument），这个可以帮助大家评价组织文化氛围。这个工具通过对员工认知的定量分析，为公司领导者和组织发展部门，提供了检测公司文化氛围的一个简单工具（详见

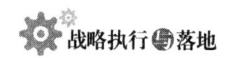

图3-26）。

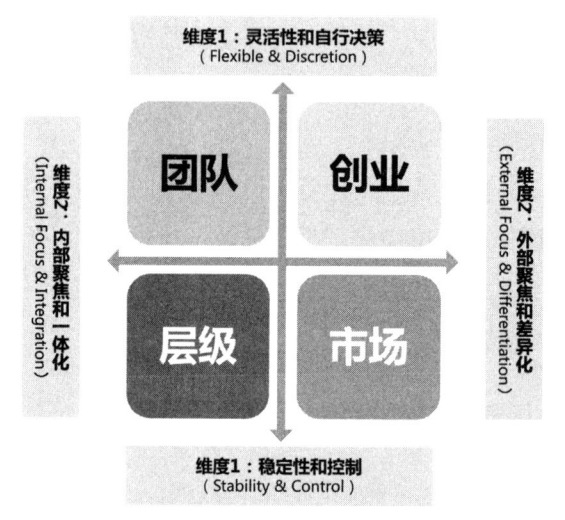

图3-26　企业氛围类型

在OCAI的理论基础上，研究人员通过大量的数据统计与实验，从39个影响企业氛围的显著变量中，总结出了衡量组织氛围的两大维度。

第一个维度，是公司文化的内外部导向性。它可以确定公司组织氛围是内部聚焦型的还是外部聚焦型的。聚焦于内部的氛围通常强调内部的一致性和集体性，而面向外部的组织氛围通常鼓励多样性和差异性。

第二个维度，是组织氛围的稳定程度。灵活型的组织氛围通常鼓励自制和自行决策，而稳定型的组织氛围则偏好管控与约束。

这两个维度将公司的文化氛围划分为四大类，分别是团队文化、创业文化、层级文化和市场文化。这个框架的逻辑不难理解。设想一下，如果一个公司的文化聚焦在提升内部的运营效率、组织整合以及追求内部的稳定发展，那么这个公司就会表现出更倾向于层级文化的内部氛围。

在实际的运用中，组织文化评价量表（OCAI）要求公司内部的评估参与者在六个方面进行组织氛围评估，输出对组织文化氛围倾向性的量化分析。这六个维度分别是显性文化特征、组织领导力、员工管理、组织凝聚力、战略重点、成功的标准。

评估的过程并不复杂，受访者只需要对OCAI问卷上的六个维度进行打分，每个维度包含了四种描述。填写问卷的时候需要经过两轮评估，第一轮用来测量当前的文化,第二轮是对期望的组织文化进行打分。接下来就能够统计并且分析最终得到的现状和期待的得分,看一看现状和期待是否在团队、层级、创业和市场这四种文化氛围中的同一类,由此来评估组织的文化和氛围与战略的一致性(见表3-9)。

表3-9 OCAI问卷样例

- 请将总共100分,分配到4个选项中,越贴近真实情况的分数越高
- 请分别评估现状和期待

问题1:显著文化特征	现状评估分	期待评估分
A.我认为我所在的公司非常尊重员工,工作环境如家庭一般,员工关系也十分亲密,在这里有充分的个人自由(如日常行为没有严格的标准,员工亲密交谈畅所欲言等)		
B.我所在的公司十分注重新方法的提出与顾客服务细节的提升,我以及大部分员工都能积极提出自己的想法		
C.我所在的公司各方面都有较为严格的标准,使得员工的工作更为流程化(如有一套严格的规章制度),上下级的观念也比较鲜明,公司更为注重员工工作结果		
D.我所在的公司对市场份额较为重视,致力于每一位员工对公司贡献的提升,有明确的绩效考核标准,会对绩效结果的奖惩制度予以落实(如对奖金的分发以及职位的提升)		

可以参考以下的内容,来简单地了解四种类型的氛围特征。

1. 团队文化的氛围

公司内部有家文化,组织氛围和谐,领导者被认为是导师甚至是家长的角色,组织内承诺度极高,整个组织因为忠诚和传统凝聚在一起。组织强调长期福利和员工发展,重视团队合作、参与感和共识。

2. 创业文化的氛围

公司内部有活力,倡导创业精神和创造力,员工愿意冒险。在这种文化氛围中,优秀的领导通常富有远见,愿意革新并为此承担合理的风险。整个组织因为创新和尝试凝聚在一起。组织强调先进的产品和服务,随时准备迎接挑战,组织在长远期重视快速的发展和获取新的资源。

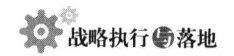

3. 层级文化的氛围

公司内部非常正规，有明确的层级和架构，公司根据具体的流程和条款管理员工的工作。优秀的领导是好的协调人和组织者，维持组织顺畅运行。整个组织因为规章制度和政策凝聚在一起，公司长期重视组织的稳定性、可预测性和效率。

4. 市场文化的氛围

公司以结果为导向，优秀的领导通常是努力自驱的贡献者和竞争者，并且往往高标准、严要求。组织因为赢的信念凝聚在一起，并在长期重视有竞争力的举措和达成目标。

通过OCAI对公司文化的定义，我们就不难发现，不同的公司文化氛围特征对关键任务落地有着相当大的影响。对于一家历史很长、层级严格的公司，新的战略如果决定要求公司的员工创新，并且要求高管重新拾起创业家的精神，在本质上，公司的文化就要转型成灵活的文化氛围。这就好像是一个急转弯，一旦公司没有注意到文化氛围上的转型，那么要想实现新的战略，就会遇到组织内的层层障碍。

3.13.3 撬动文化与氛围的杠杆

为了使公司的文化氛围更好地支撑公司的战略，是否有办法来调试组织的氛围？答案是肯定的。

在BLM业务领先模型中，我们通常会介绍四个杠杆，来撬动企业的文化和氛围（详见图3-27）。

文化杠杆	组织氛围的呈现
• 参与 • 领导力 • 信息和沟通 • 奖励	• 显性文化特征 • 组织领导力 • 员工管理 • 组织凝聚力 • 战略重点 • 成功的标准

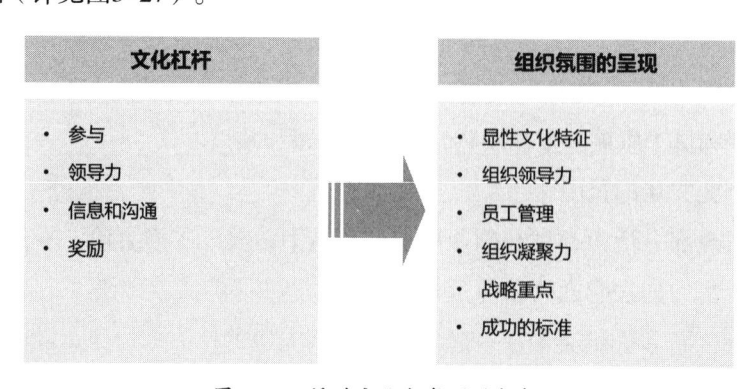

图3-27 撬动文化与氛围的杠杆

这四个杠杆分别是：

第一，参与。也就是提升组织内员工和团队的参与度，加速组织氛围的调整。

第二，领导力。通过对中高层管理者或特定人群的领导力发展项目，来改变当前的组织氛围。

第三，信息和沟通。确保公司内信息互通，增加组织内部信息传递和沟通的效率，不断地去传导公司的导向。

第四，奖励。用来正向地激励所期待的行为表现。

为让大家更好地理解这种撬动组织氛围杠杆的办法，这里向大家介绍一个企业战略落地中的真实案例。

D公司是一个通过资产重组和投资并购形成的大型企业，尽管已经有了千亿级的规模，但是由于下属的企业众多，而且各自为战，很难形成合力。但对于公司在战略性的行业市场要完成大项目突破的关键任务而言，特别需要"一家公司、一个团队"的文化氛围。

为了帮助D公司营造强归属的文化氛围，我们的解决方案是通过领导力的杠杆，来推动公司的文化氛围改变。我们设计了一个叫作"领军人才"的发展项目，成员由来自全国各地的专业公司的负责人组成，一共分为三期。整个项目的主线是由公司的总经理亲自出题，领军人才队伍组成团队来破解实际的战略落地难题。

通过领军人才项目的实施，在公司内形成了出人意料的大连接和大协同。所谓的大连接，就是指通过项目让区域和各专业公司增进彼此的了解和联系，同时也激发了成为千亿级全球领先企业的内在愿望。而大协同，是指通过项目破解了组织内耗和竞争，凝聚了公司优质资源，让公司中高层干部体会到公司协同带来的巨大优势。

经过为期一年的项目，D公司发生了显著的变化，各个区域和专业公司在市场上作为"竞争对手"的情况逐渐被协同订单和资源互补所替代。"同一个公司，同一个团队"的文化在组织里边生根发芽。

通过D公司的例子我们可以发现，调试一个组织的文化氛围可能并没有大家想象中的那么难，一定要抓住准确的杠杆。而撬动杠杆的原理则是围绕着支点，依靠力矩来进行。

这里我们需要把握两个诀窍，一个是支点，是指我们在调试氛围的时候，一定要和公司的战略保持一致，越是和战略相结合的努力，力的作用就越大。另一个是力矩，就像在D公司的案例中，只要凝聚更多人的力量，投入足够的时间，改变文化氛围的效果才会更明显。

至此，我们已经完成了对业务领先模型的解读，让我们一起来做个简单的回顾。

业务领先模型第一把钥匙是差距。没有不满意，一个公司、一个人都不会发生改变。而差距又分为两种，一种就好像是你今天和大家跑在一条跑道上，我们跑得没有人家快，这就是我们现实的业绩差距，它会激励我们改变。第二种差距，可能我们感知上没那么明显，但我们会看到市场的变化所带来的新机会，如果我们自己在模式上有所创新，就能够形成新的发展空间，这就叫机会差距。从本质上说，正是业绩差距和机会差距在驱动着我们所有的创新和改变。

第二把钥匙叫作领先的战略。什么是领先的战略？领先的战略最终要体现在业务设计的创新上，这个业务设计的创新在根本上是由于市场趋势的变化、我们自己格局版图的改变以及我们在不同方向上主动寻找创新焦点所形成的改变。这个改变，才能够使我们新的版图得以实现。如果我们要有一个十倍的作战半径的扩展，就需要一个新的业务设计来对它进行支持。

第三把钥匙是领先的执行。领先执行的关键在于，第一，要找到战略落地的焦点，也就是必须采取的战略行动。第二，要让我们的正式组织、人才和文化氛围，围绕着战略的焦点发生改变，在组织能力上对它进行全面的支持，这样才能做到"力出一孔""利出一孔"。

将三把钥匙连在一起的钥匙环，就是领导力和价值观。业务领先模型现在有很多的企业在学习，但有的企业用得起来，有的学过也就忘了。在这些企业中，真正将业务领先模型在企业里全面落地，并且发挥巨大价值的，首推华为。

外界曾经盛传华为在学习IBM的时候是削足适履,但是并非如此。事实上,华为在领导力和价值观上一直就是在做它自己,因为一个坚定的初心,因为自己肩负的独特使命,使得华为向所有企业学习的东西,能够真正为它所用,这就是钥匙环的力量。

第四章

CHAPTER 4

年度业务计划 BP

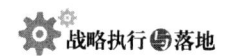

4.1 从 SP 到 BP

BP是Annual Business Plan的缩写，即年度业务计划，时间跨度为下一个财政年度。

BP包含了过去一年各部门的总体运营情况、未来一年各部门的目标财务预算、产品策略、区域销售策略、客户拓展策略、服务策略、品牌策略、交付策略等内容，是跨度为一年的地区作战方案。

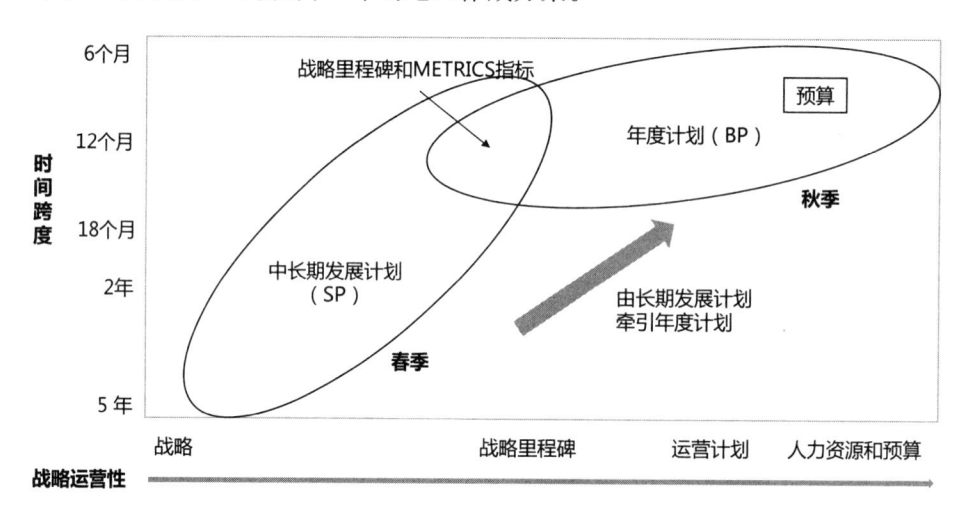

1. 战略规划（SP），也叫春季规划，是未来3-5年的规划
2. 年度业务计划（BP），也叫秋季规划，是1年的规划，主要是年度业务计划和预算

图4-1　SP与BP的关系

企业想要完成年度业务规划，首先要将SP到BP的输入与要求全部纳入进去考虑（见图4-1）。除了要关注SP阶段中对战略举措的分解，还要注意SP阶段制定的战略规划等是否输入到BP并不折不扣地执行下去。在BP制定流程活

动中需要落地SP的这几项输入与要求：

第一个是机会点到订货。

在SP阶段，组织会分析未来五年市场存在什么样的机会来实现业务增长，而在BP阶段就要将这些机会点转化成企业实际订单，从而获取营业收入。比如企业的目标是盈利十六个亿，考虑到中标率，企业就需要找到至少一百个亿的机会点，才能保证目标的实现。机会点明确之后，就要制定策略来获取足够的订单支撑。

在机会点转化成订单的过程中，还有一个概念需要注意，那就是线索。在这里，本书对机会点和线索作出区分，以便企业能够更好地通过获取线索来找到机会点。

线索是企业收集所处行业信息，挖掘客户需求，把握业务痛点，并配备业务团队去设计相应的产品或者解决方案。而机会点则是在线索之后，明确需要对产品或者解决方案投入多少。此外，线索还涉及公司两个流程，一个是MTL（marketing to lead），从市场到线索；另一个是LTC（Lead to cash），从线索到回款。

第二个是全面预算。

在SP阶段，企业会制定五年的财务计划，在BP阶段就会确定今年的关键财务指标，如公司收入多少、要完成多少订单等。公司就可以基于实现这些财务指标制定财务预算以及人力预算，从而明确公司需要对哪些方面进行投入，研发需要投入多少等。

此外，财务预算和人力预算还能够管控组织扩张，保证收入增长大于人员的增长，也就是企业获得的利润增长幅度始终要大于工资的增长幅度。要想实现利润增长大于工资增长，可以采取减员增效的方法。减员增效就是淘汰绩效不佳的员工，让三个员工干着五个员工的活，并且付给他们四个员工的工资，也就是给优秀的员工增加了工资，同时保证企业的工资成本没有太大变化。

第三个是组织KPI和个人PBC。

SP阶段，战略可分解为"关键战略举措+战略衡量指标"、关键成功因素、三年目标、里程碑；BP阶段，就是进一步分解到对应部门的组织KPI里，

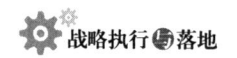

再进一步拆分到PBC（个人绩效承诺）。

对于PBC，每个人要跟主管签个人业务承诺，任务一定要落实到下属。签完之后，对员工进行教练式辅导。这时候，部门的KPI才真正地与战略挂钩，关键任务才落到全公司每一个人的身上。

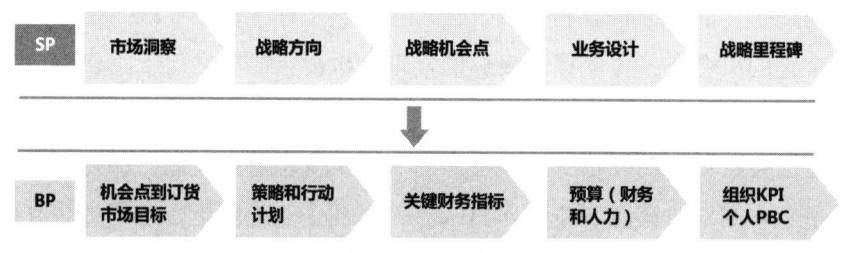

图4-2 从SP到BP

以上这些都是在SP阶段制定的，要输入到BP阶段进行执行，并且会成为公司战略落地的重要抓手（见图4-2）。实际上，许多公司存在BP阶段就推翻SP阶段所制定的种种规划，这是绝对不可取的，会让SP变得毫无意义，让SP和BP完全割裂开来。

图4-3以日程表的呈现方式为大家详细讲解在BP制定过程中，落地SP的各项输入与要求的流程。

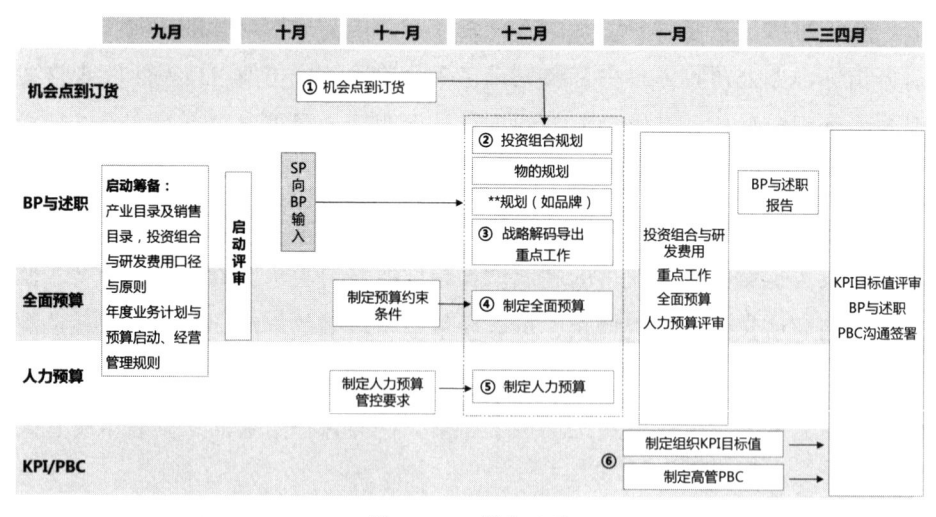

图4-3 BP制定日程

每年的九月份在SP阶段需要制定年度业务计划与预算规划、经营管理规则。到了10月份就进入到BP阶段，要将SP阶段的输出导入到BP阶段，实现机会点到订单的转变，同时形成公司的投资组合，制定投资计划，明确研发需要投入多少，投入到哪些产品线，对于各种细致的财务指标，如人工费用、期间费用等也要有详细的规定。

然后就是通过战略解码，确定重点工作。在落实重点工作的过程中，要用预算对过程进行约束管控，需要制定全面预算。与此同时，人力资源部门要单独就人力成本等方面制定人力预算。最后，就是依据这些计划方案，制定组织KPI与员工PBC。

到了第二年1月份，要对投资组合与研发费用、重点工作、全面预算、人力预算以及组织KPI和个人PBC情况进行评审，保证各项工作有条不紊地进行。

通过这样的流程，管理者就能够运筹帷幄之中，决胜千里之外，而不是在决策前临时收集与处理信息。当然，在决策过程中，顾问的作用也是非常重要的，能够给管理者提供可信、可靠的建议。

4.2 机会点到订货：机会点、空间和订货目标

在BP制定过程中，要落地SP的各项输入与要求是从机会点到订货，要按照区域、产品线两个维度开展，对两个维度的数据进行PK。

组织对产品线的要求是产品市场占有率要越来越高，对区域销售的要求是要保证利润不断增长。要想实现组织的要求，产品线和区域销售就需要根据各自的指标瞄准客户的需求，同时相互之间约束协同。

另外，产品线和区域销售形成拧麻花的关系，也能够避免出现一线问题，如产品看不到市场机会或者把市场空间错误判断成市场机会；销售一线隐藏市场机会或者可行项目来避免自身任务增加；对难点产品及难点市场的关注不够，容易失去未来的发展机遇。在这方面，可以参考华为对于战略业务采取的措施。

华为在无线产品线还是两亿美元的规模时，徐直军给无线产品线负责人

设定了五年之内规模达到一百亿美元的目标。虽然负责人觉得这个目标非常难以实现，但是他依旧朝着这个目标努力，最后提前一年达成。这个事例反映出高层管理者的眼界高远，他接触到的人和事更加宽广，更能够制定出具有战略眼光的决策。所以想要实现机会点到订货的过程，需要参考管理者对客户和市场的判断。

4.3　投资组合

投资组合，其中囊括产品、产业、细分市场、客户群及项目的组合。

在SP阶段，需要根据战略确定投资优先级，并确定组合管理对象及划分规则，而在BP阶段就需要制定和刷新业务组合策略及计划。在SP到BP的过程中要监控管理业务组合策略和计划的执行，并基于组合策略、环境变化、执行效果，新增或删除业务组合管理对象（见图4-4）。

SP： 确定组合管理对象及划分规则	BP： 制定和刷新业务组合策略及计划	执行和监控： 管理业务组合策略和计划的执行与纠偏
➢ 产业 ➢ 产品 ➢ 细分市场/客户群 ➢ 项目	➢ 上年度组合执行分析回顾 ➢ 战略分解到业务组合对象的目标 ➢ 投资分解到业务组合对象的策略 ➢ 业务组合管道管理的策略和计划	➢ 资源管道管理 ➢ 投资与费用管理 ➢ 项目群管理 ➢ 半年度审视和调整刷新

- 常见问题：资源调不动（多的减不下来，少的增加不了）
- 成熟市场：通过投资提升质量、成本、效率；新市场：和客户需求一起成长，机会窗

图4-4　SP到BP过程中的监控

另外，从投资视角来管理企业也是十分有必要的，尤其是对于战略新兴业务，尽管不要求新产品近两年要达到什么样的利润水平，但五年之后就必须找到该产品的控制点，形成技术壁垒。正如华为造车一样，华为对汽车BU前五年没有利润指标的要求，但是需要汽车BU能够推陈出新，在第一二代汽车基础上制造出行业顶尖的第三代汽车，甚至成为未来特斯拉的主要竞争对手。

在形成投资组合时要注意战略投入，对公司重点的战略业务进行投入，从而支撑组织未来的成长与发展，这与华为绘制的水系管道战略如出一辙。此外，还要防范一些问题的发生，比如资源调动不了、对销售识别出来的新机会无法投入、人员成本无法下降等。面对这种问题，就需要给相关部门设定财务指标来引导部门对资源的合理配置与利用，必要时可以采取减员增效的措施。

4.4 战略解码

对组织战略进行多次解码，就是在SP阶段将组织战略解码成战略举措，从战略举措解码成战略举措衡量指标，再依据战略衡量指标来制定三年目标，最后将三年目标输入到BP阶段，实现战略战术分解和支撑，确保战略可执行落地。

在BP阶段，要依据SP阶段制定的三年目标，结合管理层的要求、客户诉求以及上年度重点工作，总结提出的注意事项来确定第一年的目标，并对照目标进行差距痛点分析来明确公司的不足，从而确定年度关键措施来改进公司存在的问题，以此来实现组织第一年目标（见图4-5）。

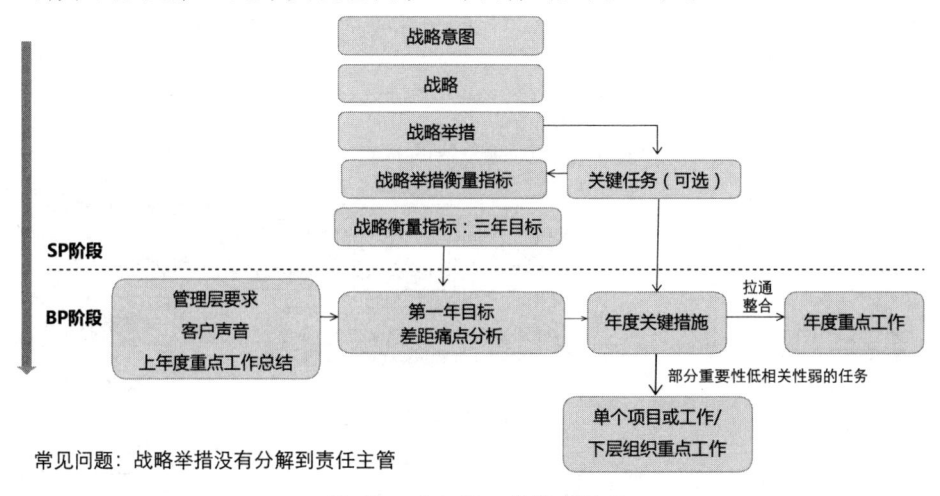

图4-5 从SP到BP的战略解码

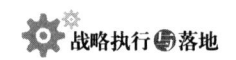

4.5 管理重点工作

管理重点工作，重点工作是从SP/BP中解码出来的短/中/长期关键举措在本年度的落地，是支撑战略和年度目标达成的关键工作。比如，公司今年的关键举措是实现新产品的市场突破，就可以将重点工作设定为明确需要在哪些区域实现市场突破。

应该如何实施这项重点工作，可以参考一家建筑行业龙头企业推广城市CIM的做法。其首先是选取两座城市进行试点，不追求要实现多少收入，而是聚焦于客户是否满意，产品是否有竞争力，产品解决方案是否完善等方面，这些都万事俱备后再推广到其他城市。

除了市场突破，重点工作还可以包括以下方面：重大市场支付类、P&S /P&T /特性支付类、战略变革/流程变革/流程改进类、管理改进类、任务型重点工作。

当然，重点工作的完成需要人员去支撑，主要涉及两种角色。一种是重点工作的owner，他需要对重点工作过程中出现的重大问题负责，并及时解决；另一种是重点工作的管理专员，需要定期对重点工作的资料进行管理。重点工作的内容主要包括项目概述、目标范围、关联关系、投资分析、组织架构、项目计划、风险措施等，从而实现重点工作的闭环管理（详见图4-6）。

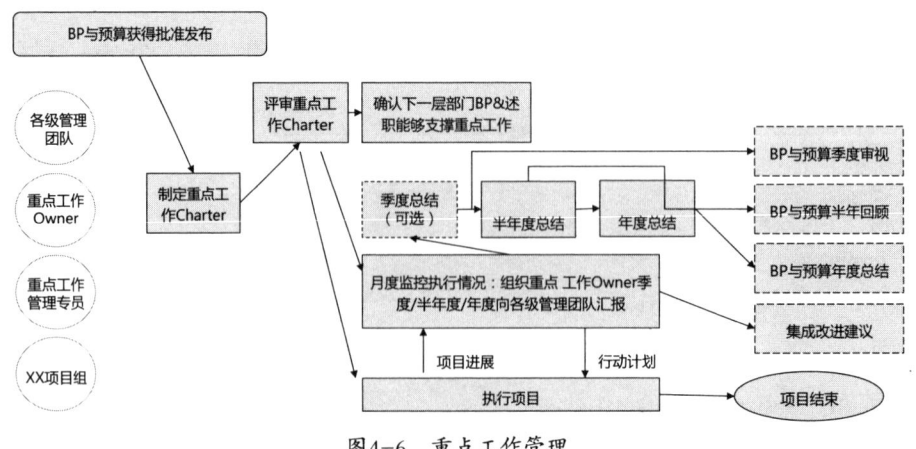

图4-6 重点工作管理

另外，公司的年度重点工作以七到八个为宜，因为部门也同样会设定一些重点工作。但不管是公司层面还是部门层面，重点工作都应该关注公司经营指标、自身工作职责以及人才干部队伍等，从而让重点工作成为管理者一个强有力的管理抓手。

最后，为了加深大家对重点工作的印象，我们以华为推进欧洲战略落地的重点工作为例，来说明如何执行重点工作。

欧洲市场一直是华为非常看重的市场，被当作第二个本土市场。但是在2016年以前，华为在欧洲市场一直没有实现盈利。对于这种情况，华为当然不能置之不理，就将实现欧洲市场盈利作为当年的重点工作，将实现盈利分解成采购、成本费用降低、收入增加等多个任务，每个任务都设有责任人，并由属于公司核心成员的欧洲地区总裁按季度汇报该重点任务的进展情况，最终也是实现了这一目标。2016年后，华为在欧洲地区逐渐收支平衡，然后开始盈利。

由此可见，许多重点任务都是由公司VP来牵头，需要跨部门、跨组织合作才能完成的，应当给予充分的重视，依托重点工作来支撑组织战略目标的实现。

4.6　财务预算

财务预算，主要针对公司的利润中心，如区域运营中心、产品线等。

财务预算需要遵循远期和定期分开的原则，比如公司产品研发投资与预研投资是分开的。预研投资是公司为了确保产品未来竞争力而设立的专项预算，如果没有使用完，会被公司收回，以防部门将剩余费用用作他处，从而保证预研费用专款专用。

1. 财务预算要实现预算引领各部门关键能力的建设

我们之前接触的一家北京企业，缺乏SPD方面的人才，于是就在武汉设立研究所来招聘相关的专业人才。但是，研究所设立以后发现人才依旧不好找。一方面各大厂商都需要SPD方面的人才，另一方面一些半导体创业公司也同样需要。对于这种情况，该公司就单独设立预算来投资SPD的专业团队，公司提供市场，团队为公司提供技术并应用到产品设备上，该公司就是通过预算引领SPD的能力建设。此外，华为这些年也一直从以色列、德国以及瑞典等国家收购核心技术，并让需要相应技术的产品线承担技术费用，从而建设起各条产品线的关键能力。

预算规则是明晰费用额度和比例，以便相关部门能够加以管控。另外，预算界面需要分客户界面和非客户界面，来保证公司对客户界面的投入。实际上，公司即使经营困难，也需要进行两方面的投入，一方面是客户界面的投入，另一方面是关键研发领域的创新投入，这两方面是必不可少的。

2. 财务预算要保持弹性，拒绝一股脑地批给各部门

应该将预算分成若干资金包，分阶段看部门实际情况进行发放，以此提升资金利用效率，并督促部门高效运转。

3. 财务预算要考虑战略投入

华为在开展无线产品业务时，持续投入了十年，其间靠网络产品线、出售安圣电气来支撑，最终推出产品，实现市场突破。所以对战略业务可以不断地投入与补充，但是也要保证最后能够实现既定的目标。之前，华为参与一次运营商招标时，给出了一块钱的报价，而其他竞标厂家基本上给出的报价在140多亿元左右。投标成功后，华为第一年亏了将近30亿，但后面三年毛利率达到70%，亏损很快就补回来了。

4. 财务预算的内容还包括项目内部资源买卖

资源买卖双方主要是项目作战部门和能力建设部门，项目作战部门拥有预算，但是可能缺少资源，而能力建设部门拥有资源，没有预算。当作战部门需要某项技术或者人员时，就可以去能力建设部门研发共享平台进行交易，并纳入各自的绩效考核中，这样就保证了作战部门的战斗力，也保证了资源不会被浪费。

财务预算所包含的内容基本上就是这些，在制定财务预算时还要注意两个问题。一个是预算要与业务战略相匹配，预算不能只是简单的数字，要通过预算来引领战略执行。另一个是不能完全以财务为导向，以至于牺牲了业务未来的长远发展（详见表4-1）。实际上，为了保障业务未来发展，可以大胆地对新业务进行投入，前期可以进行小部分投入，让新业务去验证自己的商业模式，如果能顺利完成预期目标，就可以加大投入，集中火力攻击，瞄准目标市场和目标客户进行投入，从而实现市场开拓。

财务预算能够管控投入，减少出现投入不足而错失市场机会以及投入过多而造成资源浪费的情况。

表4-1 财务预算内容

利润中心	区域、产品线
远期和近期分开	产品研发投资、预研投资专门预算
关键能力建设	预算牵引（产品竞争力是根本，要敢于投入形成差异化竞争力）
预算规则	率、额
界面	客户、非客户
弹性预算	随目标完成情况调整
战略投入与补贴	保障长远投入
项目内部资源买卖	项目作战：拥有预算 能力建设部门：拥有资源

4.7 人力预算及 HR 工作规划

人力预算要匹配业务战略，与业务部门一同制定业务规划，从而了解到业务部门的需要，并根据业务部门的诉求采取相应的人力资源管理措施。比如根据业务组合策略及业务目标配备人员，调整职能平台人员和作战平台人员的比例，管理产品线端到端人员总体及结构（研发、销售、服务、平台等）等。

其中，人力预算一定要对人员比例严格管控，对于业务量激增的部门，可以适当增加人手来满足业务需求，但是对于业务绩效不佳的部门，就要考虑对人员进行调整。只有这样才能保证人力成本科学合理，从而支撑业务目标和组织战略的实现。

人力预算除了匹配战略，对人员比例严加管控，还要对人员结构进行调整，从而保证组织活力。除了直接淘汰员工，还可以将员工调整至其他部门。

假如一家公司的部门设置是部门总经理月薪五万，两位副总月薪四万，副总下设总监月薪三万，部门其他员工的月薪就是一两万。公司对部门进行调整后，将部门总经理的薪资调整至八万，并且不再设置副总与总监的管理岗位，主管带一群大头兵，从而激活部门其他员工的活力，而不让部门结构过于冗杂。经过一两年的调整，部门结构稳定下来，经营业绩也有所提升。

这说明要调整人员结构，激活组织与员工活力，要依靠组织机制进行调整，长期固化的组织会使组织内绝大多数员工产生惰性，失去开拓进取的斗志。因此，要让组织人员结构保持"老人+新招+内部轮换（一线与总部间、不同部门间）+淘汰"的状态。

此外，要想深入了解市场，开拓新业务，就需要让人员变成将军、专业领军人物、专家以及职员的配置。尤其是要重视专业领军人物，他们对行业的理解更加透彻，更加清楚如何利用技术来制造出满足客户需求的产品。如何搭建将军、专业领军人物、专家以及职员的配置，可以参考华为筹备云业务时的各项举措。

华为准备开展云业务时，核心员工是非常缺乏的，因此就通过多个渠道去挖掘优秀人才来支撑业务发展与落地。一开始选拔运营商BG的员工来从事新业务，经过考核，留下适合的员工。另外，就是从IBM、互联网公司以及大学毕业生中招贤纳士来完成人才储备。经过三到四年的人员调整，云业务逐渐发展起来。随后华为将云业务调整成一级业务部门，并不断进行战略投入。

正是市场和人员方面的完备，云业务逐步成为IT市场的头部，并且努力成为华为预测的"五朵云"之一，也说明了业务落地需要团队去推动。

要激活组织与员工活力，还需要人员技能提升计划。

一类是针对本年度的业务计划进行人员盘点，从而发现员工能力差距。另一类就是对这些差距制定相应的能力提升措施与计划，如撰写案例等，既可以作为日后晋升加薪的依据，也可以成为员工培训的材料，让员工从案例中总结失败不足，提炼成功经验，从而改善组织运作。

另外，组织还可以制定导向作战的激励方案，如奖金、升职提拔等。详见表4-2。

表4-2 人力预算及HR工作规划内容

匹配业务战略	根据业务组合策略及业务目标配备人员 职能平台人员+作战人员的比例管理 产品线端人员总体及结构管理（研发、销售、服务、平台等）
人员结构与组织活力	老人+新招+内部轮换（一线与总部间、不同部门间）+淘汰 将军+专业领军人物+专家+职员
人员技能提升计划	人员盘点及能力GAP（针对今年作战任务） 能力提升措施与计划（课程开发、案例、社区等）
导向作战的激励方案	奖金、提拔、升级等

4.8 制定组织KPI与员工PBC

制定绩效指标时要注意指标的垂直一致性与水平一致性。

要实现垂直一致性，CEO需要明确组织战略，然后将组织战略执行分解成若干任务，让部门经理承担任务并思考这些任务应该如何完成。就是通过这样层层递进，无压力传递下去，把绩效指标交给相应部门完成，而CEO等管理者负责监控，就能实现垂直一致性。

对于水平一致性，就是对于某一需要部门协作的任务，各部门要基于自己的职责来制定相应的绩效指标来共同完成这一任务。

组织可以通过图4-7所示的流程来导出组织绩效，同时保证指标的垂直一致性以及水平一致性。组织基于公司的愿景、战略以及使命对组织战略进行分解，并依据平衡计分卡的财务、客户、内部运营以及学习与成长层面，综合考虑全预算的约束，制定出组织KPI，再依据部门情况、个人工作职责确定个人PBC。

对于绩效指标的打分，华为设定挑战值、目标值等，达成挑战值，绩效考核分数就是120分，达成目标值就是100分。采取这样的打分方式，可以鼓励部门与员工挑战自我，追求卓越，创造出更加出色的业绩。

另外，要设定专门的部门去管理KPI与PBC的进展情况，比如内部运营部管理组织KPI，人力资源部管理个人PBC。而管理者则是基于这些绩效指标的

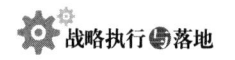

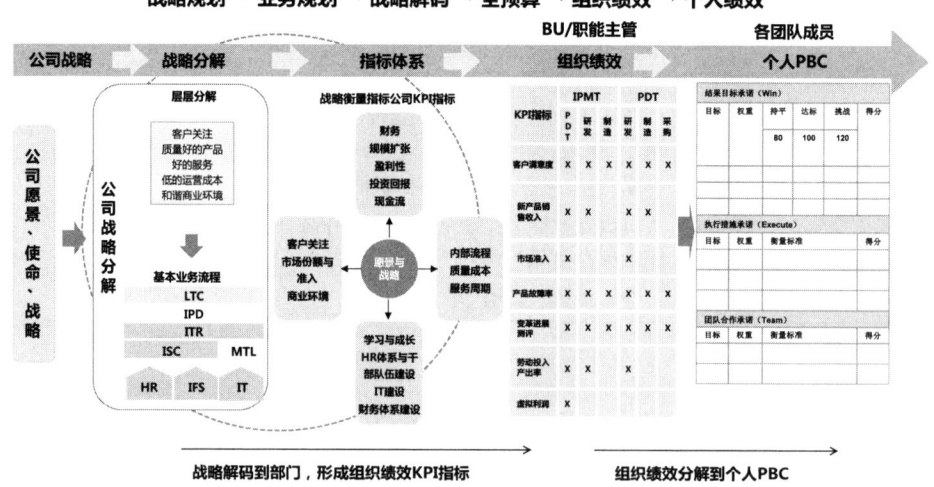

图4-7　组织绩效导出全流程视角

完成情况进行资源调动，同时激励员工，提升组织活力与战斗力。

当时华为云业务部门制定的战略举措是抢占容量高地，做大做强IT，打造3亿新产业。要实现这一战略举措，就需要分解，明确2017年需要哪些重点工作来支撑，因此云业务部就设定2017年的重点工作之一就是成为东南亚区域运营商IT和数据中心的主要玩家。

东南亚地区部总裁针对这项年度重点工作会制定若干重点工作目标，如2017年实现多少规模的订单，公司级需要攻破的山头项目突破率达到多少，以及地区top3项目突破率达到多少等。通过这样一个过程，实现中长期目标转化为年度计划，并由组织各级部门和员工承接相应的任务和指标。

第五章
CHAPTER 5

战略解码及闭环管理

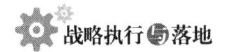

5.1 战略解码

5.1.1 战略解码的意义

在开始讲解战略解码的内容之前,让我们通过两个国家队登顶南极后不同结果的事例来体会战略解码的重要性。

南极登顶是许多国家探险队的目标。在当年,主要是挪威队和英国队在竞争。挪威队采用狗拉雪橇的方式前进,饮食起居直接在雪橇上解决,不论刮风下雨每天都计划要行进60公里。英国队装备精良,但经常需要停下来花费几个小时生火做饭,预期规划是天气好就每天前进150~200公里,遇上恶劣天气就只前进一二十公里。

最后挪威队和英国队都成功登顶南极,但是最后,挪威队成功返回,英国队则全军覆没。这是因为英国队在前进路上浪费的时间比较多,错过了南极的最佳时间段,遭遇了暴风雪,结果不幸遇难。

两队的战略规划都是要登顶南极,但在执行战略时采取了大相径庭的举措,结果导致了截然不同的结局。不难发现,英国队是在战略规划到战略执行的过程中出现了问题,也就是战略解码出现了问题,而在战略解码方面,显然挪威队做得更好。从这个事例中,我们能够感受到战略解码的重要性。

最初,战略解码是由著名管理学家卡普兰提出的,他在与IBM高管沟通交流时就思考,如何设计一套企业管理体系能够让组织像打高尔夫球一样,按照一个洞一个洞的节奏,实现打进18个洞的目标。这位高管对卡普兰的想法很感兴趣，于是他们共同设计出平衡计分卡这样一个战略管理工具。

如何实现组织战略，打造高绩效组织？首先，我们要描述清楚组织战略；接着，要衡量战略，确定实现战略的指标和重点，就像打高尔夫球第一个洞时，需要设计分几步去实现，同时要考虑当时风速及地况的影响；然后，要管理战略，要让员工去承接完成战略指标和重点任务的责任，从而实现战略落地；最后，就是不折不扣地完成整个流程，才能打造成高绩效组织。

5.1.2　战略解码前提：部门责任中心定位

企业想要扎实做好战略解码，第一步就是要定位部门责任中心。

定位部门责任中心是根据其部门职责、部门对组织的贡献，以及对投入资源的控制或影响程度，确定其相对责任归属。在确定部门责任中心时可遵循以下原则：

依据部门对产出和投入资源的控制或影响程度来定位部门责任中心；

各类责任中心定位并无等级差别，只是责任分工不同；

基于部门业务管理模式的变化，及时调整其责任中心定位；

每一责任中心内部的具体子部门责任中心定位可能与上级部门并不相同，具体与其应负职责相关。

部门责任中心定位，可以分为两类：一类是以产品线为代表的业务部门，这类部门主要是利润中心，通过创造收入和控制相应的成本，对公司利润作出直接贡献；另一类是以人力资源部为主的支持部门，该类部门是成本中心，聚焦于对成本的把控，致力于以最佳的成本提供最佳服务或产品，并对主业务部门提供支持和服务（见表5-1）。

表5-1　部门责任中心定位

责任中心	定义	举例
业务部门 （利润/贡献毛利中心）	通过创造收入和控制相应的成本，对公司利润作出直接贡献的业务部门	各产品线
支持部门（费用中心）	以最佳成本提供最佳服务或产品，对主业务部门提供支持和服务的部门	人力资源部

不同的部门责任定位的关注点有很大不同，也就直接影响了部门对组织

和流程目标的承接方式与范围，进而影响考核要素的设计模式，也就是会影响战略指标和重点的设计。

所以，战略解码的第一步就是定位部门责任中心。

5.1.3 战略解码工具

我们来了解一下战略解码的两种工具——平衡计分卡和战略地图。

1. 平衡计分卡（BSC）

平衡计分卡（Balanced Score Card，即BSC）是常见的绩效考核方式之一，是在20世纪90年代初，由美国哈佛商学院的教授罗伯特·卡普兰（Robert Kaplan）先生和诺朗诺顿研究院的院长戴维·诺顿（David Norton）共同提出和创立的。

传统的财务会计衡量组织绩效的模式，只能衡量出组织过去发生的事情和业绩，但无法评估出组织前瞻性的驱动和发展因素。通常，在传统的工业化时代，仅仅注重财务指标因素的衡量和管理方法还是有一定效果的。但在当今信息和数字化社会里，传统的业绩衡量方法是不全面、不系统、不具备前瞻性的。正是基于这样的认知和判定思维，平衡计分卡通过组织的四个衡量维度评价、审视、衡量组织发展和业绩。

平衡计分卡之所以称之为"平衡"，原因在于它反映和实现了组织财务、非财务衡量方法之间的平衡，长期发展与短期发展之间的平衡，以及组织外部和内部的平衡，还有组织管理结果和组织管理过程的平衡。所以平衡计分卡能全面反映组织的综合经营状况，使组织的业绩评价趋于平衡和完善。

平衡计分卡是从财务、客户、内部运营、学习与成长四个角度，将组织的战略落实为可操作的衡量指标和目标值的一种新型绩效管理体系（详见图5-1）。

财务层面，列示了组织的财务目标，并衡量战略的实施和执行是否能为最终的经营成果的改善作出贡献。平衡计分卡中的目标和衡量指标是相互联系的，这种联系不仅包括因果关系，而且包括结果的衡量和引起结果的过程的衡量相结合，最终反映组织战略。

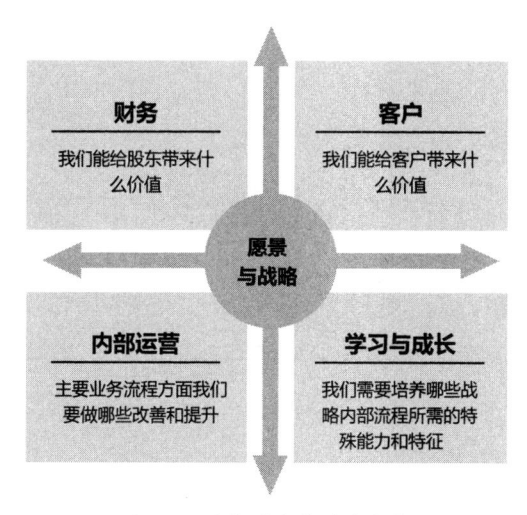

图5-1　平衡计分卡基本框架

客户层面，管理者们确认了组织将要参与竞争的客户和市场部分，并将目标转换成一组指标，如市场份额、客户留住率、客户获得率、顾客满意度、顾客获利水平等。

内部运营层面，为吸引和留住目标市场上的客户，满足股东对财务回报的要求，管理者需关注对客户满意度和实现组织财务目标影响最大的那些内部过程，并为此设立衡量指标。在这一方面，平衡计分卡重视的不是单纯的现有经营过程的改善，而是以确认客户和股东的要求为起点，以满足客户和股东要求为终点的全新的内部经营过程。

学习和成长层面，确认了组织为了实现长期的业绩而必须进行的对未来的投资，包括对雇员的能力、组织的信息系统等方面的衡量。组织在上述各方面的成功必须转化为财务上的最终成功。产品质量、完成订单时间、生产率、新产品开发和客户满意度方面的改进只有转化为销售额的增加、经营费用的减少和资产周转率的提高，才能为组织带来利益。

2. 战略地图

战略地图也是由罗伯特·卡普兰和戴维·诺顿提出的，是在平衡计分卡理论基础上发展起来的，是平衡计分卡理论的发展和进一步深度应用。

两位大师在对实行平衡计分卡的企业进行长期的指导和研究的过程中发现，企业由于无法全面地描述战略，管理者之间及管理者与员工之间无法沟通，对战略无法达成共识。平衡计分卡只建立了一个战略框架，而缺乏对战略进行具体而系统、全面的描述。2004年1月，两位创始人的第三部著作《战略地图——化无形资产为有形成果》出版。

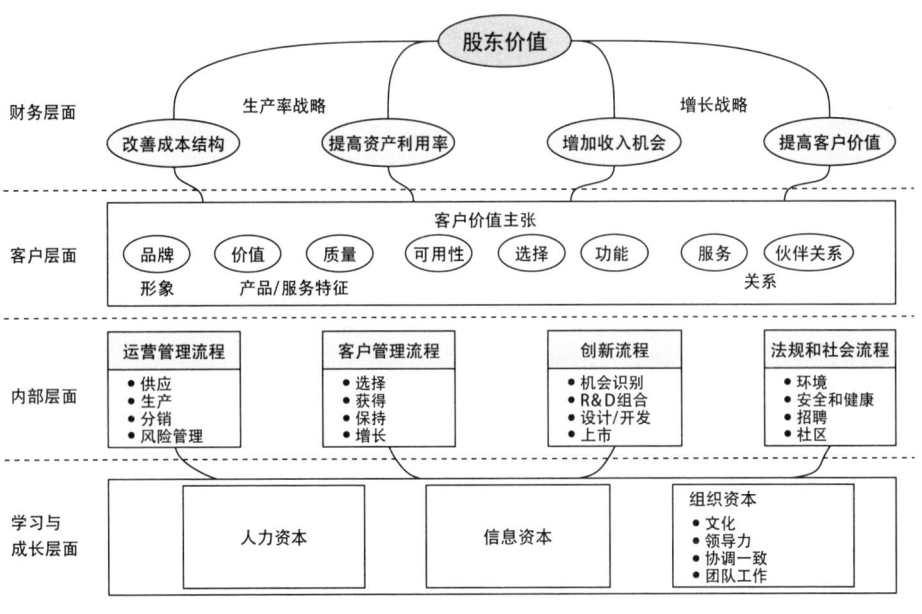

图5-2 战略地图模型

战略地图不是真正意义上的地图，而是一种形象的比喻和叫法，因其绘制格式、展现样式类似于常见和使用的地图，因此，人们给它起了个形象化的名称：战略地图（详见图5-2）。

战略地图实质是阐述如何将组织的战略可视化，描述了实现组织战略的逻辑路径图，主要是以平衡计分卡的四个层面目标（财务层面、客户层面、内部流程层面、学习与成长层面）为核心，通过分析这四个层面目标的相互关系而绘制的企业战略因果关系图。该关系图将各目标/指标归纳为一个因果关系链，将期望结果与其驱动因素联系起来，将员工个人的工作和公司战略联系起来，把员工的个人努力集合在一起从而实现公司战略。

战略地图的核心内容包括：企业通过运用人力资本、信息资本和组织资本等无形资产（学习与成长），才能创新和建立战略优势和效率（内部流程），进而让公司把特定价值带给市场（客户），从而实现股东价值（财务）。

3. 战略地图与平衡计分卡之间的关系

战略地图是以平衡计分卡的四个层面目标为核心，通过分析这四个层面目标的相互关系而绘制的企业战略因果关系图。

战略地图是平衡计分卡的进一步发展，在平衡计分卡的思想上将组织战略在财务、客户、内部运营和学习成长四个层面展开，在不同的层面确定组织战略达成所必备的关键驱动因素，我们往往称之为战略重点或者战略主题。在明确战略重点或主题的同时，建立各个重点或主题之间的必然联系，形成相互支撑关系，从而明确战略目标达成的因果关系，将其绘制成一战略简图，我们称之为战略地图。

与平衡计分卡相比，战略地图增加了两个层次的内容：一是颗粒层，每一个层面下都可以分解为很多要素；二是动态的层面，即战略地图是动态的，可以结合战略规划过程来绘制。

可以说战略地图是企业战略描述的一个集成平台，而平衡计分卡本身是对战略地图的深一层解释，并通过设计具体的指标将战略地图具体化和指标化，使其能够被衡量。

战略地图的构成文件主要是"图、卡、表"。所谓"图、卡、表"是指战略地图、平衡计分卡、单项战略行动计划表，它是运用战略地图来描述战略的三个必备构成文件。

战略地图以几张简洁的图表将原本需要数百页战略规划文件才能描述清楚的集团战略、SBU战略、职能战略直观地展现出来，"一张地图胜似千言万语"，战略地图是企业集团战略描述的一个集成平台。与众不同的是，平衡计分卡本身是对战略地图进行深度解释的表格，它由战略目标与主题、核心衡量指标、战略指标值（3～5年）、单项战略行动计划表（名称）所构成。而单项战略行动计划表则是对平衡计分卡中罗列出的一个个单项战略行动计划的进一步演绎，将那些所谓"务虚的战略"落实为一步一步可操作监控，而且具有明确时间节点、责任归属、资源安排的行动计划。

5.1.4 战略解码思路

战略解码分为SP和BP两个阶段：

第一次解码是SP阶段，SP是面向组织未来五年的战略规划，在明确公司未来五年的战略意图之后，就可以确定支撑组织战略意图的战略举措，再进一步分解成关键任务以及五年的行动计划，并将第一年行动计划导入到下一个阶段——BP阶段。

第二次解码是BP阶段，BP的目的是将第一年的行动计划解码成季度或者半年度，可以闭环管控的行动方案。需要结合领导的需要以及客户的诉求，形成关键落地措施，进而制定当年的重点工作建议。这份年度重点工作建议需要包含重点工作名称、重点工作阶段性目标以及重点工作责任人。重点工作责任人也称之为owner，一般是由业务负责人来承担。

第一次解码的目的是确保明年的工作计划能够支撑组织未来五年的战略目标实现。这里需要特别强调SP的重要性，因为只有在SP阶段明晰了组织战略，保证组织在做正确的事情，才能够打下坚实的基础，在BP阶段才能够快而准地出台行动指南来正确地做事（详见图5-3）。

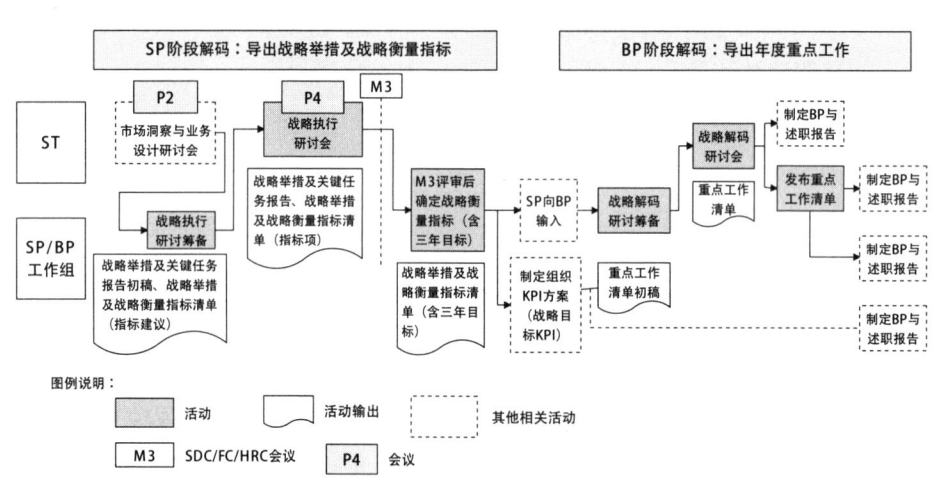

图5-3 战略解码活动图

在战略规划后，可能会产出五六十页的规划报告，最后我们要形成一个归档件（详见图5-4）。归档件就是关键的一些结论，比如差距分析关键的几点，市场洞察关键的认知，业务设计关键的内容和战略举措。最后的一些重点工作就几页纸的word文档，都归到公司统一的服务器上面，这就是战略归档件。

战略解码及闭环管理　第五章

战略归档件分战略目标和战略举措，战略目标形成后就进入到公司的组织KPI中，组织KPI承接好这些目标。

这些目标要想确定好，首先要确定目标值，呈现哪些指标，然后再确定承接多少指标量，这些指标量还是可以变的。然后到BP阶段，进入年度预算和重点工作。最后进入到年度的述职工作，述职工作里面包括重点工作和年度目标，有些重点工作就要进入到个人的PBC。有一些其他内容，包括采购、供应链等，应该承担的责任也要进入到个人的PBC中。

除了组织KPI承接之外，进到个人PBC时，越是高层的领导，组织KPI跟个人PBC相似度越高，基本上高层领导的考核就是考组织KPI中关键的一些独特点。比如有个部门一直没见到这个客户老大，公司老大跟客户老大也从来没见过，那对于这个事情就可以给这个高管设KPI，今年必须完成双方老大的拜访，或者说是完成一个公司考察，这就是一个独特的指标进入到个人PBC中，要根据我们日常的业务作出相应的决策。

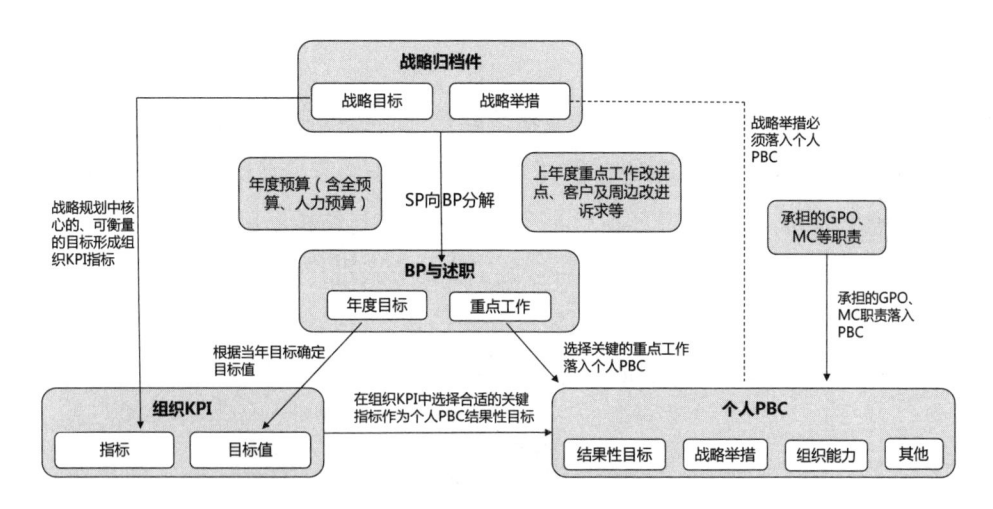

图5-4　战略闭环管理方案

整个解码的过程，就是不同的部门要承接不同的责任。各责任部门，比如说这个组织的owner，负责相关材料的准备，综合管理部负责运营，战略部负责材料的专业性审核，然后经过战略研讨达成统一的共识形成公司最终的重点工作。

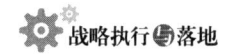

5.2 战略执行闭环管理

组织通过战略解码实现从战略规划到战略执行的过渡，因此，组织在战略解码后就需要着手去实现战略执行的闭环管理。实现战略执行闭环管理是通过运营管理来支撑战略机会点的落地，可以分为以下几个步骤：

首先，要达成共识，共识是战略高效且有效落地的基础。组织要实现战略方向、战略机会、战略控制点以及各项策略，如营销策略、研发策略和品牌策略等，管理层就要通过战略洞察对市场未来机会达成共识，要通过战略意图对组织未来目标达成共识，要通过业务设计对未来客户选择达成共识。在达成共识的基础上，可以形成组织重点工作、预算执行以及运营绩效的管理机制，从而强化组织运营管理、战略健康审视、激励和评价以及高效运作。

其次，要通过激励与评价来支撑战略落地，也就是遵循价值链规律。价值链的第一部分是价值创造，需要业务不断增长。紧接着就是依托组织KPI与个人PBC进行价值评价，最后是采取物质激励与精神激励相结合，期权股票、奖金以及职业发展机会等多种激励形式的方式进行价值分配。

所以，战略执行闭环管理主要有五大步骤：一是达成共识；二是运营管理；三是战略健康度审视；四是激励与评价；五是高效运作（见图5-5）。

图5-5 战略执行闭环管理五大步骤

5.2.1 战略共识：力出一孔是战略高效且有效落地的核心

共识是战略高效落地的前提，所以企业需要采取一些措施来达成战略上的共识（详见图5-6）。在华为，主要通过战略规划方法论培训、战略务虚研讨会、战略管理的M级和C级会议、战略宣讲、战略对标等达成战略共识。

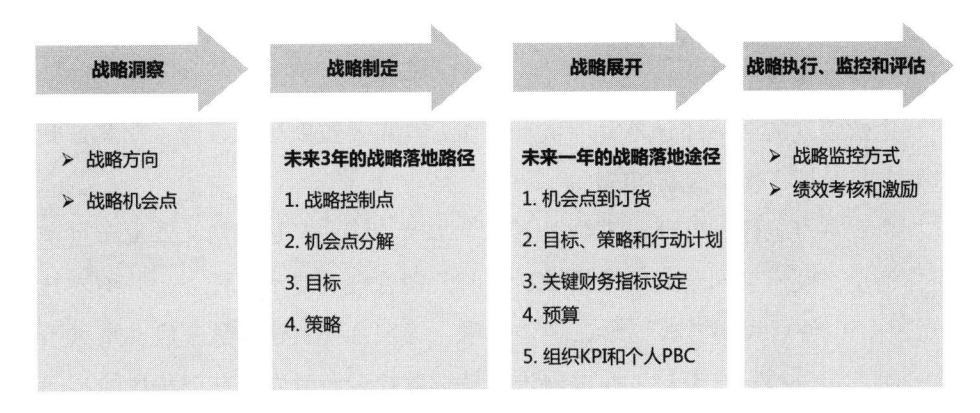

战略洞察	战略制定	战略展开	战略执行、监控和评估
➢ 战略方向 ➢ 战略机会点	未来3年的战略落地路径 1. 战略控制点 2. 机会点分解 3. 目标 4. 策略	未来一年的战略落地途径 1. 机会点到订货 2. 目标、策略和行动计划 3. 关键财务指标设定 4. 预算 5. 组织KPI和个人PBC	➢ 战略监控方式 ➢ 绩效考核和激励

图5-6　战略共识图

战略务虚研讨会是对公司的未来进行专题研讨，从而决定公司未来的发展方向以及重大战略决策。对于规模在十亿以上的公司召开战略务虚研讨会是有必要的，可以邀请行业顶尖专家与公司重要的战略伙伴参加，因为他们可以从产业发展趋势、客户以及市场等多维度为企业提供许多有价值的意见。在战略制定的过程中，通过战略管理M级和C级会议可以实现阶段性的共识。在战略确定以后，需要对战略进行宣讲，让全体员工明确组织未来的目标、未来的业务规划。

在完成战略宣讲后，企业可以通过战略对标与客户沟通组织战略，验证客户是否会认可，会提出什么样的意见与建议。华为每年都会与战略客户的高层举办峰会，比如中国电信、中国移动等企业的高层，因为华为是这些公司的核心战略合作伙伴，与他们的关系是相互依赖、合作共赢的。组织通过这种战略对标活动，能够与战略客户达成共识，共同推动一些重点项目或者发现重点产品的拓展机会。

此外，战略对标不仅能够帮助达成战略共识，对公司战略制定也是非常重要的，能够明晰方向，尤其是外部环境的不确定性越来越大的时候。

与此同时，要建立并维护两个数据库，一个是竞争对手画像VP（Vendor Profile），另外一个是目标客户画像CP（Customer Profile），需要不断地将市场洞察获取的信息导入进去，以便组织能够更好地应对竞争对手的挑战，满足目标客户需要，从而把握市场。

5.2.2 运营管理

1. 管理重点工作

运营管理的第一部分是管理重点工作，其需要按项目来管理，尤其是要选对项目经理、领军专家和PMO。

企业重点工作的管理要遵循以下几个步骤：第一步是规划，要发布重点工作清单，突出公司重点关注领域，同时公司管理者要承接任务，并纳入其PBC中，以便后续的考核；第二步是立项，管理者要组建团队来启动重点工作；第三步是执行，要对工作进展进行持续监控，及时发现并解决风险和问题；第四步是结项，对重点工作进行结项，评价重点工作的完成情况，并采取相应的激励与惩罚措施（详见图5-7）。

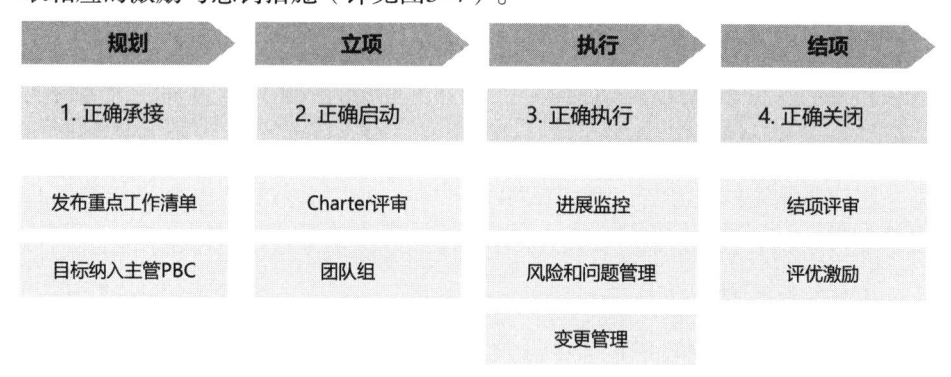

规划	立项	执行	结项
1. 正确承接	2. 正确启动	3. 正确执行	4. 正确关闭
发布重点工作清单	Charter评审	进展监控	结项评审
目标纳入主管PBC	团队组	风险和问题管理	评优激励
		变更管理	

图5-7　管理重点工作

在这一过程中，最难的在于许多重点工作需要跨部门整合组织资源，并需要持续的战略投入以及战略耐心保障完成任务。重点工作都是由核心岗位人才完成的，所以关键人才的选拔和任用是很重要的事情。

如何选对项目经理、领军专家和PMO等关键专业人员，实际上就是学会对干部和人才的管理。华为始终坚持从实践中选拔干部，不会提拔没有经历过炮火的员工，致力于打造富有高度使命感与责任感，具备战略洞察能力与决断力，崇尚战斗意志、自我牺牲和求真务实精神的干部队伍。

2. 管理投资组合与预算执行

管理投资组合与预算执行的关键，在于对投资组合及预算的例行管理和审视。

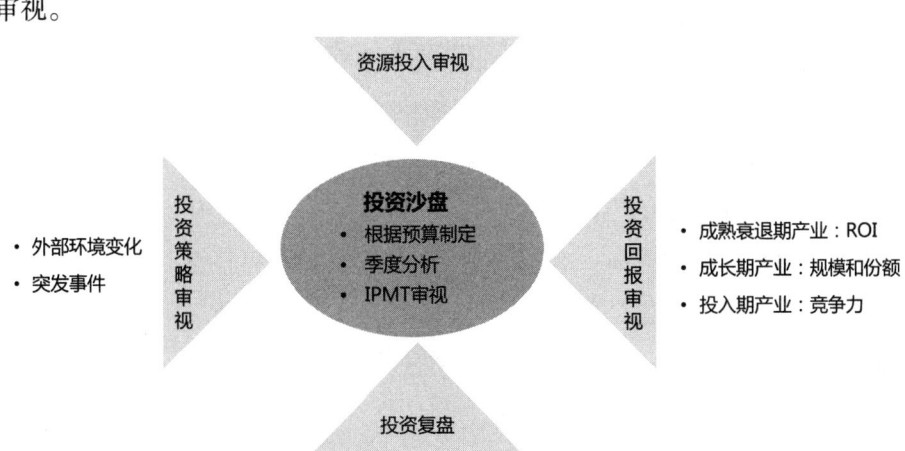

```
                        资源投入审视
                             ▼

  投资策略审视  ▶    投资沙盘         ◀  投资回报审视
                   • 根据预算制定
  • 外部环境变化      • 季度分析           • 成熟衰退期产业：ROI
  • 突发事件         • IPMT审视           • 成长期产业：规模和份额
                                       • 投入期产业：竞争力

                             ▲
                         投资复盘
```

- 识别复盘节点：累计盈利、当期盈利、ROI等
- 复盘决策和投资过程

图5-8　管理投资组合

投资组合实际上就是企业对机会点进行优先级的排序，可以从以下视角出发（详见图5-8）：

从资源投入视角出发，需要清晰划分企业各个产品所处的市场位置，对于产品的不同阶段要有不同的投资策略。在产品的创新期、投入期、孵化期可以按照资金额度来投入，也就是投入具体数额的资金。对于快速成长期的产品，可以按照比例投入，以帮助其快速成长。到了产品的衰退期，仍然可以考虑按照额度投入，当然也可以根据企业实际情况逐步退出市场，释放资金压力。

从投资回报视角出发，对于投入期的产业要考虑产品的竞争力是否提升，对于成长期的产业要评估产业的规模和份额是否增长，而对于成熟期以及衰退期的企业，则要考虑投资回报率（ROI），也就是企业从该产业的投资中所获得的利益。

从投资策略视角出发，要时刻关注外部环境的变化，例如国家出台"双减"政策，对于教育行业企业的业务开展就有巨大的影响，这些企业就应该及时根据政策环境的变化减少一些业务的投入。所以,企业要时刻关注外部环境变化以及突发事件的发生,以此来调整自己的业务投资。

最后,企业还要定期复盘,可以考虑当累计盈利、当期盈利、ROI等指标出现变化时进行投资复盘,称之为复盘节点。企业需要复盘的是投资决策的过程,看是否制定出科学正确的决策,是否存在信息收集不全,决策判断是否失误等问题,从而改善企业的产品投资决策。

与此同时,企业可以通过预算制定、季度分析以及IPMT[①]等机制来辅助决策。其中IPMT是IPD[②]体系中的产品投资决策和评审机构,负责制定公司总的使命愿景和战略方向,对各产品线运作进行指导和监控,并推动各产品线、研发、市场、销售、事业部、服务和供应链等部门全流程的协作,制定均衡的公司业务计划,并对新产品线的产生进行决策。

3. 管理运营绩效

管理运营绩效实际上就是管理业务绩效,主要是通过运营仪表盘掌握SP/BP落地情况,并进行闭环管理。分为以下四个步骤(详见图5-9):

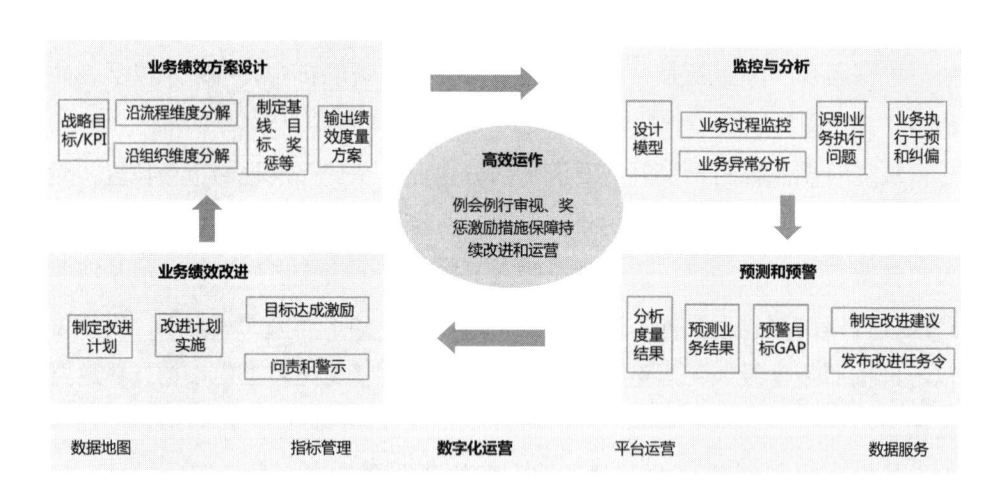

图5-9 管理运营绩效四个步骤

第一步是业务绩效方案的设计,企业要沿着流程和组织维度对战略目标以及KPI进行分解,从而制定出业务部门的目标和绩效标准。与此同时,要

---

① IPMT是一个高层跨部门团队,成员包括各个部门最高主管。
② IPD 集成产品开发是一套产品开发的模式、理念与方法,是Integrated Product Development的缩写。

建立奖惩激励措施，以保证业务部门员工有动力、有活力去达成业务绩效目标。

第二步是监控与分析，就是要对业务过程进行监控，对业务异常问题进行分析，从而识别出业务执行过程中存在的问题。在识别过程中，企业可以按照经营分析会的思路，按照"打开-分类-数据量化""解剖麻雀""归因于内"的步骤来分析业务问题的根本原因，决定是否要对业务执行进行干预和纠偏。

第三步是预测与预警，企业可以根据实际情况来选取关键业务指标进行测量，并以此预测当月或者该季度的业务情况，进而分析出现状与预期之间的差距。另外，企业需要制定一个预警差距，当预测差距达到预警差距时，企业就需要及时反应，发布改进任务令以及考虑制定改进建议。

第四步是业务绩效与改进，企业在找出差距之后，就要分析根因，制定改进措施，并实施改进计划。对于达成改进目标的员工给予奖励，而不积极执行的员工则需要进行问责和警示。

5.2.3 战略审视

在战略执行过程中，要对战略进行审视。战略审视分为两种，一种是短期导向的战略审视，主要是审视战略执行是否良好，侧重于审视战略执行力，其作用在于通过审视重大战略举措与指标，评估战略执行进度与计划进度的差距，同时识别执行障碍与执行风险以及对执行的环节有严格的掌控；另一种是长期导向的战略审视，主要是审视战略是否有用，侧重于审视战略健康度，其作用在于审视战略是否带来预期结果，并测试形成战略的前提假设，探讨宏观经济趋势与战略要素的变革是否与现有战略契合，以及识别战略性挑战与环境风险。

进行短期的战略审视，衡量战略是否可成功执行，需要建立评估及衡量要素，可以考虑从四个方面评估：

第一个方面是评估战略是否清晰，能否达成共识。有三个评价要素：目标是否有吸引力，即企业对成功的描述是否明确清晰，是否足以激励员工产生情感上的认同；战略路径、方案是否可靠，即建议的战略实现路径和解决方案是否具有可行性、吸引力，是否遵循企业的文化；高层团队是否达成共识，即高层团队是否对沟通和行动的变化达成共识。

第二个方面是评估落地责任是否明确、有承载。有三个评价要素：领导人是否强有力，即企业在目前和未来是否拥有合适的领导人，能够推动工作有效开展；各级管理者是否积极，即各级别的一线经理是否积极主动地推动变革；是否有有影响力的支持者，即企业是否对利益相关人进行了沟通，并利用他们降低阻力。

第三个方面是执行者是否积极主动、有能力。有三个评估要素：员工是否有清晰的认识和充足的动力，即企业是否清楚地了解哪些人受到的影响最大，是否有计划消除障碍和建立承诺；所需能力是否能够及时到位，即企业能否可靠地建立或获取所需的人才和专业技能；行为定义是否明确，企业是否已确定了实现目标的必要行为以及鼓励这些行为的方法。

第四个方面是计划是否可行，监控是否有效。有四个评价要素：计划是否切实可行，即企业是否能及时开展战略执行；指标是否具有先导性，即企业是否设立了可量化的各类目标、指标，并能及时纠正方向的体系；组织、流程、IT能力是否有力，即企业是否调整组织（结构、文化、激励等）、流程、IT来支持战略落地；企业是否不断反馈，持续创新，即企业是否设计了快速的反馈闭环来学习和优化战略路径和方案。

进行长期的战略审视，同样可以建立衡量战略实施效果的指标模型。该模型从业务指标、财务指标以及能力指标三个方面展开。

业务指标有三个具体指标：一是产品研发，即产品是否按照战略设定的时间目标和质量要求研发成功；二是市场推广，即是否达到了战略设定的目标客户覆盖、目标客户转化；三是市场份额，即是否达到了战略设定的目标市场份额提升效果。

财务指标有五个具体指标：一是收入提升，即是否实现了收入增长的整体目标，是否实现了分业务增长目标；二是成本节约，即是否实现了成本节约的整体目标，是否实现了分成本优化目标；三是利润优化，即是否实现了利润优化目标（毛利率和净利率）；四是股价/市值提升，即是否实现了股价和公司整体市值提升目标；五是投资回报（ROI），即是否实现了预期的投资回报周期和投资回报率。

能力指标有三个具体指标：一是组织架构调整，即是否实现了战略设定的部门或组织结构调整；二是IT系统运行，即是否建立了战略设定的IT系统，并且进入有效运营；三是流程管理，即是否建立了战略设定的分层级流程，并付诸实施。

5.2.4　激励与评价：战略驱动的绩效管理

战略执行闭环管理的第四步是激励与评价，实际上就是对战略绩效进行管理。本小节的内容与战略管理四大步骤的最后一步相同，本书将在下一章系统地展开介绍战略绩效管理的相关内容。

5.2.5　高效运作：干部管理

战略执行闭环管理的最后一步是高效运作，其关键在于对领导力进行解码，搭建符合公司战略要求的干部队伍。

企业要打造一批优秀的干部队伍，可以借鉴华为的干部管理整体业务框架（详见图5-10），该业务框架主要分为继任管理、任命管理、在岗管理三大部分，也是从不成熟走向成熟的。和许多民营企业一样，华为对干部的

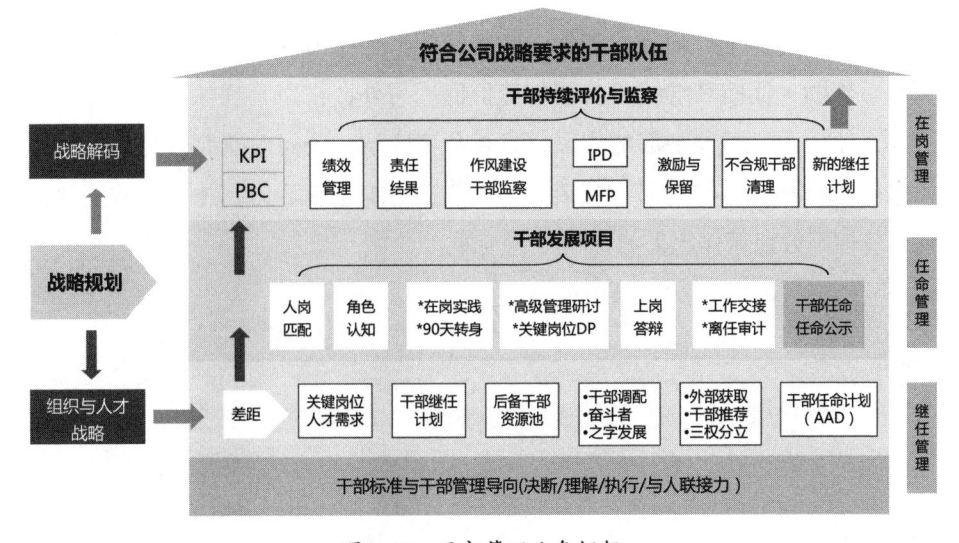

图5-10　干部管理业务框架

需求非常大，起初并没有非常规范化的干部培养和管理体系，很多干部都是"跑步上岗"，甚至许多干部都是初入职场的大学生，但是经过干部自己的快速学习以及组织管理的逐渐成熟，科学合理的干部管理整体业务框架已经初见雏形。

继任管理，是华为建设干部梯队的关键一步，也是华为后备干部计划的关键一环。对于新上任的管理者，华为要求第一项工作就是培养继任者，以便在其被调任时有继任者能接替完成工作。为了扎扎实实地完成继任培养，华为对没有培养出继任者的管理干部不予升职，直至培养出有能力接替其工作岗位的干部员工，才会准予其升职。当然，也只有这样，才能让人才在干部队伍中不断出现。

任命管理则注重对干部和员工的培养，在干部升迁到新的管理岗位时，会依据干部的岗位提供相应的薪资待遇，但是并不会立刻给予其相应的管理权利，而是要经过半年时间考核其是否能够胜任该管理角色，如果不能够胜任，该干部还是会被调回原岗位。此外，为了帮助干部更好地认识自己的岗位角色，华为还会让上一任管理者给予辅导来帮助其适应岗位，完成转身。当干部能够适应岗位变化，胜任工作角色后，华为就会给予其相应的职责权利，让其大展拳脚。

在岗管理是在战略规划的指引下，根据管理者的绩效情况采取措施，对不合格的干部会予以辅导，仍然不能胜任的将会被清理；对表现优异的干部会给予奖励，促使其继续为公司创造价值。另外，在岗管理除了关注业绩绩效外，还会关注领导干部的作风，是否公正廉洁，公司对待腐败分子是决不姑息的。只有员工与干部都有活力，才能让组织充满活力，才能让战略执行闭环管理高效地运作起来。

5.3　战略会议管理

5.3.1　战略务虚研讨会

1. 战略务虚研讨会的由来

2007年，华为从IBM引入专业的战略管理工具DSTE。每年DSTE开始前，公司高层会先召开战略务虚会，共同研讨公司的战略方向与要求，以达成战略共识，统一思想。华为特别强调战略共识，因为只有战略共识，思想才能达成一致，才会有战略自信与战略定力；只有战略共识，才会有所谓的"力出一孔"，都朝着一个目标努力。

华为的战略共识最重要的载体就是战略务虚会。2012年后，一年两次，并在EMT（Executive Management Team，经营高管团队）之下设立了专门的战略与客户常务委员会，专门围绕公司中长期的生存和发展问题，对公司战略和客户方向的议题提供指导、愿景、理念、重点方向的务虚，不参与日常事务的审批。

2. 战略务虚研讨会的分类

战略洞察里面有一个很重要的部分，就是战略务虚研讨会。战略务虚研讨会分很多层次：

第一个层级是最高级别的战略务虚研讨会，比如在华为，核心领导层每两个月集结一次，讨论的内容可能包括欧盟的政策、网络安全、新的股票分红机制、利益分配的逻辑等等。

第二个层级是客户战略务虚研讨会，就是从客户的层面、从解决方案或者产品的层面、从产业的层面去讨论未来的战略机会和战略方向。

第三个层级是解决方案级别的战略务虚研讨会，这时企业有特定的方向和明确的机会，我们想搞清楚这个机会和方向所对应的客户、合作伙伴及解决方案等等，或者说它对应的商业模式、商业运作应该是怎样的。

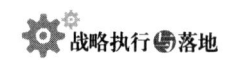

3. 战略务虚研讨会如何开

（1）战略务虚会的筹备

务虚会的筹备分为两部分，分别由行政部和战略部负责。行政部主导团建活动、会务、住宿和餐饮等。战略部主要负责战略务虚会专题、专题洞察组织、参会人敲定、会议引导，务虚会总结并输出公司级战略指引。

第一战略专题选择与洞察

开会之前两个月，公司战略部会和领导多次沟通，碰撞出一些战略专题。务虚会主题一定是具有战略意义的，尽量避免围绕当前确定业务选题，且保证一定的纵深，能促发思考与讨论。

确定战略专题后，分派给战略部、业务部门或后备干部，相关部门的人针对这个专题作深度洞察，部分需要外部观点输入的也可引入外脑。战略专题研究会不仅仅是信息收集，还要把未来的趋势、对华为的影响以及华为怎样应对研究清楚。

在华为，战略专题分为两类：确定性的专题和不确定性的专题。

确定性的专题：主要是影响战略方向和执行的重大战略专题。比如：昇腾的生态如何打造、如何建HMS手机终端的生态、欧洲战略如何开展、车联网和智能汽车等。

不确定性的专题：是为了把对企业发展可能造成影响的不确定问题研究清楚，将不确定的问题变成确定性问题，从而规避更大的风险。比如：要不要进入汽车行业？疫情下数字化转型的节奏是什么？运营商的未来是什么？公司级战略务虚会讨论的是不确定性的专题，经过务虚会讨论后能成为确定性的部分进入战略规划，通过业务进行实现。

会议筹备决定整个会议的成败，为了这个务虚会，华为会投入非常多的精兵强将提前研究各种专题。

第二，引导员的选择

不同专题选择在该领域具有一定权威性和独立性的专家或领路人，一般是干部、专家。他们需要有比别人更丰富的知识储备、良好的沟通和表达能力，经得起提问和质疑。

第三，参会人敲定

根据战略务虚会议题相关性和能对议题产生贡献来确定务虚会参会人员，不要卷入过多人员。所有参会人必须确保全心投入，会前作好准备，会上贡献智慧。

（2）战略务虚会研讨与共创

第一，头脑风暴

第一天大家"头脑风暴"，自由发挥；到了下午，围绕主题进行充分开放式讨论。参会的每个人都善于和敢于与高层争论和辩解。

第二，好事多磨

到了第二天，聚焦几种具有代表性的观点进行讨论并形成纪要。到此为止，还不能叫定论，还需要将纪要下发至相关的部门高管层听取意见和建议，到真正形成决议还需要一段时间，还需要几上几下的反复过程。战略决策关系方向，方向错误，速度越快就越容易翻车。

（3）务虚会总结与落实跟踪

战略务虚会研讨成果是所有人思维碰撞的结晶，也是后续业务部门战略规划与务实工作的方向和指引。

务虚议题和讨论结论需用于后续规划或工作指引，应有专人负责落实，并由质量运营部跟踪检查或上会进行汇报落实情况。

另外，还要对务虚会遗留问题进行跟踪：对务虚会研讨中的遗留问题录入IT系统，确保责任人进行跟踪落实。

（4）务虚会注意事项

第一，讨论过程要避免研讨失焦，过于发散，讨论还是应该聚焦主题，不能不着边际，泛泛而谈；

第二，务虚会避免开成务实会；

第三，会议讨论避免一言堂；

第四，会议形式不能太单调：摒弃采用PPT讲解+分组讨论的形式，建议采用团队共创、红蓝军对抗或辩论等形式，让多数人发表各自的观点。

第五，缺少总结与部署。讨论完要及时总结并做好下一阶段的工作部署。

通过战略务虚会，华为确定公司整体战略指引/顶层设计，指导业务部门进行战略规划，实现公司战略与业务战略密切握手，通过理解公司的战略方向及要求，聚焦主航道、力出一孔，确保华为走在方向大致正确的道路上，从而确保战略目标的实现。

5.3.2　ST与AT会议

1. ST 会议

ST（Steering Team），业务管理团队。ST团队由部门一把手来共同组成，主要是针对业务活动、业务事项，是负责经营管理的，所有业务层面的讨论与决策均由ST团队进行操作。对事情的评价，华为的主张是宜细不宜粗。ST团队的决策机制是从贤不从众，是首长负责制。

ST会议监控5年战略规划落地，聚焦中长期核心竞争力和战略控制点。内容主要有这些方面：新业务、分工和冲突处理、TOP N定期审视、战略控制点和核心竞争力专题（战略、研发、营销）、流程的组织建设（流程、模板、工具、IT、管理制度）、客户满意度、知识管理、持续改进、其他中长期业务主题。

ST团队的两个角色比较重要：

一个是最高管理者，他是部门的老大和决策人。在华为，不同的团队有不同的运作和决策机制，比如大家知道的IPMT，其决策机制是少数服从多数，部门负责人有一票否决权。ST运作机制很简单，就是民主集中制。

另一个角色是执行秘书，很多企业组建ST团队时都没有执行秘书的角色，但华为的ST团队基本都有，而且该角色由质量运营部来承担。

质量运营部是由多个部门来运营，包括支撑部、质量部、成本部、流程部等等。其中，ST团队执行秘书就是支撑部的负责人和他的团队，他的主要职责有：

负责ST团队的日常运作及决策机制，包括日常的运营支撑；

负责ST团队日常决策的闭环管理等等；

负责战略到执行的闭环管理，即DSTE流程的后半部分。

2. AT 会议

AT（Administration Team），行政管理团队。 AT团队是来自于ST团队的核心成员，主要负责对人的评价与决策，包括调动、晋升、薪酬调整、配股等。AT团队有点像政府部门或国有企业的党委班子，他们主要是评价人，不负责具体的经营管理。

对人的评价，华为主张宜粗不宜细，要用曹冲称象的方式来评价人，不能用显微镜的方式来评价。其决策机制是从众不从贤，它是民主集中制。因为对人的评价特别复杂，不容易把握，需要由集体来决策，同时也可以避免任人唯亲、拉帮结派。华为的AT会议决策机制，确保了价值评价机制的有效运行，使得华为基于价值贡献多元化的激励机制能够起到持续激励的效果。

AT会议激发组织活力，聚焦干部管理+价值管理，主要内容有：人力资源专题工作（百人计划、西迁干部梯队）、价值分配（规则；调薪、调级、奖金评议；任职资格）、干部/核心专家管理（选用育留；TSP、MFP；任免和10%末位淘汰；隔层辅导：管一层、看一层、听一层）、绩效管理（PBC；教练式辅导；考评；沟通）、固定议题（上传下达：公司文件及重大政策；信息安全等）、组织氛围建设。

AT会议遵循规范运作，主要体现在以下几个方面：

一是内阁原则：会上，团队成员应坦诚相见，充分发表意见；会后，团队成员必须遵守组织纪律，未经授权，决不可将相关信息以任何方式向外扩散，违者将被取消AT成员资格。

二是会议决策过程合法：对于一般性或例行性工作，可以采用会签方式；对于涉及干部任用推荐和员工评议、激励的重大议题，原则上应采用会审方式，会前酝酿，会上讨论，全体成员集体决定（主任、成员拥有表决权，一人一票）；决议须获得全体成员中2/3以上成员的赞同后方可通过。

三是会议决议管理规范：对于表决通过的决策事项，形成书面决议、纪要；所有已通过的决议，须有全体成员的会签，并由AT主任签发；应指定责任人对决策事项落实，执行秘书对所有决策事项进行闭环跟踪管理；对于干部任命、人岗匹配等重要人员评论议题，需形成原汁原味的纪要。

四是会议文档管理规范：所有决议、纪要和会议记录都要存档（存档期最少3年，录音资料存档期半年）；对于重要决策事项，除记录决策结论外，还应就讨论过程中的意见，特别是AT团队持有的不同意见，进行记录，经本

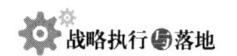

人签字确认后存档，以备后查。

5.3.3 经营分析会

1. 经营分析会与ST会议的关系

原ST会议中最关键的会议是经营分析会，它的核心价值是监控年度经营计划的落地执行，瞄准短期经营目标和当期经营结果是否实现，为什么没实现，怎么实现。后来这个经营分析会从ST会议中剥离出来了。

为什么要将经营分析会剥离呢？ST会议的核心价值是确保3～5年的战略落地执行，瞄准的是中长期战略目标。如果把长期和短期的事情放在一起说，所有人都会去关注短期，没人去关注长期（战略控制点的构建、流程型组织的打造、产品竞争力的建设等），因为长期的目标不会对短期的经营结果带来价值。

所以，后来华为就把经营分析会剥离出来，将ST、AT以及经营分析会列为帮助企业有效落地战略规划和年度经营计划的三个会议机制。

2. 经营分析会的三大通病

通病1：晒成绩而忽视差距

很多企业的经营分析会都成为晒成绩、表功劳的会议。之所以无人直面血淋淋的差距，是因为干部怕丢面子、怕担责，也因为公司没有差距分析的要求，未构建预算核算预测机制，更未营造自我批判的文化氛围。一个组织只要忽视差距，不仅年度经营目标难以达成、组织能力也将停滞不前。

通病2：直接谈行动而不找根因

一家农牧企业18年遭受非洲猪瘟的影响，经营分析会的时候就谈非洲猪瘟怎么来防控。当时就问了一个问题，"大家知道非洲猪瘟的病毒从哪来的吗？"这个问题把大家问住了，因为整个团队从上到下都没有想清楚病毒从哪来的，也就是原因都没有找到就去谈防控的机制、防控的体系、防控的设施、防控的设备、防控的方法。没有找到根因，直接来谈行动计划，都是徒劳。

通病3：只提问题而不建流程

很多公司在开经营分析会的时候，好不容易把问题刨出来了，把根因找到了，结果把人干掉了。

从管理的角度讲，这并没有解决根本的问题。为什么呢？因为根本的问题永远是在制度、在流程、在机制上。就是这个不合适的人为什么会出现在这个岗位？什么原因？我们哪些流程、哪些制度出了问题？所以，要回到流程，回到制度上面去，而不是把这个人干掉就结束了。比把这个人干掉，更重要的是去检讨流程，检讨机制，检讨制度。

华为对干部解决问题的要求，叫发现问题、分析问题、找到根因、解决问题、建立流程、防患于未然。因此，在经营分析会上一定要明确告诉干部，这个问题出来之后，不是解决就可以了，一定要告诉他，干部的价值是把例外的问题例行化。

3. 企业如何开好经营分析会？

通过如上总结，我们会发现开好经营分析会并不容易，那有没有方法呢？本质上，我们需要做好如下几点：

（1）提高对经营分析会的认识

第一，重新认识经营分析会的价值。

经营分析会的核心价值是什么？经营是什么？经营就是把目标变成结果，所以，经营分析会的价值是将战略规划和年度经营计划落实下去，变成实实在在的战斗结果和粮食。

经营分析会要有硝烟的味道，言必行、行必果，说到就要做到，没有做到就要去找根因，经营分析会是要被挑战的会议。所以，这是经营分析会的第一个目的。

第二，经营分析会可以提升组织能力，通过分析差距和根因，建流程、建制度。

如果每一次的经营分析会能建三个流程，能建三条规则，能建三个制度，每个部门都这么做，组织能力就提升了。

组织能力就是打胜仗的流程、制度、方法、工具和模板。所以，我们要打胜仗，就要不断地把打胜仗的这些流程、制度、方法、工具、模板沉淀下来，变成所有人都会的动作。

第三，经营分析会的价值是检测我们是不是一线在呼唤炮火，是不是在集中力量打胜仗。

经营分析会上，销售的嗓门和声音要很大，销售要敢对产品、对后台、对职能部门拍桌子。

（2）经营分析会的核心议题是什么？

它只有一个目的，集中力量每个月打一次胜仗，所以我们来开会就是考虑怎么样在下个月打胜仗。所以，经营分析会的议题是集中力量，每个月打一次胜仗。

所以，经营分析会就谈三个议题：

第一个议题，上一场仗打赢了没有？如果打赢了，有什么东西可以提炼出来，变成流程，变成制度。

第二个议题，如果有些指标、有些目标、有些维度没打赢；有些业务、有的产品没打赢；有的客户没打赢，没有关系，把根因找出来。

第三个议题是下一仗的目标、行动及需要的炮火是什么？这是经营分析会的三个核心议题。

（3）经营分析会怎么开？

第一，经营分析会不是先在总部开，经营分析会要从下面的基层单元一层一层往上面开。

大家一定会觉得很奇怪，为什么？讲一个例子，一个互联网公司营销总监，谈完他的差距之后找到了5个原因。我们就叫他把PPT停下来，为什么停下来呢？因为当天正好有他的五个副总也在会议现场。我们知道五个下属讨论的原因一定跟他不一样。

为什么会出现这个情况？因为根因永远在一线，根因永远在现场，所谓的现场在哪？在客户现场，在生产现场，在实验室，也就是根因永远在有炮火的地方。所以，我们要从一线，从最小的经营单元一层一层往上开，一层一层往上去承诺目标和行动。因为掌握了这套方法，这家公司同比增长了几十倍。

第二，快速地汇报，点出问题在哪里，所以CFO是要做恶人的。

会议的流程怎么推进？我们建议的第一个动作是CFO汇报。要直接指出问题在哪里，哪个部门有什么问题，经营的结果有什么问题，直接点出来。

另外就是运营部门要把品质、成本、客户满意度方面的问题也点出来。接下来这些经营的单元开始做自己的汇报，来谈差距，谈根因，谈改善，谈下一场怎么打，这是整个经营分析会汇报的流程。

整个过程中，高管要咬住自己的舌头，老板要咬住自己的舌头，不要哪个一开口就赶紧拍死，来讲自己的建议，告诉别人咋做，你根因在哪都不知道，明明一线都没有去过，怎么可能给得出打胜仗的方法呢？所以，咬住舌头，接下来是经营分析会后的一些跟进行动。

第六章

CHAPTER 6

战略绩效管理

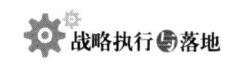

本章开篇以某咨询客户的案例为引，向各位读者更加直观清晰地呈现绩效管理的全貌。

在为这家公司提供专业辅导之前，咨询团队先是对该公司进行较为详细的组织诊断，通过组织诊断来识别其组织管理中存在的问题。诊断过程中发现该公司的组织发展和人力资源不能有效地支撑业务目标的实现，部分员工工作积极性不高，工作动力不足，存在混日子的现象。咨询团队针对实际情况进行剖析，探究其产生的原因。

在访谈过程中，咨询团队发现不管是绩效管理，还是职位管理，抑或是薪酬激励管理等人力资源管理模块，原本应该是一个整体相互关联，起到支撑组织建设的作用，但现状是全部割裂开来，没有起到协同。业务目标制定出来之后，就需要对目标进行分拆，来明确各部门需要承接什么任务来支撑组织战略目标的实现。而在这家公司里，组织管理和业务是两张皮，没有衔接成一体，也就没能充分发挥人力资源激发员工潜能，焕发组织活力，进而支撑组织业务目标实现的作用。

所以，要想发挥人力资源的价值，就需要对业务目标进行拆解，明确需要什么样的人才梯队，需要什么样的组织架构，今年组织管理重要的牵引点是什么，以此来保证组织管理的一系列规章制度能够衔接。

通常，人力资源管理里面有三个重要的内容来支撑战略执行：

第一，文化价值观指引

确保公司在进行一些重大决策时，能够从底层逻辑出发，基于公司存在的意义与核心价值观等进行决策。

第二，职级体系管理

在组织架构确立后，能够明确组织团队需要多少高端人才、中端人才以及初级人才，同时需要什么样的人才梯队也就清晰了。还可以在使用的过程中识别出哪些员工优秀，哪些不太给力，并且可以通过选、用、育、留的手段激励员工，从而使组织具有一定的活力。

第三，绩效体系管理

在绩效管理实际操作中，要明确公司整体目标是什么，公司到底需要什么，绩效目标分解到各个部门之后需要什么核心抓手来做好绩效管理。绩效管理的核心价值是制定绩效目标，通过科学管理的方式来促进业务结果的实现。

通过深度分析，我们发现这家公司在职级体系方面的基本的规则是有的，但是在运作过程中存在各部门各自为政的情况。比如激励，基本上每个部门都形成了自己的激励模式、制定了自己的激励方案，但缺乏公司顶层的设计和牵引。在绩效管理方面，也是各个部门分别制定执行，没有从公司层面考虑问题。同时绩效管理流于形式，该打分就打分，但对于打分是否合情合理，是否公平公正并没有清楚地了解。

在绩效目标的制定方面也存在问题。这家公司营销系统的绩效目标是年度制定的，而产研系统却没有目标，这显然不符合绩效管理要服务于业务目标的本质，因为存在部门没有明确自己的目标。另外，该公司的绩效结果也没有充分应用，既不形成激励支撑，也不为末位淘汰支撑，对业务目标制定和过程管理毫无牵引作用。

以上列举的这些问题，也是各位读者在人力工作中可能会遇到的，或许正在头疼应该如何有效地解决这些问题。本章节通过对华为等公司的案例进行分析，来搭建绩效管理的知识框架，从而科学地指导各位有效地管理战略绩效，找到解决问题的思路。

6.1 战略与绩效管理

6.1.1 绩效管理在企业经营价值链中扮演的角色

企业在正常的经营过程中最重要的目标就是活着，想要活下去就需要高效有序地经营。而经营价值链能够帮助企业梳理经营环节中的组织管理，展示企业经营的每一个部分都由哪些工具来支撑,从而助力企业更好地运营。

企业经营就是一个价值创造、价值评价、价值分配的过程。在这过程中,支撑这三部分的组织管理工具是:战略管理和绩效管理确保价值创造;价值评价通过职位管理、任职资格管理以及绩效评价来确定到底给谁论功行赏;对于价值分配,需要合理化分配机会激励和物质激励两个维度(详见图6-1)。

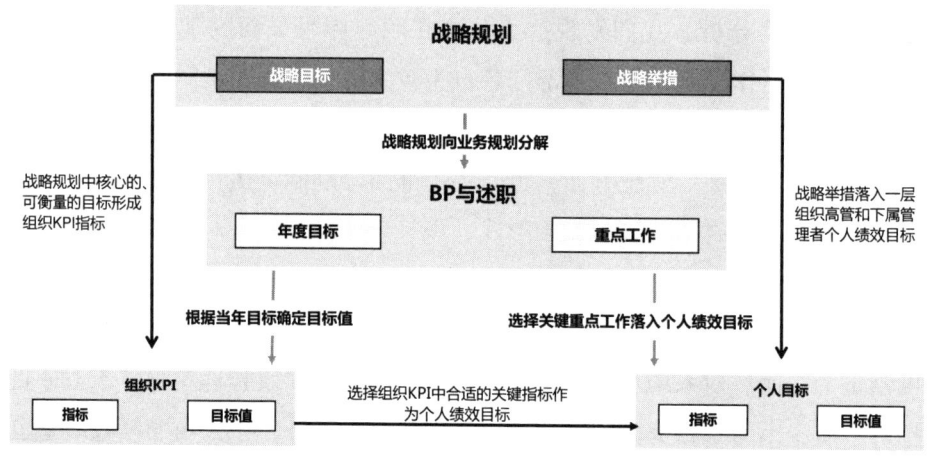

```
                          战略规划
        ┌─────────────┐           ┌─────────────┐
        │  战略目标    │           │  战略举措    │
        └─────────────┘           └─────────────┘
              │                         │
              │  战略规划向业务规划分解  │
              ▼                         ▼
                          BP与述职
        ┌─────────────┐           ┌─────────────┐
        │  年度目标    │           │  重点工作    │
        └─────────────┘           └─────────────┘
战略规划中核心的、                                    战略举措落入一层
可衡量的目标形成                                      组织高管和下属管
组织KPI指标                                          理者个人绩效目标
              │                         │
      根据当年目标确定目标值      选择关键重点工作落入个人绩效目标
              ▼                         ▼
     ┌──组织KPI──┐                 ┌──个人目标──┐
     │指标│目标值 │  选择组织KPI中合适的关键指标作  │指标│目标值│
     └────────────┘      为个人绩效目标           └────────────┘
```

图6-1 公司经营价值链

企业想要存活下去,就要有营收,这实际上就是一个"做蛋糕"的价值创造过程。这其中有三个管理工具是必不可少的,这三个工具组合到一起才能够保证整个企业能够有效地运转下去。

第一个是企业的战略管理,主要是SP和BP的过程;

第二个是组织绩效管理,组织绩效管理帮助组织能够及时把握组织绩效的完成情况;

第三个是个人绩效管理,个人绩效管理让组织内的每位员工能够了解自己的绩效表现,并加以改进。

企业创造价值之后,就要考虑分配问题。假设公司今年的营业收入是100亿,应该分配给谁呢?怎么分配才合理呢?这本质上是个价值评价的过程。

价值评价的前期工作是组织要进行职位评价和任职资格评价,将员工合理划分为营销族、产研族和职能族等职级体系,并按照对组织的贡献大小合理地划分职级,即职级高的员工肯定要比职级低的员工对组织的贡献更大。

职位管理包含职位评价和任职资格评价,让我们清楚要对哪些人进行价值评价,即对谁论功行赏。在价值评价的过程中,绩效评价也起着举足轻重的作用。在职级相同时,不同员工对组织绩效的贡献程度是不同的,所以我们就需要给有的人绩效考核成绩打A,有的人打D,得D也就是公司布置给员工的基本目标都没有实现,贡献小。这就是价值评价三个维度的工具:职位评价、任职资格评价以及绩效评价。

在公司完成价值创造、价值评价之后,就需要基于公司的经营情况,并结合每位员工对组织的贡献度来进行价值分配。与前两个环节相似,价值分配同样有三个维度的管理工具:

第一个是薪酬管理,不同的职级段会对应不同的薪酬带宽水平,薪酬管理就是明确给什么类型的人支付多少的工资;

第二个是员工发展,帮助企业确定提拔哪些员工,不提拔哪些员工,对于表现好、对公司贡献大的员工要给予发展机会;

第三个是福利分配。

6.1.2 从战略制定到执行闭环全过程

在企业经营价值链中,企业战略管理、组织绩效管理以及个人绩效管理共同决定企业的价值创造。下面通过分析从战略制定到执行闭环全过程,理解公司战略管理、组织绩效管理以及个人绩效管理之间的关系。

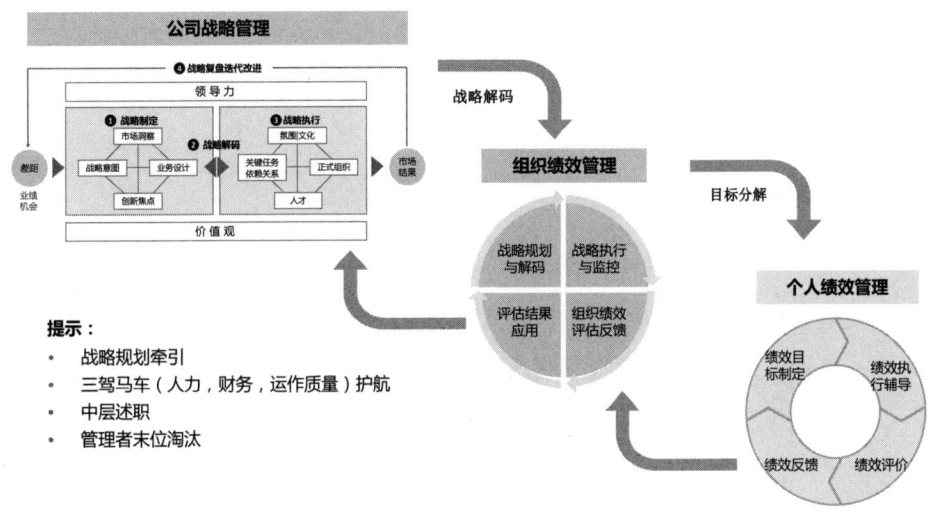

图6-2 从战略制定到执行闭环全过程

图6-2的左边我们可以看到，通过BLM模型已经确立了公司的战略意图，但是战略制定之后如何确保战略目标的实现呢？实际上就是DSTE的环节，通过战略解码拆解战略目标，从而制定出组织绩效目标。对于组织绩效目标，就需要通过组织绩效管理的过程来确保组织绩效结果的实现。

此外，组织绩效目标是依靠每一个员工的努力才能实现的，所以组织目标的实现需要通过个人绩效管理让每个员工能够承担起自己的那一份责任来。

所以，公司战略从制定到执行的全过程，就是组织战略解码到组织绩效管理，再到个人绩效管理，绩效目标从组织到个人进行层层拆解的过程。因此，组织绩效目标的实现依托于个人绩效目标的实现。

6.1.3　DSTE与绩效管理具体内容

绩效目标层层分解的过程，实际上就是从战略SP再到业务BP，在业务BP完成之后，就可以通过设定组织绩效目标来确定各部门绩效目标，随后进入到个人绩效管理过程中。

与此同时，组织还可以同步开展预算管理，预算管理也是承接组织战略规划的，与绩效管理可以说是两个并行的管理逻辑。在绩效管理过程中，绩效管理和激励管理都起到非常重要的作用。

当然，两者存在显著的差异，激励管理主要是进行合理的价值分配，而绩效管理主要是帮助公司实现组织绩效目标。

6.2　组织绩效管理

绩效管理对组织战略有着不容忽视的重要性，实际上，绩效管理分两层承接战略管理，第一层是组织绩效管理，第二层是个人绩效管理。

下面，我们就详细了解一下组织绩效管理。

6.2.1 组织绩效管理的原则

组织绩效管理是在一段时期内，组织基于自身的定位，承接公司或上级组织的目标并以KPI的形式对结果进行衡量。通俗地讲，就是针对季度、年度某个部门设定的关键业务目标的完成情况进行管理。

组织绩效管理的含义不难理解，但是大家可能会将其与使用更多的个人绩效管理混淆，辨析组织绩效管理和个人绩效管理之间的区别就很有必要。

实际上，两者最大的区别在于管理的对象不同，组织绩效管理的对象是组织，而个人绩效管理的对象是个人。此外，负责组织绩效管理和个人绩效管理的部门也不尽相同。不少公司设立总裁办等类似机构去管理组织绩效，比如华为就是让质量运营部来承担组织绩效管理的任务。对于个人绩效管理，则一般是由人力资源部来负责。

组织绩效管理有以下三个目的：

第一个目的是支撑整个公司战略目标的实现，对公司战略目标进行拆解，让各个部门承接相应的绩效指标，从而通过对组织绩效的管理来实现组织目标；

第二个目的是通过对战略目标进行层层分解及对齐，再通过组织绩效管理来牵引各个部门利出一孔，形成高效的组织协作来实现组织目标；

第三个目的是通过组织绩效管理来衡量各个部门对组织的贡献。

要想实现组织绩效管理的三个目的，需要遵循以下基本原则：

第一个原则是，绩效管理要聚焦。人的精力是有限的，如果眉毛胡子一把抓，想要做得越多就越有可能什么都做不成，因此需要聚焦和精简。

第二个原则是，组织绩效管理的目标应该是长期与短期相结合的。对于公司来说，要想实现长远发展不应该只关注短期目标，应该先有中长期的战略目标，然后再有一个短期的年度业务目标。组织各层级要保证组织与员工能够方向一致，共同实现中长期目标，同时也要实现年度目标。

第三个原则是，组织发展过程中，不同业务的成熟度是不同的，必然会有一些非常成熟的业务，同时也有一些需要战略投入的创新业务。鉴于成熟业务与创新业务的诸多不同，绩效指标设置也要根据各个业务的不同而进行

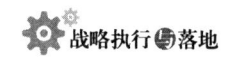

调整。

比如比较成熟的业务，要注重业务运作效率的提升。而对于创新业务，可能不会设定今年该业务需要达成多少营业收入，但是会要求业务部门尽快实现闭环管理。这就是这两种业务的不同之处，在设定绩效指标时就需要围绕组织对他们的不同要求而确定。

6.2.2　组织绩效管理的四个关键要素

在管理组织绩效的过程中，除了需要遵循上述的三个基本原则外，还需要把握组织绩效管理的四个关键要素：

第一个是明确目标。

绩效目标主要来源于公司战略以及业务规划所确定的业务目标。绩效目标需要聚焦，相应的考核指标也应当少而精。设定指标时要明确指标的目标值、挑战值、权重，且有明确的完成期限和考核规则。此外，绩效目标制定和绩效指标确定可以依据平衡计分卡的逻辑框架进行，而且要想充分发挥BSC的作用就需要在SP和BP的环节扎扎实实制定战略。需要注意的是，追求制定绝对精准的绩效目标是不可行的，应该随着业务和环境的变化对绩效目标进行及时调整，进行不断地优化。

第二个是把控组织绩效管理的进度。

要持续例行跟进，注重帮助员工实现其绩效目标。组织可以从关键任务的每月进度来监控各部门工作的完成情况，还可以通过汇报机制来及时掌握部门工作进展。在此过程中，很多管理者只下达目标，不跟进过程，不辅导不赋能，到期向员工要成果，对于员工未能达成目标的就进行批评而不指导员工如何改进去完成目标。管理者采取这样的方式方法会严重影响绩效管理作用的发挥，应当注重对员工的辅导与赋能，要重内容而轻形式。

第三个是数据跟踪。

要从可靠的数据来源获取数据来辅助管理，主要是收集处理目标完成值的情况，以此作为半年度/年度的绩效结果评价依据。在组织中，有关营销类的数据可以从财务部门获取，有关人效类的数据可以从人力资源部门获取，有关客户满意度类的数据可以从客户服务部门获取。因此，在考核KPI的完成情况时，完全可以从组织中相应的部门获取数据，而不是依靠个人的主观判断。

第四个是考核应用。

无论是组织绩效管理还是个人绩效管理都应该有应用。假如组织进行绩效评价后，绩效评价结果不影响员工的薪资晋升，就很难对员工产生正激励或负激励的效果。所以，组织绩效考核结果要分别应用于部门和管理者，对整个部门的奖金、绩效评价结果比例以及管理者的任用淘汰等进行支撑。

6.2.3 组织绩效指标制定

组织绩效管理中最重要的关键因素就是明确绩效目标，在确定绩效目标后，需要制定合理的绩效指标来支撑绩效目标的实现。

1. 组织绩效指标来源

对于组织中不同的角色，绩效指标制定的来源是不同的。

对于管理者，其绩效指标一般有两个维度，一个维度是来源于组织绩效目标中一些关键的结果性指标，另一方面是业务策略类指标，主要考察管理者支撑组织战略目标实现的战略举措或者重点工作的完成情况。

而业务部门通常情况下会参照平衡计分卡的四个维度来制定绩效指标，实际上组织中各个关键部门都可以采用这种方法，只是在模式和角度上会略有不同。

如表6-1所示，财务层面的指标有规模、利润和现金流三个维度；在客户层面，要考虑需要把握哪些重点客户，尤其关注客户满意度；在内部运营层面，分为效率和风险两个维度，效率维度有存货周转率和资金周转率的指标，风险类指标有合规运营以及超长期欠款等；在学习与成长层面，有干部培养的指标。

表6-1 绩效指标制定的来源

牵引点		KPI指标	权重	目标			完成值	KPI得分
				底线	达标	挑战		
财务	规模	订货额	10%	XX	XX	XX	XX	XX
		销售收入	15%	XX	XX	XX	XX	XX
	利润	贡献利润率	15%	XX	XX	XX	XX	XX
	现金流	现金流	10%	XX	XX	XX	XX	XX
客户	客户	战略目标	10%	XX	XX	XX	XX	XX
		客户满意度	10%	XX	XX	XX	XX	XX
内部运营	效率	存货周转率	10%	XX	XX	XX	XX	XX
		资金周转率	5%	XX	XX	XX	XX	XX
内部运营	风险	合规运营	扣分项	XX	XX	XX	XX	XX
		超长期欠款	5%	XX	XX	XX	XX	XX
学习与成长	干部	干部培养	10%	XX	XX	XX	XX	XX
KPI得分合计								XX

其中不难看出组织中各个部门的KPI是不同的，绩效评价需要的数据来源于不同部门，所以不应该依赖于被考核部门提供绩效评价的关键数据，而是从各个部门采集信息，以此保证每一季度的绩效考核都能够做到公平公正。

2. 组织绩效指标制定流程

组织绩效指标的导出遵循着"战略规划—业务规划—战略解码—全预算—组织绩效—个人绩效"的流程。

在公司对内外部环境进行分析之后，就可以明确自己需要采取什么样的战略。而要切切实实地实现组织战略就需要对战略进行分解并逐步击破，分解战略的方式方法有很多，如华为采用的PBC绩效考核工具以及上文提到的BSC。BSC不仅仅是一种绩效管理工具，同时也是一种绩效管理思想。

此外，每个部门在业务流程上承担的责任是不同的，所以设定的目标不同，承接的指标也不尽相同。

正因如此，为了保证战略能一以贯之地执行下去，就需要在对组织战略层层解码的过程中注意指标的一致性，从上到下要一脉相承。通俗地说，就是一级部门经理心中的"为了什么"和"如何去做"要与CEO心中的"为了什么"和"如何去做"相一致，同时二级部门经理心中的"为了什么"和"如何去做"要与一级部门总经理心中的"为了什么"和"如何去做"相一致。

二级部门经理心中的"为了什么"和"如何去做"要传达给员工，让员工心中的"为了什么"和"如何去做"与其一致。只有这样才能实现指标的垂直一致性，实现压力的有效传递，才能让员工能够了解战略，能够切实地推进下去。

战略解码后就到了组织KPI的制定环节，组织KPI是由组织绩效指标与目标值两部分构成的，这里我们只关注组织绩效指标的形成。战略解码环节促使战略规划中核心的、可衡量的目标形成了组织KPI指标，这一过程也受到全预算环节的制约，从而使得组织绩效指标能够更加聚焦。在得到组织绩效指标之后，就是将组织绩效指标分解到个人绩效指标，在华为是将其分为结果目标承诺、执行措施承诺和团队合作承诺三方面。

图6-3是华为公司及其主要部门的KPI指标。不难发现，产品线、地区部、GTS（全球技术服务部）以及生产部的KPI都是不尽相同的，并且支撑公司的KPIs，再次强调了指标是层层分解，上下对齐的。

公司KPIs

指标	20XX年预算目标
销售收入	XX亿元
市场份额	XX%
利润	XX亿元
回款	XX亿元
工资性薪酬包占比	XX%

机构KPIs

产品线KPI	地区部KPI	GTS KPI	生产部KPI
销售收入	销售订货	销售收入	发货额
新产品销售比重	销售收入	服务成本率	制造毛利率
制造毛利率	市场份额	初验按时完成率	初验按时完成率
税前利润	市场毛利率	回款	万元发货制造成本率
人均销售收入	税前利润	DSO	客户满意度
重点产品故障率	回款	人均销售收入	合同按时套到货率
客户满意度	DSO	服务客户满意率	到货质量合格率
TPM	人均销售收入	客户问题解决率	制造

图6-3 华为公司及主要部门的KPIs

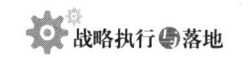

3. 差异化的组织绩效指标与权重设置

组织绩效指标确定后并不是一成不变的，而是要根据外部环境以及战略的变化而变化。因此，处于不同发展阶段的同类型组织可以设置不同的指标、目标及权重。在成熟市场、拓展市场和增长市场的不同阶段，考核重点是不一样的，这就需要我们根据实际情况去定义符合组织的绩效指标。

4. 定义 KPI 指标字典

KPI指标是处于不断修改与调整中的，如果没有统一的定义，不能够让组织中的每个人都能够准确理解KPI的含义，那么执行起来就会大打折扣。实际上，许多公司在快速发展的过程中，其成员就是来自不同的公司，而不同公司对于KPI的解释和定义就是存在着不同，在制定KPI时，就可能会存在误解，引起争议。因此，对KPI指标进行定义是有必要的。

如表6-2所示，可以从指标名称、设置目的、指标定义以及计算公式等方面与指标同步输出，并以KPI指标字典的方式展现。

表6-2　KPI指标字典

	原则上需与指标同步输出，以KPI指标字典的方式展现
指标名称	与组织绩效承诺指标名称严格一致，如括号
设置目的	明确该指标的考核牵引方向
指标定义	对指标名称精选准确的描述，明确其含义
计算公式	对指标定义进行量化描述，澄清模糊部分，对公式的设计无争议
数据来源	明确获取数据的IT系统/报告等信息源，没有IT系统的数据源要由第三方提供
测量对象	组织绩效承诺部门，限定在本字典管理的组织上
统计部门	1.提供完成情况数据的部门，原则上为第三方提供
	2.需明确该统计部门所在的一层组织，如财经管理部预算与成本管理部
	3.若存在多个部门，含主要责任部门
计量单位	%或亿元等
统计周期	月度/季度/半年度/年度，与数据发布周期统一
说明	1.该条目为备注项，如明细数据来源、口径等；没有的可不填写
	2.对于率类指标（如完成率、改进率、节约率等）需要单独说明分子分母的定义
	3.若引用文件，请检查文件是否已刷新并提供附件
指标解释部门	对指标定义进行解释的部门，原则上为指标定义的拟制部门，需明确部门接口人，如"XX部"；姓名/工号

5. 设计 KPI 目标值

什么是设定目标值？比如现在组织的人均产值是100万，那么人均产值的目标值就可以设定为120万。这样的目标值可以通过历史数据分析法、标杆瞄准法、管理改进法以及效益成本均衡法进行确定（如表6-3所示）。

第一，历史数据分析法就是基于组织现在的情况，进行合理的上浮来确定指标的目标值；

第二，标杆瞄准法是组织将自己的组织绩效管理与行业内或者行业外的标杆企业进行比较，从而了解到标杆企业是如何管理组织绩效的以及他们的目标值是如何设立的；

第三，管理改进法是针对之前已经设有目标值的组织绩效指标，在上一计划期实际达成值基础上进行一定比例的改进；

第四，效益成本均衡法同样也是对于特定的一些指标，在设定这些指标的目标值时要考虑到成本与效益，而不是盲目追求高效益，忽略成本。

表6-3 确定KPI目标值的4种方法

确定KPI目标值的4种方法	使用情景
历史数据分析法	公司战略及上级目标分解
标杆瞄准法	参考业界
管理改进法	在上一计划期实际达成值基础上进行一定比例的改进
效益成本均衡法	考虑指标本身属性

以上四种方法基本上可以帮助我们在实际中来设定组织绩效指标的目标值。

6. 设计 KPI 评分规则

设定完组织绩效指标的目标值后，就需要明确如何评价目标值不同的完成情况。

在评价组织KPI的完成情况时，一般设定底线、达标和挑战三个值，达到底线值相当于60分，达到达标值相当于100分，而达到挑战值则是120分（详见图6-4）。

对组织绩效指标进行考核时，指标完成情况达到相应的分值就会形成相

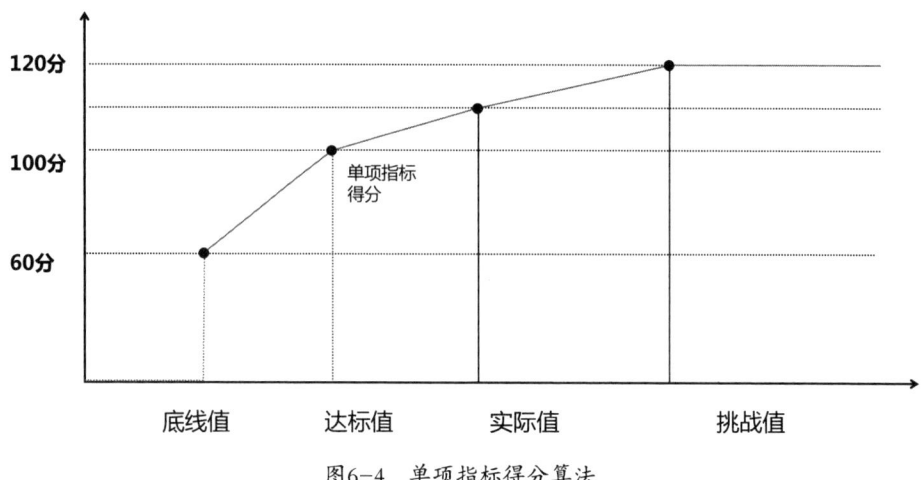

应的奖金包来奖励员工，以此激励员工再接再厉，向着更高的目标努力。

图6-4 单项指标得分算法

6.2.4 组织绩效结果应用

阐述完组织绩效目标与目标值的设定后，让我们聚焦于组织绩效管理的另一个关键因素，也就是组织绩效结果应用。组织绩效结果应用与组织绩效目标一样，同样有两方面（见表6-4）：

一方面是在组织层面，企业会根据组织绩效结果反映出来的战略落地情况，制定下一轮的战略。同时组织绩效结果也决定各个部门的奖金包和个人绩效结果的比例分配，即组织绩效好的团队，个人绩效评价是A和B的比例就高，而组织绩效差的团队，个人绩效评价得到A或B的比例就低。

另外一方面是个人层面，主要是影响干部的任命、晋升和淘汰。

表6-4 组织绩效结果的应用

绩效结果	组织层面	战略落地和任务闭环管理
		组织/项目奖金
		个人绩效结果比例分配
	个人层面	干部的任命、晋升、淘汰
		员工的物质激励，如：工资、奖金、期权等
		员工的非物质激励，如：嘉奖令、晋级、内部流动

为什么组织绩效管理应用要涉及员工的薪酬以及升迁？原因在于企业

经营本质上就是价值创造，再进行公平的价值评价，最后合理化分配的过程。其中绩效管理起着让分配给员工的钱能够起到真正的作用。实际上，企业在分配的时候经常会采取平均主义，这会使分配给员工的钱起不到任何激励作用。

华为采取的是给火车头加满油，充分拉开差距的策略，目的就是让表现出色的员工获得的比表现普普通通的员工多得多。

在2016年，华为一个15级的普通销售员工在销售系统里面表现非常出色，绩效考核成绩长期都是A，另外一个是表现比较普通的产品经理，其考评基本上都是B，在华为属于倒数第二档的。所以在奖金分配的时候，这名长期表现出色的销售员工当年就获得了70万的激励奖金包，而那位表现普通的产品经理只拿到了10万，相差了七倍，这就是华为的拉开差距。倘若只是相差两三万，就不会对员工产生什么牵引作用。

6.2.5 组织绩效管理执行

1.组织绩效管理责任部门

组织中应该交由谁来负责组织绩效管理，职责又该如何划分以及采取什么样的管理机制能够保证组织绩效管理的持续健康运行？

对于组织绩效管理的责任部门，一般是让战略运营部、总裁办以及人力资源部这三个部门共同负责，他们之间的关系就像接力棒一样，只有三个部门精诚合作，团结一致，才能够真正发挥组织绩效管理的作用（详见图6-5）。

战略运营部负责制定以及分解组织战略目标，这是战略运营部的关键任务。

分解完成后就需要总裁办进行组织绩效的日常管理，对组织绩效目标的完成情况进行例行跟进，同时要扎实做好月度经营例会，同时在半年度会议上收集整个公司真实的业务数据以及结果并进行排序。换句话说，总裁办就是密切关注各个部门的绩效结果。

人力资源部接过接力棒的时候，就要通过调动全员来实现组织绩效目标。

当然，不同组织对组织绩效管理的部门设置可能有不同的安排，但始终需要把握的一点是需要明确各个部门的职责，做到角色清晰，职责明确，防止出现推诿扯皮的现象，从而脚踏实地地做好绩效管理。

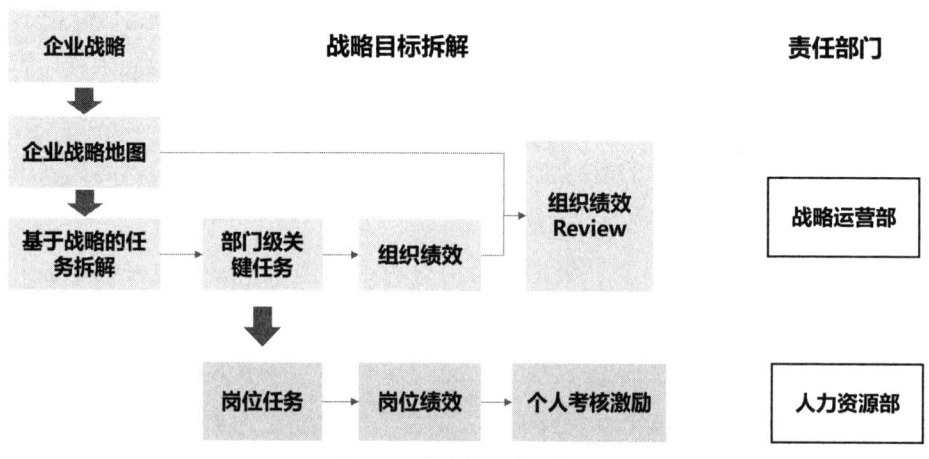

图6-5 绩效管理责任部门

2. 组织管理机制：周期复盘

在实施组织绩效管理的过程中，可以采取周期复盘的管理机制来保证组织绩效管理能够持续健康运行。一般情况下，企业可以通过月度经营例会来了解组织各团队绩效完成情况，及时预警。

此外，组织还可以召开半年度会议进行复盘，来考察目标值的完成情况，并进行计划调整。与此同时，该结果会影响到核心管理干部的成长、发展以及薪酬奖金（见表6-5）。

最后，许多公司都会举行年度会议，会上需要各业务管理者结合组织绩效目标和执行进行复盘汇报，并将根据汇报情况和战略目标的完成情况就新年度的战略目标进行沟通，达成共识。

表6-5 周期复盘机制

定期会议	目的	时间	数据准备和呈现
月度会议	了解各团队绩效完成情况，及时预警	每月第一周	由业务运营提前结合组织绩效指标要求收集汇总进展数据，对于存在问题的团队及时预警
季度会议	进行季度复盘，新季度计划及调整	每季度前15天	由业务运营提前结合组织绩效指标要求收集汇总进展数据，对于存在问题的团队及时预警
年度会议	年度目标完成情况复盘，启动新年度战略目标沟通	每年11月中旬	各业务管理者结合组织绩效目标和执行进行复盘汇报

6.3 个人绩效管理

企业在不折不扣地完成组织绩效管理工作之后，就需要开始考虑如何管理个人绩效。个人绩效承接了组织绩效中的一些关键指标，也是实践中HR接触较多的工作，但是，如何真正发挥个人绩效管理的作用还是大有学问的。

6.3.1 个人绩效管理的三个步骤

经过多年的咨询实践经验，我们将个人绩效管理分为三个步骤（详见图6-6）：

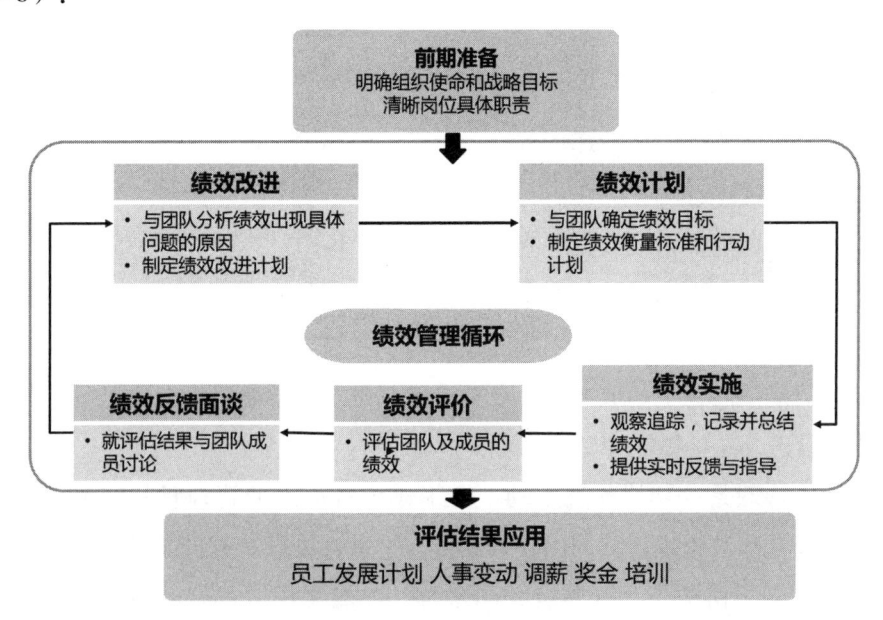

图6-6 绩效管理关键环节

第一个步骤是明确组织使命和战略目标。

有效的组织使命和战略目标可以让组织更加通畅地行使组织职责，在明确组织的使命后，组织确认未来三到五年的发展方向，根据组织规划来确定组织绩效目标，组织绩效目标是个人绩效管理过程的起点，在新的绩效周期开始时，管理者与员工经过充分的沟通，明确为实现组织经营计划与管理目标，员工在绩效周期内，应该做什么事情以及事情应该做到什么程度，并对为什么做、何时应做完、员工的决策权限等相关问题进行讨论，促进相互理解并达成协议。

同时需要各级组织明确组织和个人的岗位职责，这样组织/个人都跟上级组织形成指标关联性，在指标协同上达成上下一致性。

第二个步骤是绩效管理循环。

绩效管理循环环节：绩效计划—绩效实施—绩效评价—绩效反馈面谈—绩效改进。

第三个步骤是评估结果应用。

下面我们将重点对第二个和第三个步骤几个重点内容进行阐述。

6.3.2 绩效计划

1. 绩效计划流程

绩效管理的第一个循环环节是绩效目标的确定，通常来说，我们将这一环节称为绩效计划。

绩效计划是整个绩效管理流程中的第一个环节，发生在新一轮绩效管理开始的时期。制定绩效计划的主要依据是员工职位说明书和公司战略目标以及年度经营计划。在绩效计划阶段，管理者和被管理者之间需要在对被管理者绩效的期望问题上达成共识。在共识的基础上，被管理者对自己的工作目标作出承诺，并且签署PBC。

绩效管理是一项协作性活动，由工作执行员工和管理者共同承担。因此，管理者和被管理者共同的投入和参与是进行绩效管理的基础，也就是说绩效管理必须由员工和管理者共同参与，才能真正取得好的结果，获得成功。对此，管理者必须有一个清醒且坚持的认识，否则，绩效管理很难得到有效的实施。

在绩效计划里，主要的工作是为员工制定关键绩效指标，为此，管理者要重点做好以下几项工作：

一是要正确解读企业的战略目标和年度经营计划并将之分解到部门和相

关员工；

二是为员工制定职责明确、权限清楚、标准确定、描述清楚的职位说明书；

三是帮助员工制定关键绩效指标，关键绩效指标应符合"SMART"原则。

在绩效计划阶段，管理者所扮演的角色是绩效合作伙伴的角色，即管理者必须通过有效的沟通，与下属员工在绩效目标上达成一致，而不是简单的分派任务、下达命令。在这里，管理者和员工的利益是一致的，是双赢的合作关系，也就是绩效合作伙伴的关系。

这个阶段需要准备的资料有公司年度经营计划、员工职位说明书以及员工前一绩效周期的绩效考核表。

PBC将绩效考核提升到了绩效管理的高度，以过程的管理和控制取代形式化的填表考核，它是管理者进行绩效管理的基础文件，在整个绩效周期都要用到。所以，将PBC锁到文件柜和束之高阁的做法都是错误的，在制定完成管理卡后，管理者应将其置于案头等随手可及的地方，以供及时参阅，真正发挥它的作用。

2. 绩效指标来源

在了解了绩效计划的流程后，我们需要掌握如何科学地设定绩效指标来实现绩效目标。实际上，绩效指标是绩效体系中非常重要的要素，因此在设定绩效指标时，首先要明确绩效的指标来源，这是指标设计的前提和基础。一般而言，绩效指标从战略出发，落实到指标和重点。

绩效指标主要来自这些方面（详见图6-7）：

首先，绩效指标来源于组织战略与经营规划。绩效作为一种落实战略的有效手段，其指标体系设计必须坚持战略导向，在充分研究组织的战略规划与年度经营计划的基础上，逐级构建指标体系。因此，组织战略和经营规划是组织绩效指标的首要来源，对绩效指标的设计具有指引作用。如果组织追求质量，绩效考核就应该引入产品质量指标，以及控制产品质量的过程指标；如果组织追求顾客满意度，就要考核顾客满意指标，以及考核影响顾客满意的过程指标。清晰的组织战略与明确的年度经营计划是绩效指标设计的

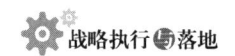

前提，组织战略规划的实施，必须通过战略导向绩效指标的设计来实现，而根据组织战略和年度经营计划分解、提炼出来的绩效指标，被称为关键绩效指标。

其次，绩效指标也来源于部门职能与岗位职责。因此通过工作分析明确工作职责，是设计绩效指标的基础工作。绩效指标要解决的是工作方面需要考核的内容，管理者必须依据工作分析的结果，研究、分析被考核者所在部门及岗位的工作内容、性质及完成工作所具备的条件等。在组织内，部门职责主要包括组织设立本部门的目的、本部门职权以及部门工作对组织战略实施的帮助。对于那些与组织战略目标、年度经营计划的联系并不是很密切的部门和岗位，比如行政部门的司机岗位等，其部门与岗位绩效指标可以根据其部门职责与岗位职责来提取。

除此之外，之前绩效考核的结果也应该作为重要的参考。因此，绩效指标的另一个来源是组织和各部门存在的主要问题及其改进程度，以及被考核者绩效沟通与改进的结果等，这样才能保证指标来源的针对性和可操作性。

在绩效内容选取时，需要把握一个原则，即"要什么，考什么；缺什么，考什么"，所谓"要什么，考什么"就是要对实现组织战略和完成岗位职责所需要完成的工作内容进行考核，而"缺什么，考什么"则是要对员工绩效中存在的"短板"和不足进行考核，以达到绩效提升和改进的目的。

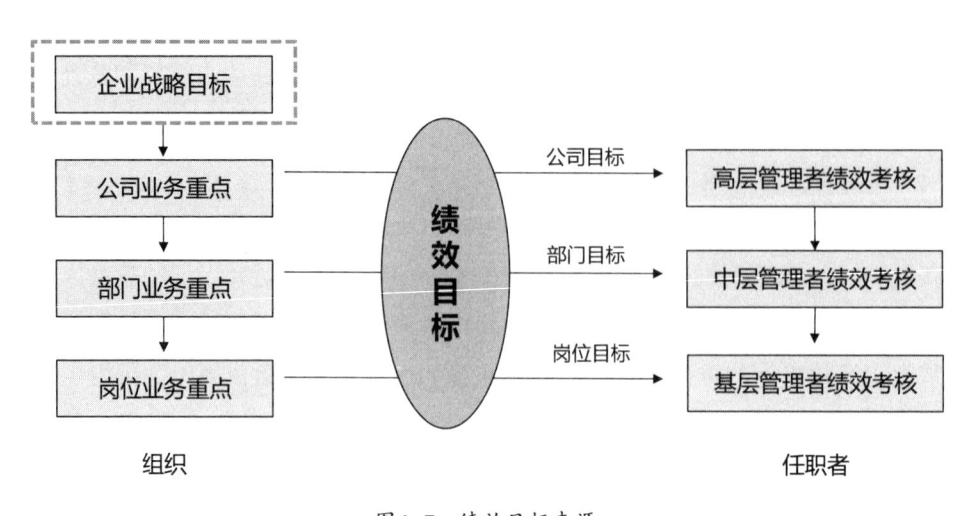

图6-7 绩效目标来源

3. 绩效管理工具

制定绩效指标时，企业经常会依托绩效管理工具的框架。常用的绩效管理工具就是表6-6中呈现的三种：

第一种是PBC，华为过去就是采用PBC的绩效管理工具来制定绩效目标的，能够让每位员工都明确自己的绩效目标，同时也能够了解组织绩效的目标，并向上对齐，从而与组织目标的方向保持一致。

第二种是过去常用的KPI，现在许多公司已经摒弃传统的KPI。KPI遵循二八原则，强调抓住关键行为，通过抓住20%的关键行为来实现80%的绩效结果。KPI更加适合考核不太复杂，相对稳定的工作任务，如房地产等行业的销售，更加依赖员工吃苦耐劳、坚持不懈，基本上就能实现绩效目标。

第三种是应用在高端人才领域的OKR[①]，主要是互联网公司在使用，以字节跳动等公司为典型。OKR实际上是一个目标拆解、目标制定的核心管理理念，与PBC在目标拆解和制定上如出一辙。

另外，OKR与PBC的不同之处在于PBC承接组织绩效目标，而OKR不直接承接。与此同时，OKR有相应的IT工具进行支撑，但是PBC没有。

表6-6 主流绩效管理工具对比

绩效管理工具	PBC	KPI	OKR+考核
定义	基于战略制定后，保障战略执行落地的系统	全称是Kep Performance Indicators，即关键业绩指标。是根据企业机构将战略目标层层分解，并细化为战术目标，来实现绩效考核的工具	全称是Objectices and key Results，即目标与关键成果法。是一套定义、跟踪目标及其完成情况的管理工具和方法
关注点	1.关注的是所有人都有围绕企业战略与价值观，设定各自的"个人业务承诺"	1.关注的是财务指标和非财务指标，默认工作完成的情况对于财务结果有直接影响	1.促使思考

---

① OKR即目标与关键成果法，是一套明确和跟踪目标及其完成情况的管理工具和方法，是Objectives and Key Results的缩写。

续表

绩效管理工具	PBC	KPI	OKR+考核
关注点	2.包括三大部分： 1）组织业务目标，包括结果量化指标和关键任务 2）个人业务目标 3）个人发展目标	2.关键业绩指标设计的思想是对影响80%工作的20%关键行为进行量化，使之成为可操作性的目标，从而提高绩效考核的效率。关键业绩指标的个数一般控制在5～12个	2.沟通会更顺畅，让每个人都知道什么是最重要的 3.能找到一个衡量过程的指标 4.能让我们集中地为某件事而努力
特性	1.基于企业战略的分解与关键任务，通过过程管理与辅导，保障战略的达成 2.整合了KPI、目标成果、立项管理、胜任力评估与职业发展，评估内容更加全面 3.强化了岗位绩效与组织绩效相结合，建立了利益共同体，有利于形成团队意识	1.是结果导向，以做事情的结果为主，以做事情的过程为辅 2.是阶段性的总结，回顾阶段性成果 3.注重结果，确保目标达成	1.在扁平、宽松的氛围支持自下而上地设立目标 2.强调自我驱动、自主思考、自主完善的人来参与 3.强调过程，每周回顾OKP

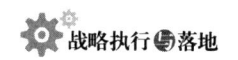

对比完这几种主流绩效管理工具后，这里重点介绍一下组织绩效BSC到个人绩效的关联性。

平衡计分卡是常见的组织绩效考核方式之一，是从财务、客户、内部运营、学习与成长四个角度，将组织的战略落实为可操作的衡量指标和目标值的一种绩效管理体系。平衡计分卡告诉我们必须通过学习成长，强化核心能力，持续改善内部运作，获得竞争优势，以获得最大化的客户满意，才能够获得理想的财务收益。

在了解平衡计分卡的相关内容后，让我们来看看某公司部门的绩效考核指标是如何依据平衡计分卡来进行设计的。

在确定绩效指标的过程中，该公司都是遵循指标设计、设定目标值、结果评估、结果及应用的思路。当然，平衡计分卡呈现给我们的主要是指标设计、目标值和结果评估三方面，比如财务方面，我们关注规模、利润、现金流三方面，针对不同方面选取不同的指标进行评价。对于规模，该公司选取订货额和销售收入两个指标，并且赋予了10%、15%的权重；对于利润，选取了贡献利润率指标，赋予了15%的权重；对于现金流，选取了现金流指标，赋予了10%的权重。

不难看出，指标设计主要涉及维度、指标和权重三块内容。有指标之后，直接上级就将与员工就目标值设定进行交流，交流不是博弈，而是促使员工的个人目标与组织目标相一致，员工努力的方向与组织方向相一致。目标值有三个，分别是底线、达标、挑战。三种不同的目标不仅让绩效管理落到实处，而且一定程度上能够激活员工的活力。之后，就是要在员工工作期间，对员工进行持续的绩效监控和绩效辅导，确保员工的行为没有偏离组织的预期，在期末还要对员工的表现进行评价，并基于绩效评价结果作出培训、晋升等安排，而后续的培训与晋升就是结果应用的过程。

4. 组织绩效到个人绩效的障碍

平衡计分卡对于层出不穷的问题却没有很好地解决，我们就需要明确在使用过程中会出现的问题，根据企业实际情况来对症下药。

一是沟通与共识上的障碍。通常，企业中只有不足十分之一的员工了解企业的战略及战略与其自身工作的关系。尽管高层管理者清楚地认识到达成战略共识的重要性，但却少有企业将战略有效地转化成被基本员工能够理解且必须理解的内涵，并使其成为员工的最高指导原则。

二是组织与管理系统方面的障碍。根据调查，企业的管理层在例行的管理会议上花费近85%的时间，以处理业务运作的改善问题，却以少于15%的时间关注战略及其执行问题。过于关注各部门的职能，却没能使组织的运作、业务流程及资源的分配围绕着战略而进行。

三是信息交流方面的障碍。平衡计分卡的编制和实施涉及大量的绩效指标的取得和分析，是一个复杂的过程，因此，企业对信息的管理及信息基础设施的建设不完善，将会成为企业实施平衡计分卡的又一障碍。这一点在我国企业中尤为突出。企业的管理层已经意识到信息的重要性，并对此给予了充分的重视，但在实施的过程中，信息基础设施的建设受到部门的制约，部门间的信息难以共享，只是在信息的海洋中建起了座座岛屿。这不仅影响到了业务流程，也是实施平衡计分法的障碍。

四是对绩效考核认识方面的障碍。如果企业的管理层没有认识到现行的绩效考核的观念、方式有不妥当之处，平衡计分卡就很难被接纳。长期以来，企业的管理层已习惯于仅从财务的角度来测评企业的绩效，并没有思考这样的测评方式是否与企业的发展战略联系在一起、是否能有效地测评企业的战略实施情况。

在对绩效评价时，应该更加客观全面地考虑绩效完成情况，比如在某季度对公司进行评价时，可以这样评价：这个季度公司整体情况还是很不错的，尽管财务结果并不尽如人意。但在关键顾客细分市场上的份额上升了，公司各项运营开支下降了。而且员工满意度调查的结果也很好。在能够控制的所有领域中正向着正确的方向前进。此外，平衡计分法的实施不仅要得到高层管理层的支持，也要得到各自然业务单元管理层的认同。只有上下一心，同心协力，才能够充分发挥平衡计分卡的作用。

5. 绩效指标设定原则

不管采用什么样的绩效管理工具来获取绩效指标，在制定绩效指标时都应该遵循SMART原则，即S（明确性）、M（可衡量性）、A（可达成性）、R（相关性）、T（时限性），以此来保证绩效指标能够真正牵引员工向着实现绩效目标和战略目标而努力。

6. 绩效目标制定案例

绩效目标来源让我们了解到绩效目标是需要将组织战略进行层层分解后制定的，其目的是让每个员工要实现的目标能够支撑组织战略目标的实现。

在这里以今日头条为例来说明绩效目标制定是要结合员工自身的岗位职责，不是大包大揽，从而导致需要完成的关键举措重要性降低。

从图6-8中可以看到目标是要优化产品体验，二季度新客户数量增加50%，要实现这一目标是需要三个团队共同合作完成的。产品部负责加快产品反馈收集和迭代速度，保证每月核心体验优化点达到5个以上；销售部负责完成销售线索增加100%以及新客户签约成功率达到60%以上；人力部则负责搭建有效销售团队，招聘5名金牌销售。

这样一个公司目标是不可能只由一个部门完成的，假如该目标全权由产品部负责，其对搭建销售团队肯定是无能为力的，最终肯定无法完成该目标。

O：优化产品体验，二季度新客户数量增加50%

KR1：加快产品反馈收集和迭代速度，每月核心体验优化点达到5个以上 → 产品部负责人o：加快产品反馈收集和迭代速度

KR2：销售线索增加100%

KR3：新客户签约成功率达到60%以上 → 销售部负责人O1：增加销售线索销售部负责人O2：提高新客户签约成功率

KR4：搭建有效销售团队，招聘5名金牌销售 → 人力部负责人O：搭建有效销售团队

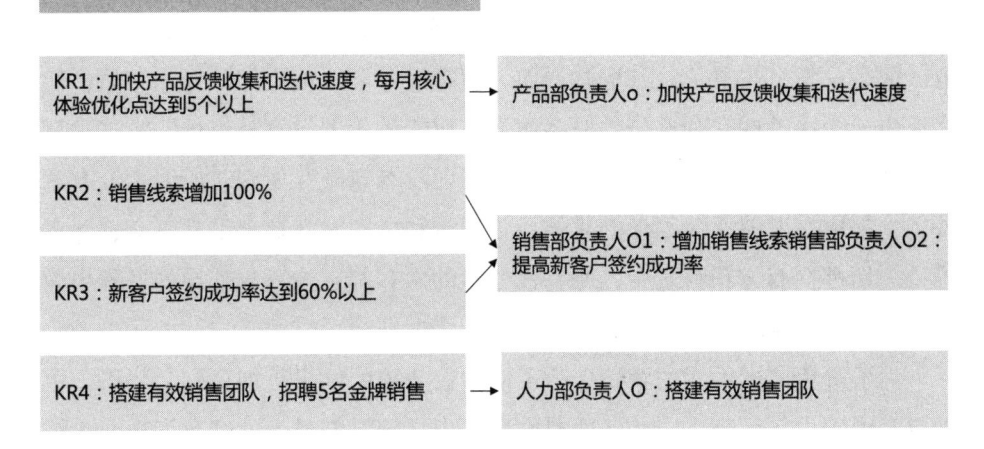

图6-8　字节跳动OKR承接示例

6.3.4　绩效实施

个人绩效管理的第二个关键环节是绩效实施。绩效实施在组织中主要是由管理者负责，因此要明确管理者在该环节中的角色和任务。与此同时，还要建立起科学的任务管理机制来保证绩效跟踪与辅导落到实处。

员工的关键绩效指标确定以后，管理者应扮演辅导员和教练员的角色，以指导者和帮助者的姿态与员工保持积极的双向沟通，帮助员工理清工作思路，授予与工作职责相当的权限，提供必要的资源支持，提供恰当（针对员工的绩效薄弱环节）的培训机会，提高员工的技能水平，为员工完成绩效目标提供各种便利。

绩效沟通与辅导是针对绩效目标的辅导，依托绩效计划阶段所制定的绩效目标，也就是KPI，与员工保持持续不断的绩效沟通，对员工进行有针对性的辅导，进而保证员工的绩效目标得以达成和超越，使员工的能力在绩效管理的过程中得到有效的提高，为员工在下一绩效周期挑战更高的目标做好准备。

在绩效沟通与辅导阶段，管理者所要做的一个很重要，但也经常被忽视

的工作就是观察和记录员工的绩效表现,形成员工业绩档案。很多管理者都有过这样的感受和经历,就是以前在对员工进行绩效反馈的时候,员工会在某些得分比较低的项目上和管理者争论,明明知道员工是无理取闹,却苦于没有书面证据,口说无凭,管理者无法有效地说服员工,最终闹得不欢而散。那么,怎么去避免这种尴尬局面,使绩效考核反馈更加顺畅和自然,使之成为一个探讨成功和进步的机会而不是讨价还价的"交易市场"?这里就要提到绩效考核一个非常重要的原则,即"没有意外"原则。所谓"没有意外",是指在考核反馈面谈的时候,管理者和员工对考核结果都不会感到意外,一切都在双方预料之中,所有被考核的内容都在沟通与辅导的过程中做了认真细致的沟通,并作了详细的记录。

为了避免口说无凭的尴尬,为了使绩效考核的结果更加公平、公正,更加具有说服力,管理者应花一些时间和精力,记录好员工的绩效表现,为绩效考核提供可以追溯的事实依据。记录员工的业绩表现主要以记录关键事件为主,即对员工绩效结果产生重大影响的事件,关键事件根据性质又可以分为积极的关键事件(如节约成本100万元的创新计划)和消极的关键事件(如造成重大损失的严重设计失误)。所以,在实施阶段,管理者除了要扮演辅导员与教练员的角色,更要扮演记录员的角色。另外,绩效沟通与辅导阶段的主要工具是绩效辅导记录表,以便记录考核周期内反映员工绩效表现的关键事件。

实际上,管理者要想提高绩效沟通与辅导的效率,切实地满足员工的需要,就要依托于任务管理机制来实施绩效跟踪、绩效监控。许多企业,如华为,会召开月/周例会来关注支撑绩效目标的关键任务进展情况。对于一些需要部门协作完成的绩效指标,也可以让各部门在会议上进行交流沟通,以确保了解任务进展,从而保证各部门能够共同有序推进关联任务。当然,如果企业采取OKR的绩效管理方式,可以更直接地通过IT系统看到围绕关键目标的关键举措完成情况(详见图6-9)。

在明确管理者的角色,建立任务管理机制时,就可以更好地对员工存在的问题进行改进和提升,从而提高员工和团队完成绩效目标的能力。

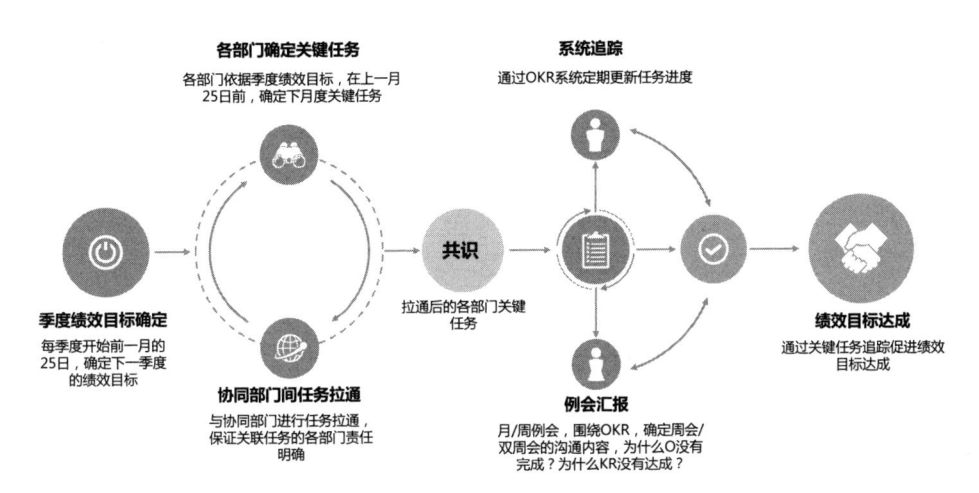

图6-9　任务管理机制流程

6.3.5　绩效评价

绩效评价是个人绩效管理第三个关键环节，本部分包含绩效评价的目的、原则和流程。

第一，绩效评价目的

绩效评价的目的是客观公正评价员工的绩效，为价值分配提供输入；认可绩效杰出的员工，激励大多数扎实贡献的员工；识别和管理贡献较低、绩效待改进员工，激活组织以及最终追求企业与员工的共赢。

第二，绩效评价原则

绩效评价必须符合事实，客观公正，如果绩效评价不符合事实，就很容易挫伤团队成员的积极性，还会让主管失去权威和公信力。所以，在绩效考核与反馈阶段，管理者所扮演的角色主要是公证员。所谓公证员，即要求管理者本着公开、公平、公正的原则，站在第三者的角度，依据绩效沟通与辅导过程中的业绩记录，对员工作出公正、公平的评价。

特别需要注意绩效管理的过程并不是到绩效考核时打出一个分数就结束了，管理者还需要与下属进行一次面对面的交谈，即绩效反馈面谈。通过绩效反馈面谈，使员工全面了解他们自己的绩效状况，正确认识自己在这一绩效周期中所表现出来的优秀表现，同时正确认识还存在哪些不足和有待改进的弱项。并且，下属也可以提出自己在完成绩效目标中遇到的困难，请求得到上司的指导和帮助。

第三，绩效评价流程

在一个绩效周期结束的时候，依据预先设定好的关键绩效指标，管理者对下属的绩效目标完成情况进行考核。管理者进行绩效评价的依据是绩效计划阶段的关键绩效指标完成情况，以及绩效沟通与辅导过程中所记录的员工业绩档案。

绩效评价结束之后，绩效考核的结果要有所应用，如将考核结果应用在培训需求分析上。如果员工对考核结果有异议，也要有专门的渠道可以进行绩效投诉。这一阶段所使用的管理工具主要有：《员工关键绩效指标管理卡》《员工业绩档案管理卡》和《绩效反馈卡》。

为了让各位读者能够切切实实地掌握绩效评价的方法和步骤，接下来将以对业务部门员工进行绩效评价为例来详细地为大家介绍绩效评价流程的各个环节：

第一，前期准备阶段

确定绩效评价对象：每季度业务部门绩效评价对象可以直接由人力资源管理部门根据绩效评价工作重点以及业务部门的业务重点确定。而业务部门年度绩效评价对象则是由业务部门结合本部门工作实际提出并报同级人力资源部门审核确定，同样也可以直接由人力资源部门根据公司业务发展需求和年度工作重点等相关原则确定。

下达绩效评价通知：评价主体在实施具体评价工作前，应下达评价通知，内容包括评价任务、目的、依据、评价时间和有关要求等。

确定评价工作人员及组织管理：由人力资源部门、被评价对象主管部门或负责单位及人力资源部门聘请的专家、中介机构等第三方组成绩效评价组织机构、负责绩效评价工作的组织领导。人力资源部门应当对第三方组织参与绩效评价的工作进行规范，并指导其开展工作。

制订评价工作方案：人力资源绩效评价组织机构根据评价对象的特点，拟定具体工作方案。工作方案的基本内容包括：评价对象与负责人、评价目的、评价依据、评价指标、评价标准、评价工作的时间安排、拟采用的评价方法、拟选用的评价标准，需要被评价对象及单位准备的评价资料及相关工作要求。

收集绩效评价相关资料：评价人员根据需要，采取要求被评价对象单位提供资料、现场勘查、问卷调查与询问等多种方式收集基础资料。基础资料包括绩效评价对象的基本概况、关键绩效指标记录表、业绩档案以及绩效报告等。

第二，绩效评价实施阶段

对资料进行现场审查核实：对于收集的基础资料和相关数据，绩效评价小组成员深入其部门核实有关数据的全面性、真实性，进而整理出可供绩效评价小组所用的相关资料和基础数据。

综合分析并形成评价结论：评价资料整理出后，评价人员按照评价方案的要求进行评价工作，并作出评价的初步结论，该结论经评价单位审核后作为提交评价报告的依据。如果在评价工作中遇到疑难问题，可以聘请有关专家予以论证。

第三，报告撰写提交阶段

整理、分析、汇总相关信息，撰写报告初稿：评价报告是评价工作的成果，也是对评价对象绩效情况的结论性报告。评价人员应当按照人力资源部门对绩效评价报告的相关规定来撰写并提交绩效评价报告。

收集被评价单位反馈意见：绩效评价报告初稿形成之后，要与被评价单位及相关人员进行必要的沟通，并对对方反馈的意见和建议进行分析判断，以及对评价结果的合理性进行验证。

第四，建立绩效评价档案

绩效评价工作完成后，评价人员应当在出具绩效报告后90日内整理工作底稿并建立档案归档。

绩效档案一般包括：绩效评价通知、绩效评价实施方案、绩效评价指标及评价标准、项目基础信息表、绩效报告、重大问题请示记录、评分记录、绩效评价报告、反馈意见书、评价结果告知书等。此外，绩效评价档案还有一些归档要求，工作底稿的管理应当执行保密制度。

除下列情形外，档案底稿不得对外提供：

董事会和绩效委员会按公司程序进行查询绩效文档；

审计部门按规定程序对文档进行查阅；

总经办、战略部、人力资源部可凭公司程序对文档进行查阅。

第五，绩效评价结果应用

业务部门绩效评价主体应及时整理、归纳、分析、反馈绩效评价结果，并将其作为改进业务管理和安排以后年度业务规划的重要依据。对于获得不同绩效评价结果的员工应采取相应的措施：

对绩效评价结果较好的，业务部门和人力资源部门可予以表扬或继续支持，并给予相应的奖励；

对绩效评价发现问题、达不到绩效目标或评价结果较差的，业务部门和人力资源部门可予以通报批评，并责令其限期整改；

对不进行整改或整改不到位的，应当根据情况对员工岗位或者工作内容进行调整，甚至可以考虑采取辞退等强制措施。

当然，绩效评价结果可以根据企业的实际情况在一定范围内予以公开，以保证绩效评价工作的公开透明、公平公正，增强绩效评价工作的公信力。

6.3.6 绩效结果应用

个人绩效管理最后一个关键环节就是绩效结果应用。

1. 绩效评价结果比例设置

在应用绩效结果之前，要设置科学合理的绩效评价结果比例。

实践中，许多企业设置绩效评价结果的比例往往会基于这样的假设：在绩效目标趋同，团队人数足够多，绩效目标设定相对合理的情形下，团队成员因能力差异，其绩效产出相对绩效目标的偏差的概率，会呈现正态分布。

但是，基于正态分布的考核比例，是一种统计规律而不是一种真实情形，是理想状态下考核的输出而不是输入。将考核比例作为考核的刚性输入条件，无疑会扭曲价值规律，会给组织带来很大的杀伤作用。

华为将绩效考核结果分为A、B+、B、C、D五个等级（详见图6-10）。

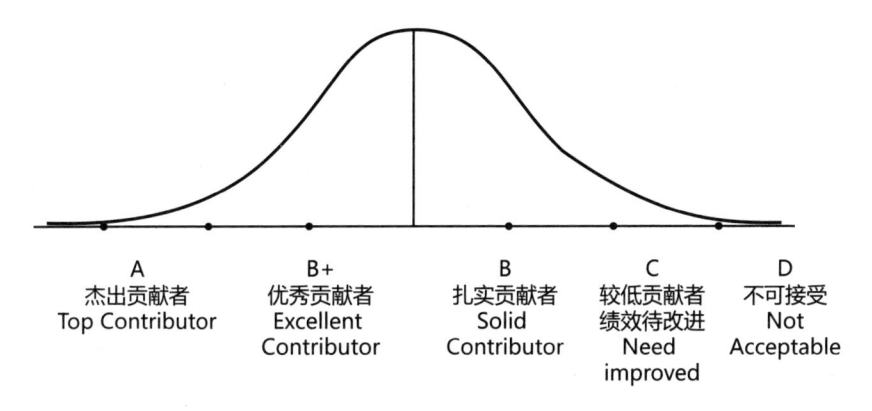

```
         A              B+              B              C              D
      杰出贡献者       优秀贡献者      扎实贡献者    较低贡献者      不可接受
   Top Contributor    Excellent        Solid        绩效待改进        Not
                     Contributor     Contributor       Need        Acceptable
                                                    improved
```

图6-10　华为的绩效考核比例分布

A对应的是杰出贡献者；B+对应的是优秀贡献者；B对应的是扎实贡献者；C对应的是较低贡献者，绩效待改进；D对应的绩效结果是不被企业所接受的。除此之外，绩效考核结果的比例会受到组织绩效的影响，组织绩效最好的业务单元，可增加A的比例至上限，组织绩效排名最后的业务单元，可增加C/D的比例至上限。

通过弹性的考核比例分布，使得部门把争夺更多A的关注点，从对上级部门的公关转变到对组织绩效的关注，从而整个部门你追我赶，争当上游。部门组织绩效与部门员工考核比例挂钩，牵引员工关注并提升组织绩效（详见表6-7）。

表6-7　部门弹性考核

部门组织绩效	部门弹性考核比例		
A	A：15%	B+/B:85%	C/D：根据情况，各部门自行掌握
B+/B	A：10%	B+/B:75-85%	C/D：5%
C/D	A：<5%	B+/B:75%	C/D：>10%

2.基于绩效结果的薪资回报体系

实际上，绩效结果主要应用于员工的薪酬以及晋升。如表6-8和表6-9所示，在公司支付能力允许的前提下，考核结果同员工的薪酬调整挂钩。而在组织发展可提供相应机会的前提下，考核结果可以同员工任用和成长挂钩。

表6-8 绩效考核结果和薪酬挂钩

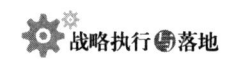

考核等级	工资调整，易岗易薪	奖金	饱和配股	福利
A	有机会，但必须同员工综合考核结果、任职技能状态挂钩，并纳入工资标准范围内管理	有机会，但必须同员工年度综合考核结果挂钩	有机会	与考核结果不建立对应关系
B+			根据公司同年配股总量和综合考核等情况确定	
B				
C	不涨薪/降薪	很少或无	无	
D		无		

表6-9 绩效考核结果和晋升挂钩

考核等级	干部任命晋升	任岗晋升	任职资格晋升	不胜任淘汰/干部清理	内部调动	再入职
A	有机会，进入继任通道	有机会，进入成长快通道		无	有机会	
B+	有机会					
B						
C	没有机会或考虑降职	没有机会		PIP，监督绩效表现	没有机会	
D	没有机会或降职/劝退			不合格干部调整		

基于价值评价到价值分配的价值链条，我们聚焦于探索绩效结果在激励中的应用，基于绩效的激励应用是根据员工的实际劳动成果或工作绩效来决定劳动报酬的一种工资管理形式。

基于绩效的薪酬的具体形式较多，常见的有定额工资、计件工资、提成工资、奖金等。下面主要介绍一下定额工资、提成工资和奖金：

第一，定额工资是根据员工完成与劳动直接相关或间接相关的各种定额的多少来确定劳动报酬的一种工资形式。定额主要是对员工应完成的工作量的规定,基本形式是产量定额和工时定额。定额工资的适用范围较广泛,几乎所有组织和工种都可以通过制定工作量的定额来实行定额工资。

第二，提成工资也称分成工资,是按照一定比例从企业的销售额、营业额或纯收入中提取一部分，用货币进行工资分配的工资形式。提成工资既可以按企业或员工提供的超过考核基数的营业额或纯收入来提成，也可以按企业或员工的全部营业额或纯收入提成。

第三，奖金是根据员工超额劳动或超额贡献的大小支付报酬的一种工资形式。员工持股计划是常见的以鼓励员工长期努力工作为目的的奖励形式。所谓员工持股计划是指以赠送或低价出售公司股票的形式来支付员工部分报酬的一种奖金形式。一般规定，赠送或低价出售给员工的股票，必须持有一定年限后才能出售。因为股票价格和企业的经营效益密切相关，员工持股后，为了自己的利益，希望股票升值，就会更加关心企业的长期利益，并为之努力工作。

以上几个方面构成了基于绩效的薪酬管理体系的重要组成部分，一个企业要想建立有效的竞争机制，在给予员工报酬方面必须科学合理，将员工薪酬与企业效益挂钩。这样，员工才能尽自己最大的努力去工作，从而既满足自身需求，也促进企业的发展。

6.3.7 个人绩效管理闭环需要注意的事项

最后，我们将通过纠正一些绩效管理的误区以及明确管理者角色，来帮助大家更好地实施个人绩效管理。

1. 绩效管理的误区

不少公司对绩效管理的理解存在误区，在我们咨询实施辅导的过程中，普遍性问题有以下四条，各位读者可以结合本公司实际情况，加以参照：

（1）在实施绩效管理过程中只执行绩效考核。实际上，绩效考核只是绩效管理的一环，绩效管理是由五个环节组成的。

（2）个人绩效管理流于形式，绩效目标，绩效过程管理，绩效改进等关键环节运作存在较大差距，同时绩效未真正覆盖到所有员工，无法使组织力出一孔。

（3）绩效管理缺乏及时性，目标仅年度制定，在过程中无法做到有效监控，缺乏目标的牵引力。

（4）绩效结果应用得不到激励支撑，也不成为末位淘汰支撑，对业务目标制定和过程管理也毫无牵引作用。

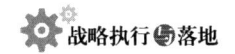

2. 管理者在绩效管理中的角色

在绩效管理中承担重要角色的主要是人力资源部门以及业务管理者（详见图6-11）。

（1）人力资源部门在绩效管理中的角色主要是两个方面

第一，负责绩效管理流程与工具的顶层设计。

第二，围绕公司核心领导成员达成共识的管理思想来实施绩效管理，并进行及时纠偏，保证绩效管理方向不发生大偏差。

（2）业务管理者在绩效管理中的角色主要是四个方面

第一，制定目标。以销售部门为例，肯定要清晰地制定各销售团队的目标。

第二，绩效辅导。作为管理者，要充分发挥自己的专业能力，跟进下属的绩效完成情况，及时提供力所能及的帮助，让其更好地完成绩效目标，而不是制定完目标之后就不管不顾下属的情况。

第三，识别绩效。在进行绩效考核的时候要有客观依据，数据支撑，而不是主观臆断，要能够做到用事实说话，公平公正。

第四，绩效改进。绩效反馈的关键之处在于要让员工能够获得成长与发展，帮助提升胜任工作岗位的能力。

所以，绩效管理是团队管理者的职权，是管理团队、提升团队能力的基础工具。绩效管理不是业务管理者的枷锁，而是管理手段、管理抓手。

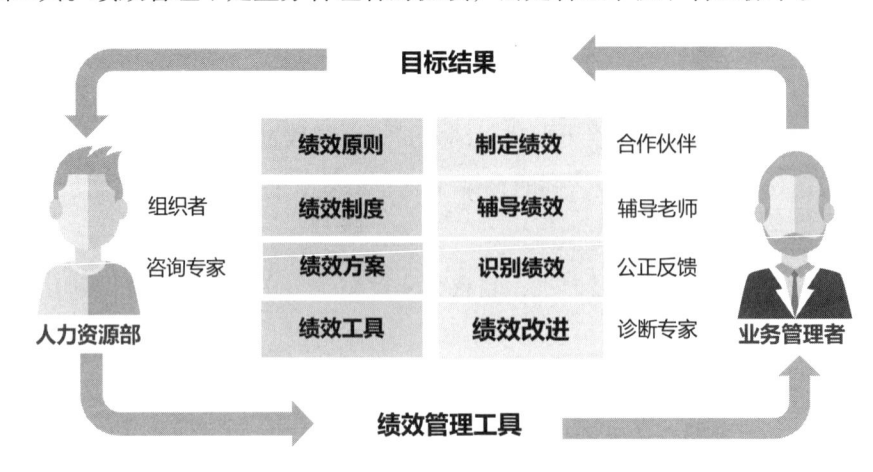

图6-11 管理者在绩效管理中的角色

第七章

CHAPTER 7

全面预算管理

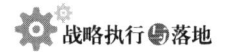

7.1 什么是全面预算？

7.1.1 全面预算的定义与框架

对于预算，每个人的理解都不一样，有的人认为预算是财经算数，有的人认为预算就是算一下明年要花多少钱，可能很少会有人把预算直接和企业的经营作战计划等同起来。实际上，预算需要和经营目标联系在一起，中高层领导都要建统一的思想，要通过全面预算使经营目标落地。

华为认为，全面预算管理是在战略规划的基础上，确定资源配置和投入规划，并进行过程监控，保证公司经营目标达成。包括经营预算、战略专项、投资/筹资预算及集团财务预算（三大报表预算、税务预算等），重大风险及关键预算假设也被视为全面预算的有机组成部分。

全面预算是企业经营作战计划的货币化表达，而不是"以包代管"。比如有的企业是把当年总的费用包减去花费的，剩下来的就作为部门的奖金，这是"以包代管"，不是预算。

全面预算是"作战计划"，需要企业上下对齐，前中后台握手，内外环境参照，就"如何在来年把企业的货币资源用得更好，产生更大的产出"反反复复推演达成一致和共识。只有思想一致，整个企业才能拧成一股绳，提高企业的效率。我们的意识决定了我们的行为，我们的认知决定了我们的出路。

任何产出都要通过货币去量化，通过货币这个统一的单元去做综合的平衡，让企业在短期、中长期的土壤肥力和粮食产量取得好的平衡，保证企业长期稳健有效的增长，而不是昙花一现的增长。所以全面预算是作战计划的货币化表达，而不仅仅是做一个费用预算。

图7-1为华为的全面预算管理框架：

政策指引
弹性预算管理
自下而上为主的计划预算预核算闭环管理

流程
管理计划预算预测

| 中长期财务规划 | 计划及预算 | 管理预测预测授予及管控 | 财务绩效评价 |

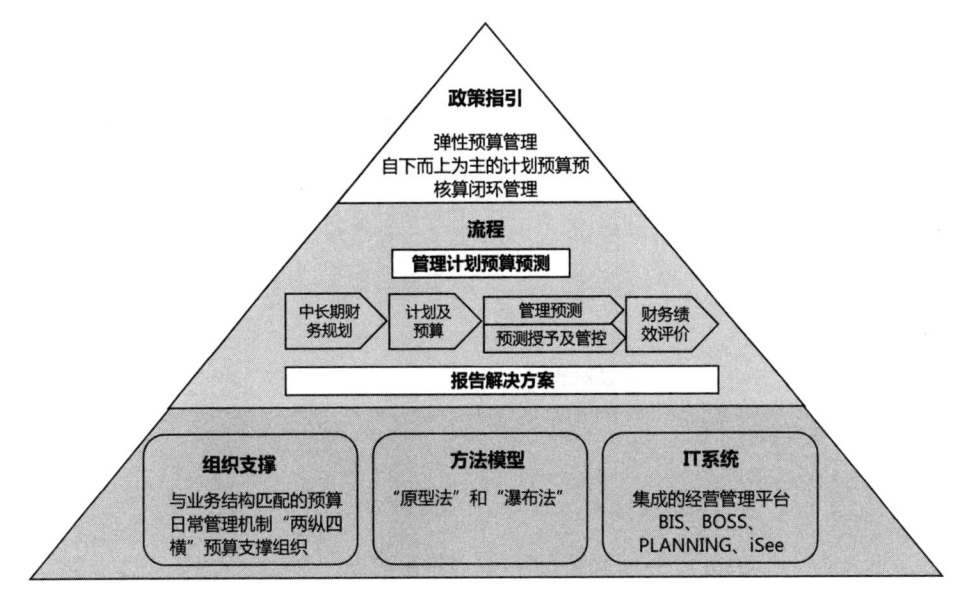

报告解决方案

组织支撑
与业务结构匹配的预算日常管理机制"两纵四横"预算支撑组织

方法模型
"原型法"和"瀑布法"

IT系统
集成的经营管理平台
BIS、BOSS、PLANNING、iSee

图7-1 华为的全面预算管理框架

中长期财务规划：根据公司中长期战略意图和经营诉求，分析市场环境、竞争对手及历史财务状况，揭示公司中长期财务趋势、问题和风险，制定并发布公司中长期财务规划。

计划及预算：根据公司战略意图，形成集团、BG、SBG、区域、机关职能平台的业务和财务预算，批准并发布。

管理预测：开展集团、BG、SBG、区域、机关职能平台的业务和财务预测与分析，实现对预算目标的管理，并支撑公司宏观调控与准确决策，并作为跟踪与闭环管理的依据。

预算授予及管控：授予预算，对预算的申请、变更及超授予等进行管理及控制。

财务绩效评价：对财务绩效指标进行设计、赋值及评价。

同时，华为也设立了多级预算控制体系，其相关组织架构如图7-2所示：

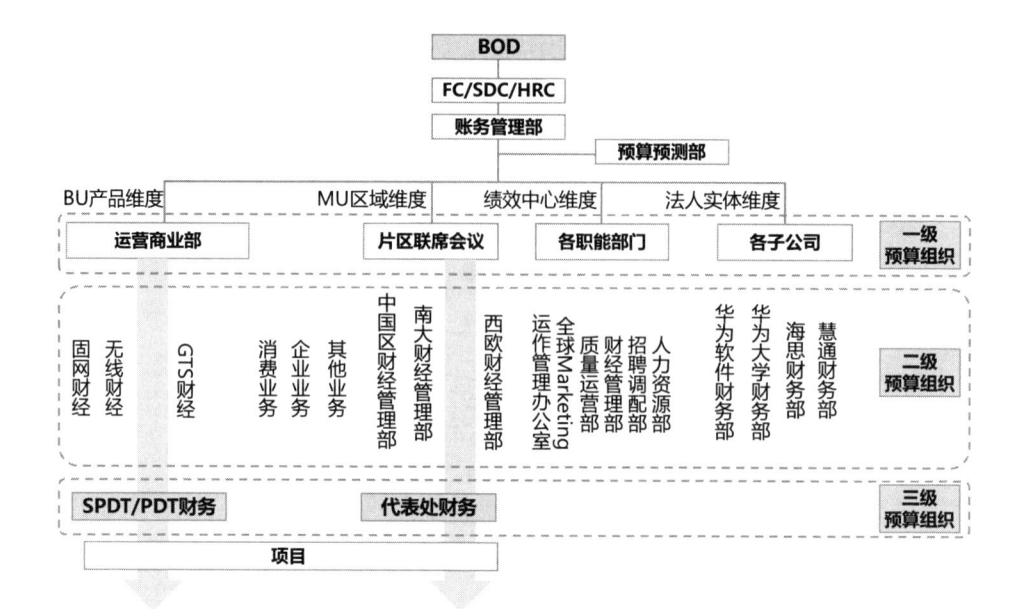

图7-2 华为的全面预算管理框架

董事会（BOD）：公司主要的决策和批准机构，各级经营管理团队对相应层级的全面预算管理负责。

财经委员会组织（FC）：全面预算的日常管理机构。

集团财经管理部：作为执行机构，负责日常工作协调。

各级责任中心：预算预测编制与执行的主体，形成纵横交错并互锁[①]的预算责任体系。

机关平台：费用预算基于成熟度、改进率进行管理。

7.1.2 全面预算要具体到什么程度？

在回答这个问题前，我们需要思考以下几个问题：

第一，各个部门是否知道老板/公司/股东希望干成什么样？

我们需要战略解码，需要理解公司的战略意图，未来3~5年公司长成什么样是管理层认为公司成功的样子，需要刻画出来，可以用文字的形式描绘出来，也需要用货币化的语言表达出来。做到多少个亿，多少的利润，多少

[①] 互锁：英文是Interlock，在本书中的含义是企业内部竞争。

现金流，是我们想要的成功的样子。

第二，各个部门是否清晰地计划好了该怎么干？

部门作为企业中独特的存在，应该怎么在公司这艘大船上贡献自己独特的价值，我们需要思考这个问题是不是清晰。

第三，各个部门是否各司其职，但又紧密协同？

做预算编制的时候需要大量的协同。对于产出，有区域视角、产品线视角、客户视角等，要多视角进行观察，如何把市场上的机会都识别出来，又如何在内部形成一个共识？对于资源的使用，有前方作战单元、中台资源部门、后台支撑部门、资源供需双方如何平衡？这些都是全面预算实施过程中需要回答的问题。

第四，各个部门是否都仔细确认了可调配的人、财、物、资源能够支撑部门的工作目标和老板战略目标的实现？

全面预算最重要的就是资源配置的手段。战略规划设定了目标，为了达成这个目标，如何制定策略，采取什么样的行动计划，最后落到财务预算。目标、策略、资源、计划，都要对齐。

第五，遇到紧急情况或风险，各个部门是否知道该如何应对？

遇到紧急情况或风险，我们应该如何应对，应急方案是否经过推演。所谓推演，就是遇到什么样的紧急情况应该用什么样的应急方案。比如疫情如果加剧会怎么样？再比如工业形势继续吃紧，我们应该怎么办？我们的应急预案要推演，只有这样，当紧急情况出现的时候才不会混乱。

所以，全面预算管理远远不是我们认知到的最后输出的一套财务数据，那只是一个结果，最有价值和最重要的是我们在这个过程中的碰撞和互锁，以及争论等各种不同的声音，在这个过程中求得平衡，才能更好地知道企业前中后台如何去协同，去应对各种有可能出现的风险。

如果把企业比作汽车，首先要知道我们应该去哪里；其次我们怎么去，通过什么样的策略到达；然后和谁去，谁是我们的作战盟友，谁是狙击手，谁是观察员，每个人承担了什么样的职责。同时，通过仪表盘能看到油够不够，去哪加油，等等。我们在开车时也会遇到各种突发情况，比如路断了、堵车了、爆胎了、等等情况，需要做好各种应急预案的应对，同时要做好内部财务状况的预算,才能保证我们的汽车(企业的运营)能够按照既定的计划顺利到达目的地。

7.1.3 为什么需要全面预算管理?

全面预算是一套综合的管理工具,怎么把这个工具用好,就是本节要和大家探讨的内容。

全面预算管理的价值用一句话总结就是,全面预算管理是企业通过对资源的优化配置,建立预核算与战略、业务组合、价值和投资回报的大闭环管理(详见图7-3)。

- 产品组合
- 国家组合
- 客户组合
- 生命周期

业务组合

当期经营目标
- 收入增长率
- 份额/规模
- 利润率
- 利润/人均利润

资源配置

- 主航道/孵化业务
- 高增长/低增长
- 高利润率/低利润率
- 高风险/低风险

价值组合

长期投资回报诉求
- 格局
- 能力
- 竞争力
- 投入资本回报

图7-3 资源配置图

业务组合包括产品组合、国家组合、客户组合、生命周期组合等,不同的组合,资源配置方式是不一样的。企业的生命周期又可分为成熟期、投入期、成长期、孵化期、衰退期,我们对资源的配置方式以及闭环管理的机制都不一样。如果是孵化期,我们可能主要是试错,看看这条路通还是不通,这个时候就很难建立起费用的弹性管理机制。但如果是快速成长期,企业的研发定位和资源配置又是另一种关系,我们要把这个关系识别出来。

所以,资源配置要基于我们的业务场景来做差异化的配置,这才是资源配置的真正效益。资源要用到有效的价值组合/业务组合中,才能给企业带来最大的产出。

价值组合的类型可以分为主航道/孵化业务、高增长/低增长、高利润率/低利润率、高风险/低风险等。企业的资源不能都投向高利润率或者都投向低利润率的地方，而是需要形成各种价值组合，把资源用到有效的价值组合中，实现最大产出。

比如，企业明年能用的资源包是5个亿，这5个亿都用来打粮食吗？肯定不行，企业内部的管理能力也是需要投资的，伟大的企业和平庸的企业，无非就是企业在某个方面或者全面能力上的缺失，包括战略能力、产品能力、市场营销能力、交付能力、内部运营能力、财经管理能力等等一系列能力的组合，组成了企业综合的管理能力，这些能力的提升是需要企业投资的。中期能力的构建和长期战略机会点的孵化，都需要不同资源的配置，来支撑全面预算的大闭环，才能实现企业长期有效的增长。

企业要想实现当期的经营目标和长期的投资回报诉求，务必要构建起短期、中期和长期的资源配置方案。这里的长期经营目标包括收入增长率、份额/规模、利润率、利润/人均利润。长期投资诉求包括格局、能力、竞争力和投入资本回报。

7.1.4　导入全面预算管理是一场变革

导入全面预算不仅仅是导入一份Excel报表工具的变化，它需要我们换脑。全面预算是一场变革，需要企业的管理者自上而下都参与到这场变革中。

意识决定收入，认识决定行为。我们需要把新的思想在企业中传递下去，让整个企业一个声音、一个认知，把全面预算管理这一工具放到非常重要的战略高度上去，并且要有战略的耐心把这一工具在企业里持续实施推行下去。

同时，变革的时候不能因为遇到困难就半途而废，一定要坚持，要忍耐。做变革一定会带来很多的不适应，一定会改变很多现在的做法，企业原来做的很多工作可能很简单，但是有没有效，我们要检查一下。全面预算管理可能会带来很多工作，工作量会增加，精细度会增加，但是我们要思考这个工作的有效性，把全面预算管理这一工具真正利用起来，而不只是表面工程。

全面预算既然是一场变革，我们就要关注变革的五要素，即愿景、技能、激励、资源、行动，这五要素企业都应该要具备（详见图7-4）。

我们需要思考，我们应该怎么去努力。如果我们认知到了它的价值，那我们该做的就是行动，行动就是要PDCA的循环，严格规划，到位执行，有力监控，不断完善纠错闭环。

激励 03
舍得激励，舍得授权
及时认可，树立标杆

资源 04
引入外部专家资源；
高层领导的决心

技能 02
预判团队所需技能和知识，
通过培训等方式来赋能团队

行动 05
PDCA：
灵活的规划（Plan）
到位的执行（Do）
有力的监控（Check）
不断完善的纠错闭环（Action）

愿景 01
先明确目标，
告知团队为何要变

变革五要素

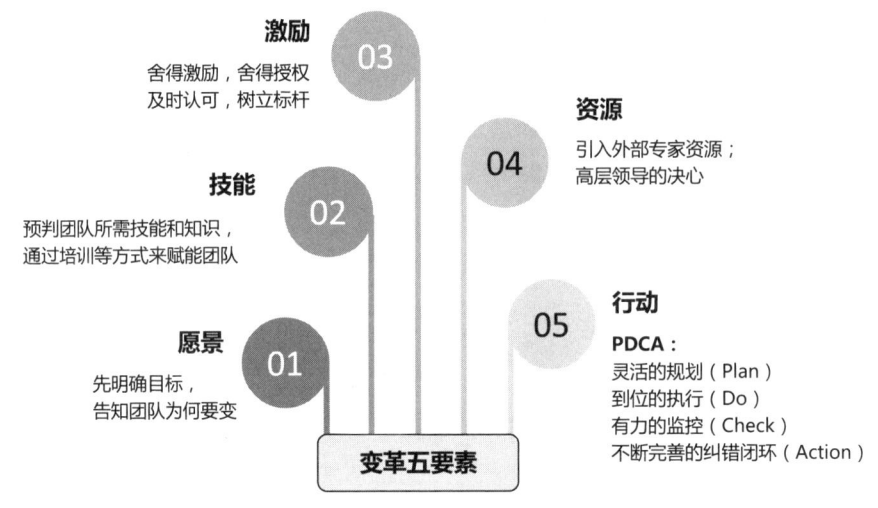

图7-4 全预算变革五要素

伟大的企业之所以能做这么大，无非就是把最简单的道理重复做，死磕到底，每一个细节都不放过，所以它就变得越来越强大，这一条路是没有捷径的。

经营过程中，我们要用这一工具不断地做闭环，大的闭环——战略到执行，小的闭环——年度计划预算，再到微循环——每个月的闭环，再到每一个事件的闭环。大到每个企业，小到每个组织、每个人，都要养成管理闭环的习惯，共同支撑公司的发展。

7.1.5 全面预算闭环管理的四大阶段

如何进行闭环管理，我们要从这四大阶段去理解并改进我们的工作（详见图7-5）：

第一个阶段是预算筹备，一般从当年的10月份就开始筹备了，甚至更早；

第二个阶段是预算生成，预算是怎么生成的，里面的逻辑和规则是什么，要非常接近我们的业务实质，一定要沿着我们的业务流程去思考；

第三个阶段是预算执行，预算生成之后的过程中的执行，有哪些关键点需要我们多关注；

第四个阶段是预算闭环，预算执行结果的好坏，一定要和企业的组织绩效挂钩，用激励营造"你争我赶"的氛围。

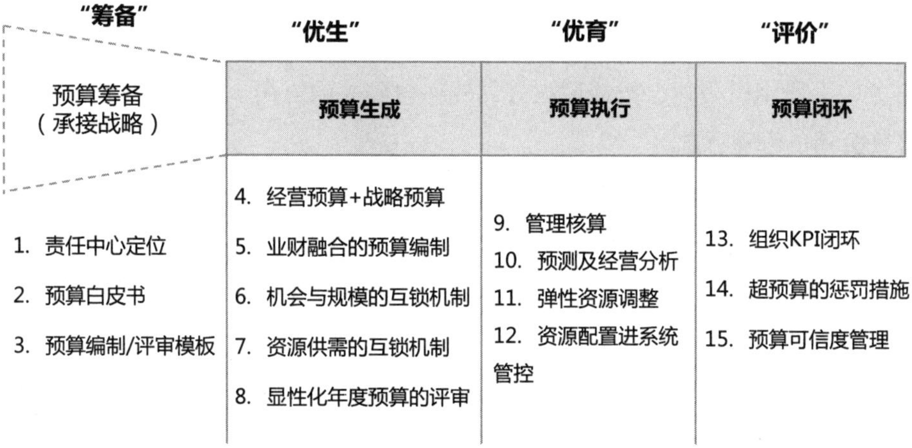

"筹备"	"优生"	"优育"	"评价"
预算筹备 （承接战略）	预算生成	预算执行	预算闭环
1. 责任中心定位 2. 预算白皮书 3. 预算编制/评审模板	4. 经营预算+战略预算 5. 业财融合的预算编制 6. 机会与规模的互锁机制 7. 资源供需的互锁机制 8. 显性化年度预算的评审	9. 管理核算 10. 预测及经营分析 11. 弹性资源调整 12. 资源配置进系统管控	13. 组织KPI闭环 14. 超预算的惩罚措施 15. 预算可信度管理

图7-5 全面预算闭环管理的四大阶段

7.2 预算编制前要怎么筹备？

很多企业都有预算，但很多企业的预算编制缺方法、缺手段、缺模型。预算编制完就像一本书，被挂在墙上，锁在抽屉里。在指导作战中，资源没有根据作战形式进行弹性的资源调整，也不能客观地反映业务单元创造的价值与创造价值单元的激励结合在一起。

企业需要把战略变成执行的结果，通过资源配置，激励企业有限的资源向有最大产出的地方倾斜。

筹备过程中有很多待决议事项，会影响明年企业整个预算的编制。筹备阶段还需理解企业战略、理解公司未来中长期想要达到的目标、战略意图和诉求是什么，才能够站在未来审视企业今天缺失的能力。

短期看经营目标，中期看能力提升，长期看格局构建。不论短期、中期还是长期，都是需要投钱的。企业的资源不能仅仅用来"打粮食"，一味追求产出，这样企业的"土壤肥力"，即中长期能力建设，一定会受到影响，所以预算绝对不能"以包代管"，否则会导致战略意图无法落地、土壤肥力不足，严重的还会损害企业中长期能力建设和利益。

企业要关注中长期能力和竞争力的构筑，这就要求企业在资源配置上用财务的手段牵引公司，把钱用在公司战略想要去的方向，即在筹备阶段钱要体现公司的管理意志。

预算筹备很关键的一点就是要承接战略，这里会涉及预算与战略的衔接问题。如果说战略是"语文题"，做各种维度的洞察和业务设计，那么预算就是"数学题"。"数学题"和"语文题"之间要把逻辑关系打通，要衔接企业的战略意图。所以企业中做预算的人员，以及各个预算的接口人、集团的预算总承人，要理解自己所辖业务单元的战略到底是什么，这是第一件要做的事情。做完战略之后，马上就要思考清楚我们明年要做的战略解码的重点工作是什么，要支持这些重点工作，我们的作战阵型应该如何排兵布阵，然后就会涉及企业的组织结构如何调整，这是由企业的战略追求决定的。

组织结构不是随随便便就能改的，要站在未来看今天，我们的战略阵型该怎么去调整才能朝着这个战略方向前进。组织结构的调整直接决定了预算责任中心的定位，责任中心的定位决定了每一个业务单元应该承担什么样的经营责任，用什么样的指标来衡量这个经营责任，又要编制哪些预算，这样就非常清楚了。

预算筹备阶段要重点做三件事情，分别是：

第一，明确预算责任中心的定位

经营责任绝对不可以有缺失，如果责任有缺失，报表内有些指标就没办法落实下去，就有可能会踏空。所以通过组织职责的界定，到责任中心的定位，是第一件要做的事情。

第二，编制预算白皮书

预算白皮书描述了公司明年整体的经营追求是什么，对每一个业务单元的经营追求是什么，要把公司整体的经营规则细化到每一个可执行的最小单元，然后形成一系列指标要求，财务上叫"经营约束"，这一系列的规则就会形成一个预算白皮书。中后台部门支撑前台，要不要呼唤炮火，要不要承担成本，如何承担，结算的规则是什么，分摊的规则是什么等等，都会包含在这份预算白皮书中。

筹备阶段最重要的输出就是预算白皮书，然后持续迭代。它承载着企业经营管理的智慧、哲学和游戏规则，都会沉淀下来，这就是我们的知识资产，这样企业的经营管理才会不断地良性循环，而不是碎片化的。预算白皮书要把经营规则显性化、透明化，这样大家都能朝着同一目标共同作战，把更多的精力用在服务好客户上面。

第三，确定预算编制和评审的模板

预算评审模板要把预算评审的要素显性化，预算评审要素指的是评判预算好还是不好的标准，我们制作出来的是一份好的预算，还是一份没有价值的预算。

7.2.1 责任中心定位决定承担的经营责任

"责任中心"是管理会计的专业术语。是指承担一定经济责任，并享有一定权利的企业内部（责任）单位。

责任中心分为投资中心、利润中心、费用中心、成本中心、收入中心。任何一个组织都要有一个定位，明确需要承担的责任。企业未来的方向一定是三维利润中心，包括产品、区域、行业。

投资中心：以客户为导向，负责端到端产品投资和产品生命周期，如产品线，关注长期投资，以提升资产投资回报为责任。

利润中心：对客户承担端到端的责任，直接面对客户的组织，如产品线、地区部/代表处、项目等，对利润负责，是责任中心体系的核心。

费用中心：不直接面对外部客户，为其他责任中心提供服务，支出为公司运营刚性需要，如机关各部门投入和产出之间无严格的匹配关系，支付不能直接进入项目/合同。

成本中心：客户端到端组织的重要组成部分，与利润中心紧密联系，如GTS等，支出一般直接进入项目/合同，投入和产出匹配，对可控成本负责；

收入中心：直接面对外部客户组织，以追求规模和收入增长为主要目的，如大客户部，是客户端到端组织的重要组成部分，支撑利润中心实现。

责任中心定义了之后，需要注意以下三个原则：

第一，正确定位各部门责任中心性质，明确经营管理的责任，合理授权，简化管理，激活组织；

第二，责任中心与核算单位一致，不能过大（不利于落实经营责任），也不能过小（内部交易成本高）；

第三，每个经营指标尽量明确到唯一的责任中心。

7.2.2 预算白皮书结构

预算白皮书的整体架构如图7-6所示，此结构为华为的优秀实践，我们在编制自己企业预算白皮书的时候，就可以参考这个结构。

预算白皮书	内容	说明
	一、预算单元	基于责任中心定位，明确集团预算案、责任中心预算案、法人预算案的组成、预算内容、维度及最小颗粒度
	二、财报管理指引	明确集团层面的管理指引，包括集团关键财务指标追求及约束、资源生成配置规则和资源弹性规则
	三、经营管理指引	明确各业务经营管理指引，分各业务单元、集团平台及其他业务
	四、预算工作安排	预算日历、预算评审工作安排及预算关键评审要素
	五、预算假设	明确预算假设的定义、管理要求及集团三表和责任中心的预算假设关键内容
	六、预算管理	预算转移、追加（调减）及变更：明确场景、规则和审批路径
	七、偏离和解释	
	八、附件：XX年经营报告规则	

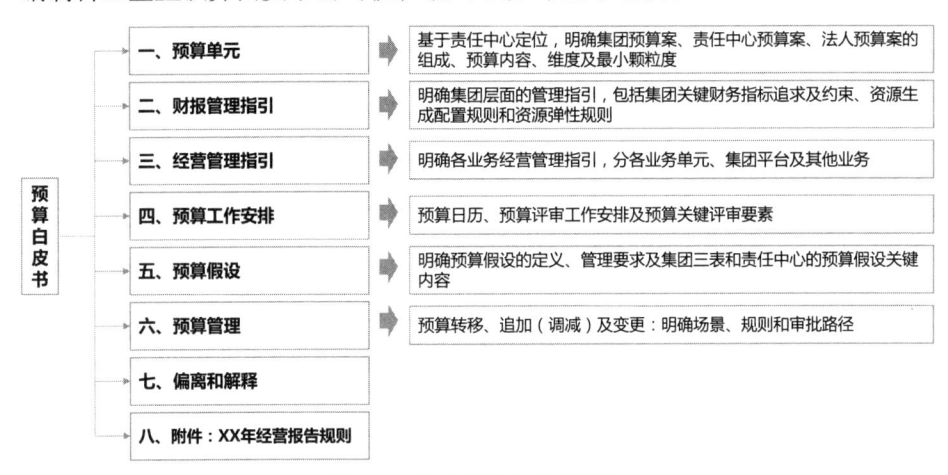

图7-6 华为预算白皮书结构

企业管理最重要的就是要形成规则和机制，预算白皮书共包含预算单元、财报管理指引、经营管理指引、预算工作安排、预算假设、预算管理、偏离和解释以及附件（xx年经营报告规则）等八个部分，以规则的确定性来应对外部的不确定性，以不变应万变。

预算单元：基于责任中心定位、明确集团预算案、责任中心预算案、法人预算案的组成、预算内容、维度及最小颗粒度；

财报管理指引：明确集团层面的管理指引，包括集团关键财务指标追求及约束、资源生成配置规则和资源弹性规则；

经营管理指引：明确各业务经营管理指引，分各业务单元、集团平台及其他业务；

预算工作安排：包括预算日历、预算评审工作安排及预算关键评审要素；

预算假设：明确预算假设的定义、管理要求及集团三表和责任中心的预算假设关键内容；

预算管理：包括预算转移、追加（调减）及变更；明确场景、规则和审批路径。

其中，财报管理指引和经营管理指引两个部分是非常重要的。

财报管理指引是公司集团层面最终成功的样子，把数据都刻画好，战略规划SP做完会形成未来几年的财报。比如明年我们的财报长什么样，在集团层面要有一些管理指引，包括集团关键财务指标的追求、销售毛利的追求、净利润的追求、几项费用的追求等等，都要有效率地提升。

经营管理指引是对各个业务单元的，比如行业、区域、产品线，各个业务单元的经营管理规则是不一样的。从公司整体的经营追求出发，要细化为各个利润中心、资源中心、支撑部门的要求，形成一系列经营管理的要求，然后量化成为企业经营约束的指标。

做预算要自上而下传达企业的意图，不能随便编造，要发挥预算经营指挥棒的作用。不能预算做出来之后发现远远超出了公司的可支付能力，与其这样，我们在一开始就给各个部门设置一个约束线，然后再启动预算。我们要想明确企业自身的差异化经营诉求应该怎么体现清楚，这就要求企业必须通过每个月持续地检查和指导，知道各个业务单元的经营情况，了解他们的短板和优势。对业务单元的情况越了解，给他们提的经营诉求才越有可能达成。

如果捂着耳朵随便定一个数据，有的是目标可能定得过于挑战，根本完不成，业务团队可能从一开始就躺平了，这叫负激励。也有的企业定的目标根本不够挑战，还没到半年业务目标就完成了。如何解决这个问题，公司的激励要怎么调整、怎么匹配，这就要求公司的管理层对业务单元经营管理的指引取决于对业务单元作战形式的了解程度。定目标的水平，提要求的水平，取决于我们对前端战局的了解，不了解情况的指挥就是瞎指挥。

预算假设也很重要，我们要把预算假设显性化出来，比如宏观环境如何、汇率走势如何等等。管理预算其实就是管理预算假设的变动，预算假设发生变化，企业的预算结果也就一定会受到影响，所以每个月我们都要去看这些预算假设是什么。

7.2.3 预算编制和评审

预算编制模板就是一套Excel表，每个部门根据自己的预算责任，都会收到相对应的Excel模板，可能会增加一些工作量，但这是非常有必要的，因为这是企业作战计划的复盘，值得公司的一把手亲自花时间去做，而不是授权其他员工去填这个表。

战略和计划预算都是问答题，不是填空题，更不是选择题，没有人提供标准答案，模板也只是用来指引思路，让大家更好地编制出我们需要的作战计划。所以，我们不要把预算编制当作一个填空的工作，它需要我们高度创新和思考。

预算编制出来后，我们就要从战略诉求、经营管理六要素、逻辑性、预算可信度这四个方面对预算进行评审（详见表7–1）。

表7–1 预算编制和评审

要素大类	要素细类/关键财务指标		评审要点
• 战略诉求	SP向BP导入		• 预算与战略规划中首年财务目标的差异 • 战略关键举措是否有相关的战略预算
• 经营管理六要素	机会	• 订货	• 是否满足经营管理指引的要求 • 原则上须满足约束条件，并有改进；如不满足，要有详细说明
	增长	• 收入/销毛	
	投入	• 研发/销售/管理费用	
	效率	• 费用率 • 人均收入/利润	
	汇报	• 贡献利润率	
	风险	• AR坏账 • 超期库存	
• 逻辑性	项目支撑		• 是否有项目支撑
	预算假设		• 分类完整、描述清晰、发生事件要明确、对财务结果的影响要量化
	预算结构		• 时间节奏（月/季度）、结构分析（分行业、分战区）
	数据逻辑		• 预算指标之间逻辑关系是否正确；上下级之间预算指标逻辑关系是否正确；应用的基线数据是否正确
• 预算可信度	历史三年的预算完成率		• 历史预算执行情况统计分析

1. 战略诉求

前面我们提到全面预算要承接战略，所以第一项我们就要看预算是否承接了战略的诉求，这是一份好预算的起点。

在SP向BP导入过程中，第一个评审要点是预算与战略规划中首年财务目标的差异。如果预算目标和战略规划差异非常大，要解释一下为什么会有这么大的差异，一定是外界环境有了新的变化，要实事求是，根据我们的战局作调整。

第二个评审要点是战略关键举措是否有相关的战略预算。预算要分成两个包，分别是经营预算和战略预算，来兼顾公司短中长期的平衡。如果我们所有的钱都用来"打粮食"，未来的"土壤"没人施肥，一定会导致土壤肥力不足，即中长期能力建设受损。从机制层面，预算可分为经营预算与战略预算，重大的战略举措是需要持续投入的，技术上的突破攻关不是一年就能出成果的，有可能需要连续投三年、五年甚至更长时间，这个时候要有专门的预算包来投。正常的经营作战是要求效率的，要逐年去比，提升效率。为了不让这些投入混淆公司正常的经营预算的基线，就需要对预算进行分包管理。

2. 经营管理六要素

经营管理的六要素即量化模型的六个重要方面：机会、增长、投入、效率、回报、风险。

作为一名优秀的管理者，要将这六个要素印在脑海里，从这六个方面全盘量化和思考我们的业务计划，是否满足经营管理指引的要求。如果公司的经营班子根据战略指引能够对业务单元提出差异化的经营管理的诉求，就能够提出经营管理的约束线。例如要求利润率的提升应该是一个怎么样的幅度等，业务单元就需要检查自己是否满足了经营指引的要求，有没有突破公司经营约束的红线，如果突破了就需要解释原因，有理有据详细说明。

3. 逻辑性

从整个预算的逻辑性来看，第一，看项目支撑，是否有足够的项目支撑目标达成，就是通过销售流程、渠道去看是否有足够的线索和机会点。第二，看预算假设，分类是否完整、描述是否清晰、发生时间是否明确等等，对财务结果的影响要量化，考验我们对业务的掌控程度。第三，看预算结构，时间节奏是否合理，公司牵引的时间是否已经过半，任务是否已经过半，差距多少，什么原因导致达不成，等等，我们需要去思考。第四，看数据逻辑，逻辑是否是清晰的、准确的，业务和财务在支撑业务单元去做经营管理时，业务背后的逻辑是什么，等等。

从战略到预算，一定是沿着背后的逻辑一点点转化到量化的指标上，这个逻辑线必须要逻辑自洽。例如当商务在不断下降、市场在不断萎缩，最后公司的收入还在以超出整个行业平均线很多倍的速度增长，这个逻辑是不能自恰的。所以，我们首先要从逻辑上自己挑战自己，使预算完整，经得起挑战，使预算指标之间的逻辑关系正确，上下级之间的预算指标逻辑关系正确，使基线数据正确。

4. 预算可信度

预算的可信度也可以叫作靠谱程度，要根据历史三年的预算完成率进行统计分析。实际完成的比目标设定的太高或者太低都是不靠谱的表现。对上市公司来说，经营指标上蹿下跳，会给人造成一种企业对经营结果的控制力太弱，对市场、行业的认知和掌控太弱的感觉。我们至少要比竞争对手强一些，预算的准确度应当作为管理者靠谱程度的一个判断。

7.3 如何编制一个好的预算？

7.3.1 经营预算与战略预算

全面预算由经营预算与战略预算两部分构成，以更好地平衡短期利益和长期战略，并在提高运营效率的同时构建公司的中长期发展能力。好的预算要能够实现当期经营目标和长期战略诉求的平衡（详见图7-7）。

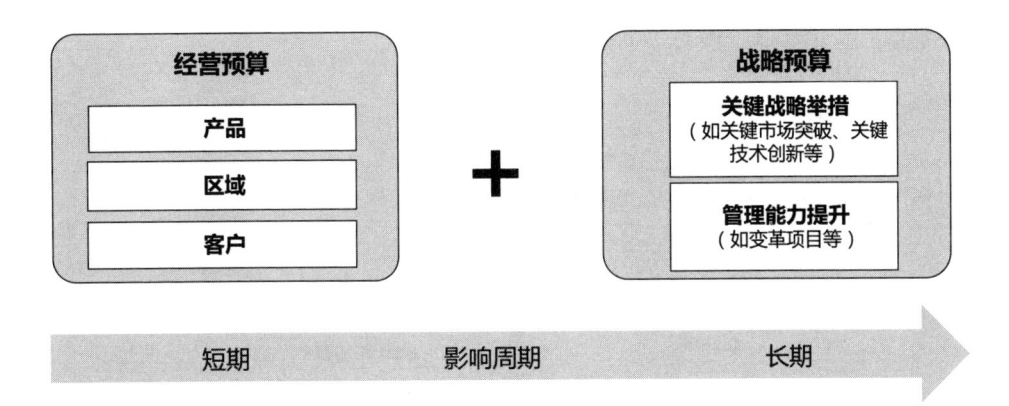

图7-7 经营预算和战略预算

我们要思考，公司未来的预算如何从机制上保证大家都能兼顾短期的打粮食。短期要经营结果，是公司存在的非常重要的前提，只有这样公司才能有盈余，才能支撑公司的土壤肥力，才能支撑公司未来战略机会点的孵化。所以，短期是经营预算，一定要从作战单元自下而上进行收敛，是资源获取分配制，多打粮食就可以多获取资源，粮食打少了就只能少花钱、自我约束。

长期的战略预算是自上而下统管授予制，完全承接公司的战略举措。要站在未来看今天，对公司缺失的、要补充的能力进行投资，比如IT建构、流程建设、变革管理等等，都属于战略专项的投入，要从公司过往的盈余里面拿钱出来。战略预算不会放在业务单元的预算包中，一方面是为了避免把业务单元的基线搞乱，另一方面是为了保障投资强度。根据项目制，按照项目清单、项目里程碑进行管理和闭环，并定期查看这些钱有没有花到位，有没有产生相应的结果，公司某些领域的能力有没有按照规划去达成。

7.3.2 业财融合的预算编制

编制预算的过程一定是业财融合的思路，也就是按照"目标—策略—业务计划—资源计划—财务结果"的思路开展（详见图7-8）。

我们理解的业财融合是真正广义上的业务和财务在年度计划编制过程中如何把"语文题"和"数学题"之间的逻辑拉通，它是一个共同努力的结果。战略目标环节更多的是语文题，但是完成目标的路径和资源要经过严密的推演，因此落地阶段更多的是数学题。

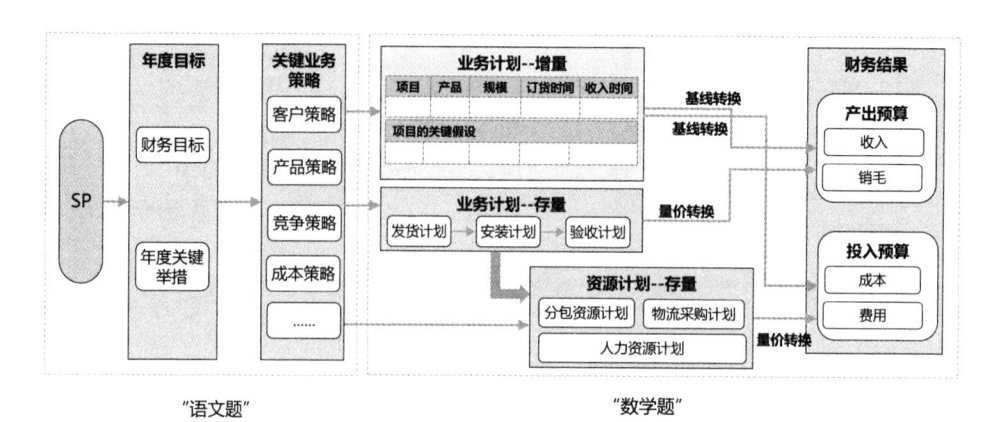

图7-8　编制预算的思路

首先，公司在战略阶段已经有了一个初始目标，沿着公司的战略目标，要思考我们的策略怎么样进行调整，包括产品策略、客户策略、竞争策略、供应策略等等，才能形成公司未来的业务计划。然后，我们要思考需要多少粮草，团队怎样重新排兵布阵，需要投入多少固定资产等等，这些就形成了我们的资源计划。最后通过各种基线的转化、量价的转化，形成公司货币化的财务预算。

全面预算与战略一样是不可以授权的，一定要公司业务的一把手去思考，绝对不能让其他员工去填这些表。这个表可以填得不完美，但一定要有管理者的思考和逻辑在里面。

7.3.3　机会与规模互锁

有些企业觉得内部互相竞争是一种不和谐的状态，但实际上我们要的就是不和谐。只有相互pk，相互拧麻花，才可以让企业的效率真正提升。

因此，在预算编制的过程中，我们应该看到各种不和谐和各种争吵，有争吵证明大家有思考有立场。没有争吵的话肯定是一方放弃了立场，或者是大家都没有观点，那编制出来的预算肯定是不正确的。我们要鼓励争吵，争吵的结果是为了求得共识，是为了充分暴露公司的问题和风险。只有这样，我们才可以思考公司未来的应急预案是什么。

所以，在机会和规模，在产出识别和在机会点寻找上，我们需要互锁。从产品线视角、行业视角、客户视角等多个维度对同一个市场进行判断，充分识别机会点。不能只是一个维度，只有一个维度可能会让我们错失很多机会，因为一个人的判断是非常有限的（详见图7-9）。

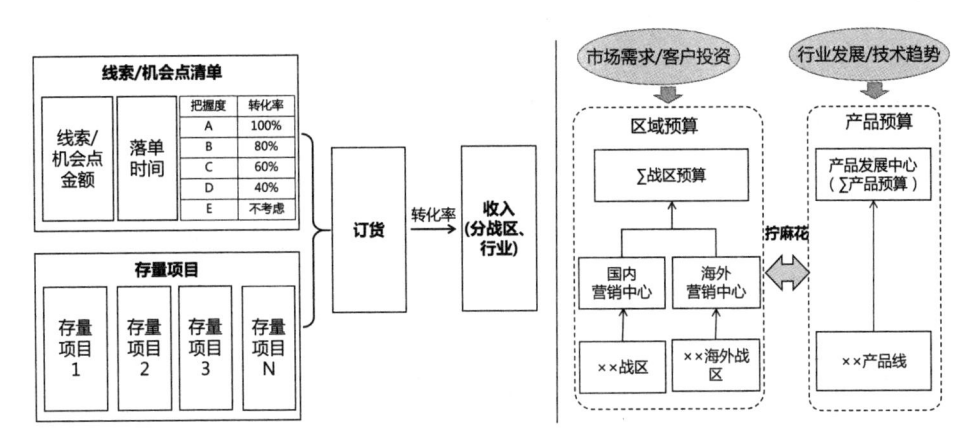

图7-9 机会和规模互锁

7.3.4 资源与供需互锁

资源与供需互锁，是提升公司资源效率和作战能力非常重要的工具（详见图7-10）。

在资源供需上，企业中后台保障资源的提供部门、人力的提供部门要与前端的作战单元互锁起来。要根据前端的作战形势，配置不同的能够满足作战需求的资源。谁呼唤了炮火，谁就要承担炮火的成本，这是未来我们变革的方向。

现在在企业里可能很少做这种资源的结算，呼唤炮火的人受益了，但是成本在另外的资源部门，导致资源部门越来越大，变得非常难以控制。在企业未来的变革中，要把资源的提供方和资源的使用方这种场景充分识别出来，达到一定的重要程度，相互进行结算。

作战单元的利润表是一个全成本的概念，能够让我们非常客观地知道这个产品真正能给公司创造的价值是多少，它会引导前端业务单元作战策略的变化。所以，在公司内部，资源的买卖双方是需要握手的，提升资源的效益

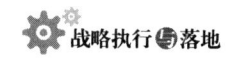

和效率。每个业务单元、每个人的预算，要么是在直接参与作战、打粮食，要么就是在建设公司的管理能力，要么来自经营预算报，要么来自战略和能力预算报。

所以我们要对自己的价值点非常清楚，是体现在公司粮仓里面的米多，还是体现在公司的机体和肌肉更多了。通过这种互锁，我们可以挤出组织中冗余和效率低下的水分。

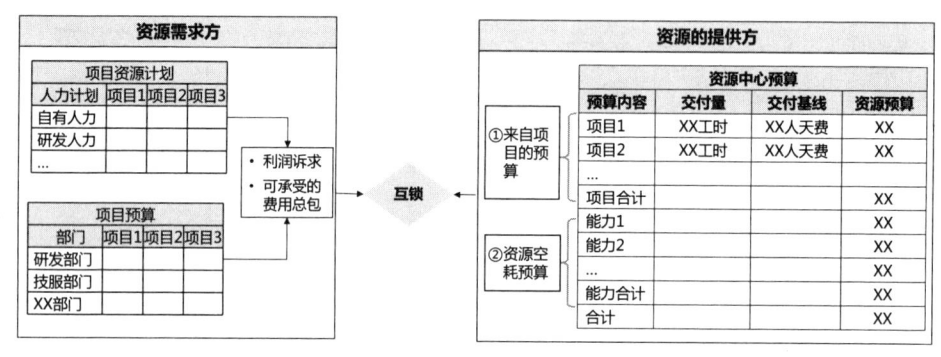

图7-10 资源和供需互锁

7.3.5 显性化预算评审

显性化的预算评审，要统一策略和目标，上下达成一致，保障预算可落地执行。

在企业辅导中我们发现，很多企业是财务部召开预算启动会后，业务部门按照Excel表把数据填上，财务汇总在一起就算做完了，这样肯定不是一个严谨的作战计划。

做预算是一个上下共识的过程，共识我们看到的机会，共识我们的目标，共识我们的资源策略，这一点非常重要。共识的场合就是通过预算的评审会来体现，是一个上下互锁的过程。汇报者代表所属业务单元汇报整体的业务计划和预算，其他人都扮演蓝军来挑战他，包括上面的领导者、中后台部门以及人力资源管理部门等。

挑战的实际目的是帮助汇报者真正思考清楚自己的作战计划，可以从哪些方面提升效率，机会点是不是还没有识别得足够充分。业务计划思考得越清晰，逻辑越清楚，故事说得越完整，就越有可能得到公司有限资源包的倾斜。资源是有限的，公司一定会投向最有可能产生更大价值的地方。

所以，年度业务计划是业务单元的一把手向公司申请和获得资源非常重要的途径，要利用这个机会说清楚自己的作战计划，去获得公司有限的资源。这里我们要重点强调，什么是好的预算？

第一，符合战略诉求，承接战略目标。

第二，从经营管理六要素，全面审视，并在预算中都有考虑。

第三，业财融合，沿着"目标—策略—业务计划—资源计划—财务结果"的逻辑进行。

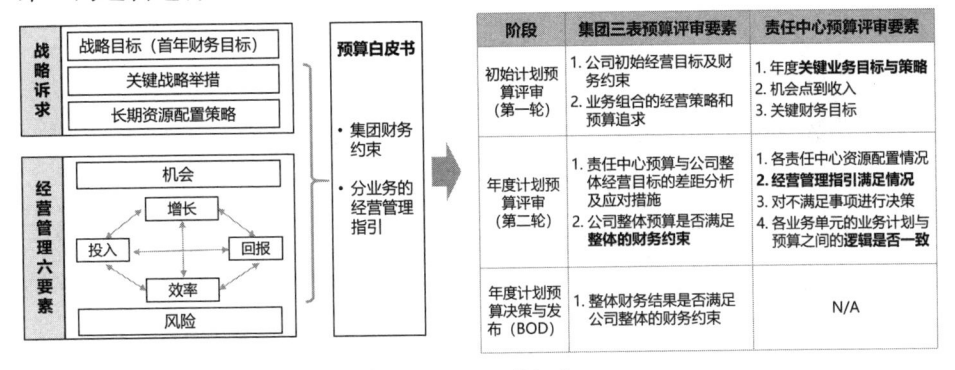

阶段	集团三表预算评审要素	责任中心预算评审要素
初始计划预算评审（第一轮）	1. 公司初始经营目标及财务约束 2. 业务组合的经营策略和预算诉求	1. 年度关键业务目标与策略 2. 机会点到收入 3. 关键财务目标
年度计划预算评审（第二轮）	1. 责任中心预算与公司整体经营目标的差距分析及应对措施 2. 公司整体预算是否满足**整体的财务约束**	1. 各责任中心资源配置情况 2. **经营管理指引满足情况** 3. 对不满足事项进行决策 4. 各业务单元的业务计划与预算之间的**逻辑是否一致**
年度计划预算决策与发布（BOD）	1. 整体财务结果是否满足公司整体的财务约束	N/A

图7-11　预算评审

一般，预算评审要"三上三下"，要做三轮评审，每一轮评审的重点都不一样（详见图7-11）。

第一轮是初始计划预算评审，责任中心预算评审要素的第一个是年度关键业务目标与策略，第二个是机会点到收入，第三个是关键财务目标。第一轮实际看的是前端最终的机会识别是否充分，有没有和其他维度进行互锁，有没有倾听其他视角的不同判断。

第二轮是年度计划预算评审，我们要重点去看各责任中心资源配置的情况，比如阵型怎么调整，人员有多少增加，人员结构要怎么调整，整体编制怎么管理。然后看经营管理指引的满足情况，比如销售费用率不能超过销售增长的百分之多少，或者是对中台部门费率的提升等等。同时，对第一次评审不满足的事项，应该要求业务部门整改再进行决策。

第三轮是年度计划预算决策与发布，主要看整体财务结果是否满足公司整体的财务约束。

所以，每一轮预算评审的重点都不一样，公司会根据各个部门不断提升上来的东西，不停地汇总，做新的平衡。这样经过三轮评审，就可以把公司的预算锁定下来了。

7.4 预算编制后，过程如何做到"预算要算"？

预算不是用来给管理者看的，预算编制完成后，企业需要把预算用起来，各级管理者要用预算这一工具来指挥作战。"预算要算"就是企业的资金分配要按照预算进行，企业要有严肃的目标文化，严肃的绩效导向文化。全面预算的方案就是业绩承诺书，是管理者们向公司获取资源的重要手段。

前面几节我们重点说的是业务单元战前的一系列准备工作，准备完成后就开始要真刀实枪作战了。那么在作战过程中，我们要如何做到"预算要算"，下面我们来详细说明。

7.4.1 管理核算：不能核算就不能管理

预算执行过程中很重要的一点就是管理核算，管理核算区别于财务核算，要遵从业务实质。财务核算是基于法人主体编制资产负债表、现金流量表和利润表三大表，而管理核算是基于公司内部的管理架构和作战阵型来划分的，是内部颗粒，比如按照行业、区域、产品线构建我们的作战团队。

管理核算里会存在大量的资源使用的场景，比如研发和产品线之间，或者和区域之间，这些工作和资源的使用需要在内部做一些结算。尽管这些结算工作可能会增加一部分管理成本，但这样更加能反映业务的实质，是有价值和意义的。如果不这样做的话，我们看到的报表是不能够客观地反映公司实际的业务情况的。所以，管理核算一定要遵从公司的业务实质（详见图7-12）。

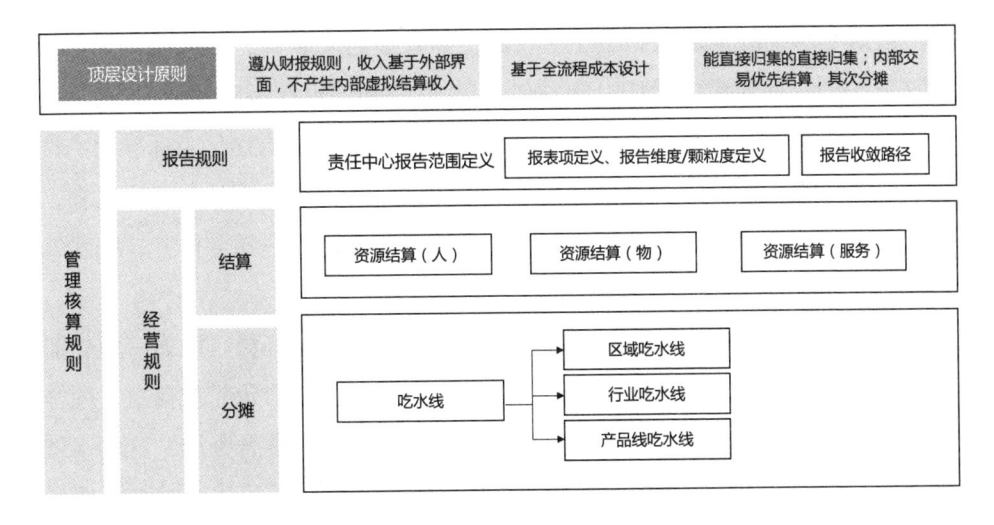

图7-12　管理核算过程

管理核算的顶层设计要遵从三个原则：

第一，遵从财报规则，收入基于外部界面，不产生内部虚拟结算收入；

第二，基于全流程成本设计；

第三，能直接归集的就直接归集，内部交易优先结算，其次分摊。

利润中心是一个全流程成本的设计，用销售毛利润减去业务单元的直接费用的方式，只是计算了总费用中的一部分，在这些直接费用之外，还有周边的其他部门为我们的业务单元提供服务，这些周边的服务实际上可以通过量和价来进行内部结算，服务了多少天，费率是多少。由于是因为业务单元的需求造成的费用投入，所以这些费用应该反映在业务单元的报表中。

同时，在这些能够识别结算清楚的费用之外，还有一些是没有办法识别清楚的费用，分不清到底是为哪个部门提供了多少天的服务，它是一个平台型的存在，这种情况就通过分摊进入到各业务单元的报表。

通过这样的费用计算方式，把同一维度中所有业务单元的费用都加在一起，就应该等于公司整体的费用，这就是全成本的概念。这里面有个很重要的规则，能直接归集的直接归集，内部交易优先结算，其次分摊。如果公司有量价的概念，能清晰地知道用了多少天的时间，费率也有一个相对客观的标准，那就走结算，不要走简单的分摊，全部简单的分摊会模糊我们的视线。因此，对于分摊的部分，我们希望能够不断地做薄。

做薄吃水线的意思是指整个后台的支撑效率越来越高，比如公司现在的营收是20亿，将来要做到100亿，那公司的后台部门也要翻5倍吗？肯定不是这样的，后台的效率要提升，效率提升的方法就是通过流程化、标准化、IT化改变部门的作战方式。通过改变作战方式，就可以把一部分人解放出来，投入到更加增值的业务财务和战略财务等工作上去，效率就会提升，吃水线一定会越做越薄。

"吃水线"的概念，我们可以用简单易懂的方式来解释。比如一艘轮船在水中，轮船里没有放任何货物时也会沉下去一点，因为轮船有自重。同样的，公司的运作要有一个大平台的存在，要沉淀能力和整合资源，这些水就叫"吃水线"。如果今年的吃水线是10%，明年就一定不可以是10%，要做薄到8%、7%或者6%等。我们要和同行业去比，把公司的吃水线持续做薄，中台的资源部门也要把效率不断地提升。这样公司的前中后台都是共同面向作战，力出一孔，才能够提升公司各个环节的运营效率，提高公司成本的竞争力。

所以，我们一定要在公司内部形成资源供需的互锁和拧麻花的局面，只有拧，毛巾里的水才会出来。如果只是湿哒哒地放着，里面的水是不会出来的，效率也提升不了。这就是管理核算，不能核算就不能管理，不能管理就不能闭环。

需要强调的是，我们在做预算的时候，不是越细越好，企业的核算能力和资源要匹配。如果预算做得太细就会造成管理过度，管理过度会带来大量无效的内部交易成本。企业要选择一个合适的组织颗粒度和时间颗粒度，在做预算的时候不要僵化和一味地向标杆公司学习，要选择适配自身能力的方式，随着自身能力的不断提高，我们的前瞻能力和预测能力也会越来越强。

7.4.2 预测及经营分析

预测及经营分析是非常重要的过程管理和纠偏的工具，预测是决策的基础，经营分析依托"三GAP，三清单"（详见图7-13）。

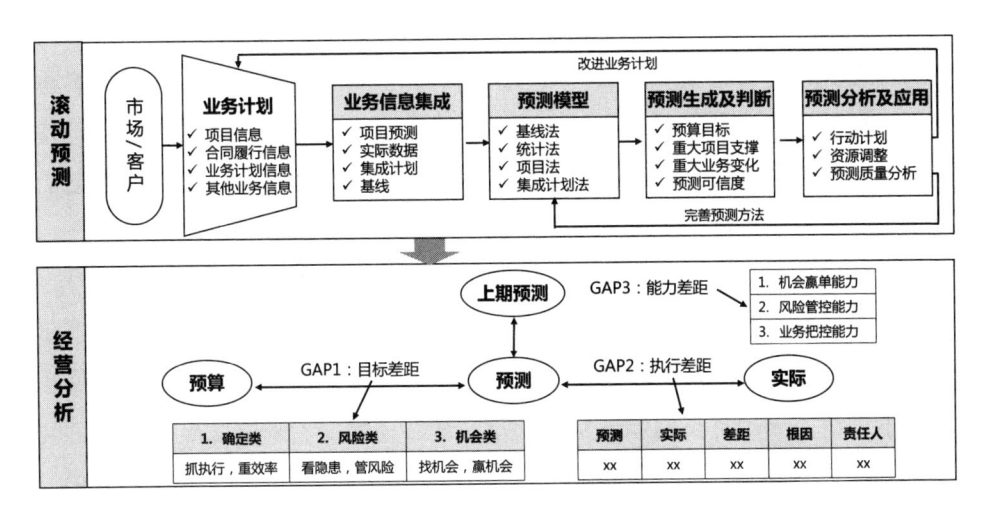

图7-13 滚动预测和经营分析

有的企业年度预算做完之后，每个季度开一次经营分析会，会上财务直接拿规划中的几个大数与实际相比，发现有偏差，然后就结束了。这种情况非常普遍，也存在很明显的问题。

首先，颗粒度不够，在现在外部环境变化这么快的情况下，按季度开经营分析会是不够的。每年12个月，预算编制完基本上第一个季度就结束了，从第二个季度开始，一定要做到每个月开一次经营分析会。

经营分析不是为了分析而分析，分析是为了纠偏，因为不可能一年的作战形式都按照最开始规划的路线往前走。就像我们开车的时候，一定是有时要踩油门，有时要松油门，有时要换一下挡，有时要调一下方向盘。企业经营过程中也需要不断地纠偏，纠偏的前提是复盘过去，预测未来。复盘过去是为了找到过去存在的问题，让我们知道哪里做得不好，可以怎样去做得更好；往前作预测是为了洞察未来可能的风险，找到未来更多的机会点。这是做经营分析非常重要的目的。

经营分析会要关注三个暴露：

第一，通过复盘过去，暴露出过去的经营过程中存在的问题；

第二，暴露今年完成经营目标的风险和差距；

第三，暴露完成目标的机会点。

如果经营分析做不到这三个暴露，就会失去其价值。经营分析会要花费

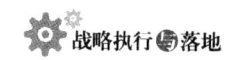

大量的时间和精力去做，如何让它变得有效，是管理者需要去思考的。

经营分析会要开成业财融合对齐的会议，业财融合很重要的一点是滚动预测。可能很多企业在这方面还比较弱，因为它是一项能力，是需要我们去建设的。往前能看多远，往往取决于自身的能力是强还是弱，同时也决定了这个企业是伟大的企业还是平庸的企业，所以我们要花时间去建设。

要建设这个能力，首先要做的就是前端的市场洞察，也就是战略能力的提升。要做到每个月审视预测的偏差，在行业中至少做到优秀的水平，才有可能超过竞争对手，这也是考验管理者的靠谱程度，如果偏差很大就说明管理者不靠谱。无论是正偏差还是负偏差，从靠谱程度上来说，都不是我们想要的。

想要让我们预测的能力变得更好，还要建很多的方法和模型，要打通预测的信息流，要对接信息系统，同时提升一系列的能力，包括前端市场洞察的能力，收集情报的能力，客户洞察的能力，等等。

经营分析中有一个非常重要的工具，叫作"三GAP，三清单"。

第一个GAP，是所有管理者都要紧紧牢记自己的年度经营目标。每个月都要思考今年到底能完成多少，预算的靠谱度能提升到多少，而不是老板问的时候才想起来，或者是老板问的时候都想不起来今年能完成多少。

第二个GAP，是月度预测与月度实际之间的差距。尽管由于我们自身的原因无法看到未来一年的预测，但往后看一个月能不能靠谱一些。很多公司存在这种情况，比如经营分析会上预测下个月能完成5000万，结果只完成了1000万，然后管理者就开始找各种原因，如客户没下单、竞争对手改变策略，等等。如果我们要找客观原因，能找一万个，但是不如问一问自己是不是因为我们的能力不够，为什么竞争对手能够预测得清楚。在标杆公司的优秀实践中，月度预测的准确度能够达到95%，这是可以做到的，它是一种能力的提升。

第三个GAP，是当月滚动预测与上月滚动预测的差异。一般我们要求的是要持续滚动预测一年，每次都要看全年有没有完成。比如上个月说全年能完成3个亿，到了下个月又说能完成5个亿，这2个亿的差距一定要说明原因。同时我们也不能为了让自己靠谱，就隐瞒这2个亿的机会点，把公司导向收敛，这是不允许的。首先我们的目标肯定是导向冲锋，能做多大就要做多大。另外我们定目标、承诺目标的能力也要提升上来。所以从经营和管理两个维度，一方面要导向冲锋，把蛋糕做大，另一方面我们的目标和我们的实际之间的偏离度要在靠谱范围之内。也许我们现在的靠谱范围可能整体基线就低，那我们至少在这个基线里面做最高的那个。

这三个差异，如果每个月都去看，就能非常清楚地知道差异在什么地方，是什么原因导致的，到年底就不可能只完成60%的目标。

另外，还有一个工具叫作"三清单"，这是业务财务共同语言的一个非常重要的工具。根据我们对项目的把握度，可以分成三类：

第一类是确定类清单，指的是一些把握度非常高的项目。这类项目我们要抓效率，抓执行，快速形成收入和现金流，确定性的工作让下面的执行层去做就可以；

第二类是机会类清单，指的是一些高度不确定的项目，这类项目要让公司的一把手或者主要管理者去抓，要找机会，赢机会；

第三类是风险类清单，这类项目我们要清楚到底是什么样的风险因素，需要什么样的资源来管理这个风险。对经营管理来说，公司的任何资源都是可以调用的，但是也要考虑申请这个资源需要占用我们多少预算，要时刻保持算账的意识。

经营管理意识其实就是算账的意识，做任何事情我们都要算一算划不划得来，是对我们今天打粮食有帮助，还是对中长期的土壤肥力有帮助。总之，肯定是要对我们某一方面有帮助，才去申请炮火。因为炮火是有成本的，成本是需要收入来覆盖的，这才叫有投资的眼光，而不是一个费用。

7.4.3 弹性资源调整

弹性资源调整指的是要基于预测，结合弹性管理策略获取资源，合理控制投入节奏。简单来说，弹性资源调整就是纠偏，在纠偏过程中，我们的资源怎么去弹性匹配。企业经营过程中，作战的形势可能优于预期，也有可能比预期悲观，在这种情况下我们该怎么办？

需要强调的是，企业有限的资源必须导向多打粮食，是获取分享制。如果作战形势很好，资源就再多给一点。如果形势不好，我们就需要对一些资源进行调整（详见图7-14）。

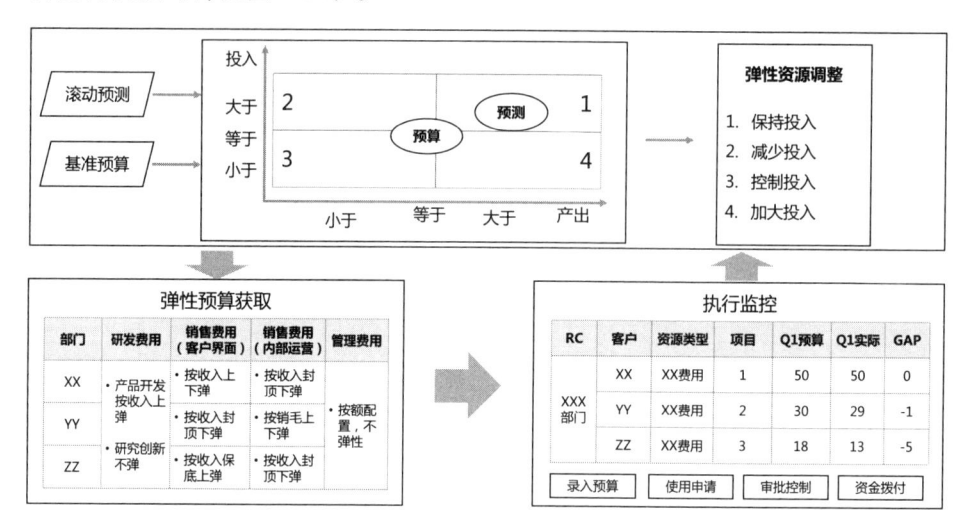

图7-14 弹性资源调整

不同的组织要识别出不同的业务场景，我们应该怎样去弹性调整？如果今天目标完成了150%，资源也增长150%吗？肯定不是这么简单粗暴的。

弹性系数的设置是由我们的管理水平决定的，我们能不能识别不同的业务场景，来设置合理的弹性配置的基线，这个系数是由我们的能力决定的。

7.4.4 资源配置进系统管控

资源配置要进系统管控，通过事中控制，强化预算的严肃性。同时要和公司其他各项资源申请的系统挂起钩来，例如采购系统、人力招聘系统、薪酬系统等等（详见图7-15）。

预算额度一旦生效，或者在过程中被弹性调整，会决定后面我们可以花钱的水平。以差旅费为例，就会根据预算的额度，在系统里随时提醒管理者现在的预算额度还有多少，这样就把事后数据的展现变成了事前和事中的控制。

所以我们做预算最后的结果是要用于管控，肯定不可能是敞口的，因为资源是非常有限的。

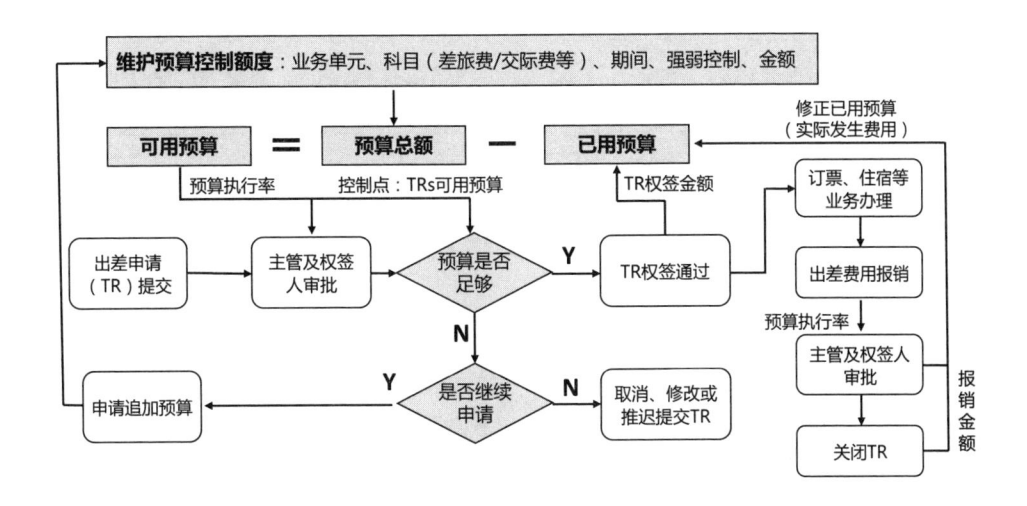

图7-15 资源配置进系统管控

7.5 预算如何来闭环?

7.5.1 组织KPI闭环

组织KPI的闭环，就是预算执行的结果要能够影响到各个部门的组织KPI。组织KPI就是各个组织在作战中的表现如何，表现好的与表现差的，最后的获得一定会和作战的结果挂钩，挂钩的方式就是通过激励政策。

组织绩效中的平衡计分卡分四个维度，其中一个是财务维度。财务维度的指标和数据的赋值主要是由财务团队来支撑，这是组织绩效中非常重要的一个量化的输入。其他的客户、内部运营、学习与成长三个维度，更多是文字的描述，只有财务是真正的量化（详见图7-16）。

因此，预算必须要与组织的财务KPI关联起来，从流程和机制上都要确保是衔接的。

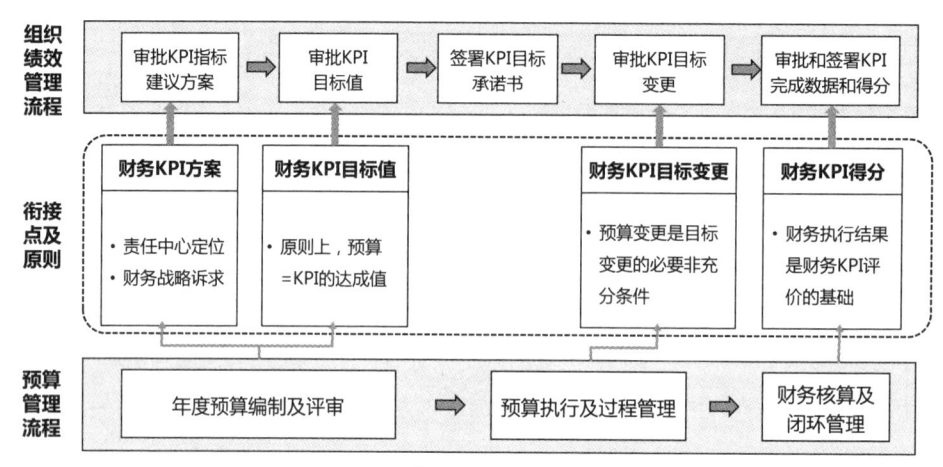

图7-16 预算与组织的财务KPI关联

7.5.2 超预算的惩罚措施

有奖肯定就有罚，奖惩和激励是最有效的闭环手段。如果部门超预算了，该怎么办呢？

假如今年承诺的目标是5个亿，实际只完成3个亿，那我们能获得的资源包也应该受限，如果是和收入成正比，应该是只能花六折的钱。但这个时候可能我们已经花了八折的钱了，那就肯定是花超了，因为资源的调整没有那么快，而且人力的成本很多是刚性的。

对于这种情况，就要求我们的管理者真的要有量入为出、开源节流的经营管理意识，如果超了就要认。当然，现在很多企业可能还没有这种规则和机制，超了也没有任何影响，那就是预算不严肃，时间久了就没有人会认真对待这个全面预算的工作。

如果我们想要树立起严肃的预算文化，就要让预算要算，超预算的就要有相应的措施。比如是不是可能影响到部门的奖金包，是不是可能影响到组织的评价等。同时，我们前面提到要设置靠谱度的评价，如果预算超了，就说明管理者不靠谱，没有把钱用好，或者说是用了这么多钱没有达到公司希望的产出。

对于超预算的相应机制，需要财务、人力资源与战略这三个非常重要的管理部门去协同建立，目的是严肃预算的文化，让公司的整个预算是要算的。

这里就不得不提到三条"节约不归己"的规则：

第一，客户界面费用节约不归己（为保障区域客户界面费用的合理支出，支撑公司长期有效发展）；

第二，研发费用节约不归己（为保障研发费用的合理支出，支撑公司长期有效发展）；

第三，战略投入费用节约不归己（战略投入是面向未来，聚焦战略，支撑公司中长期目标达成的专项收入，经营单元要敢于进行战略投入）。

这些规则会影响我们的管理报告，靠大家自觉是不持续的，一定会有人自觉，有人不自觉，所以就要形成一定的机制。让大家不要总是去省见客户的钱，不要总是去省战略的钱，不要总是去省公司中长期能力建设的钱。

对于客户需要去做战略突破的、客情关系非常差的、需要加大投入的一些情况，如果按照"以包代管"的思路，为了让团队多获得一些奖金，把这些钱也省了，那就是省掉了公司的土壤肥力。

我们一直常说"再穷不能穷战略，再穷不能穷客户"，把这些省了，公司后续就会乏力。客户是我们唯一的收入来源，在这个界面如果我们没有投足，就会很容易被竞争对手拿走。

按照"节约不归己"的要求，如果组织省了与客户界面的费用、研发费用或者战略投入的费用，就属于省了不该省的钱。但是，内部运营的费用我们是希望能够大省特省的，也通过改变作战模式、IT化、标准化等方式，使效率越来越高，省下来的钱就变成了组织的奖金包。

所以，只有这样的规则设计才能牵引到大家的行为，让有限的钱花到最能够体现公司战略意图的地方去。

7.5.3 预算预测可信度管理

所谓预算预测的可信度，也可以叫做预算的可靠度，来自英文"credibility"，直接翻译叫"信用度"。

财经部门将来要给每一位管理者都建立一个档案，可以清晰反映一些人是不是爱吹牛，是不是总喜欢唱悲歌。有的管理者很喜欢吹牛，每个月都说能完成，结果每个月都只能完成50%或者60%。也有的管理者不到最后一刻都一直说目标完不成，结果到最后突然完成120%。这类情况以及这类管理者的风格都是不好的，对企业来说可能导致资源的浪费，所以我们要建立一个管理行为的靠谱度。

如果每个管理者都有一个档案，这样业务单元编制出来的预算，财经部门自己都会有一个判断，这个判断来自于财经部门的数据积累以及对业务的理解程度，同时又有管理者的靠谱程度作为支撑，然后从这些里面找到一些规律，形成财经BP自我判断的视角。同时，在财经与业务相互拧麻花的时候，也会形成一个制衡的力量。

如果我们收到业务部门提交上来的作业，只是一汇总就完事了，这样的财经是缺乏判断能力的。在财经的能力比较低下或者缺失的时候，就要建立我们自己的能力，我们要思考财经如何建立起和业务之间相互制衡的这种能力。

部门之间相互制衡都是为了提升，相互掰手腕才会让肌肉更有力量。大家都是为了让企业更好，各板块的力量都要提升上来，形成一个互相制衡和互相PK的局面。预算预测的靠谱度我们现在就可以做起来，将来要影响到我们从财务的视角预测准确率的判断。

以上就是本书全面预算管理部分的全部内容，最后，我们以什么是好的预算管理作为结束，希望能够加深各位读者全面预算管理的理解：

好的预算管理，能将公司战略以数据化的形式落实于组织和个人，真正实现战略落地；

好的预算管理，是深入了解业务及其背后的逻辑而做出来的，是不疏不漏；

好的预算管理，既要考虑数据的合理性，又要考虑执行的可行性；

好的预算管理，不是财务热闹、他人抵触，而是人人都了解目标和资源，自愿地朝着目标奔跑。

附录 I

战略经典案例：华为投资发展史研究

成立于1987年的华为公司，长期以来对外投资都比较谨慎。在其他企业对房地产和互联网大举进攻之时，华为都在坚守自己的领域。华为对外投资思路，一直遵循着《华为基本法》中制定的原则。

华为早期的投资部门是隶属于公司财经委员会下的企业发展部。主要包括策略发展部、企业项目运作部、投资监控部、项目执行部等。

一、华为投资初期：产业投资并购为主

华为公司的投资最早可追溯到2000年左右。当时，正值第三代移动通信技术于大规模应用前期，华为作为后来者伺机抢先，通过市场洞察，开始了战略投资版图覆盖，在美国开展了一系列小规模的收购。

2002年初，华为对光通信厂商OptiMight的收购，加强了其在光传输方面的技术实力。

2003年，华为收购网络处理器厂商Cognigine，增强了其在交换机和路由器核心处理器方面的能力。

2004年，华为与硅谷的无线光学产品设计商及制造商LightPointe达成合作，并借此取得OEM该公司FSO设备的资格。

2006年6月6日，华为宣布并购港湾网络。

在随后时间里，华为又投资超过十几家企业。这些企业主要集中在法国、英国等欧洲地区，企业类型以通信、半导体为主。华为这一系列投资的目的，是弥补自身相对薄弱的模块，同时更好地进入发达国家，提升其在欧美市场占有率。

其中，部分投资也跟华为在物联网领域的战略布局有关。2012年，华为便对外宣布进军物联网，并已经完成了相关物联网解决方案。随后的几次投资，将扩大其在国外的物联网布局。比如，2014年7月，华为与博世创投、赛灵思联合投资了XMOS共2600万美元。XMOS是英国一家半导体设计公司，专门面向"物联网"产品设计高性能芯片，包括通过嵌入式芯片接入互联网的个人电子设备和家用设备。同年9月，华为又以2500万美元，收购了另外一家英国的物联网公司Neul。

表1 华为投资情况表

时间	投资主体	被投资方	被投方主要业务	投资方式	投资金额
2019年6月4日	华为控股	Vokord	安防技术及产品	并购	5000万美元
2016年12月27日	华为控股	HexaTier	数据库安全服务	并购	4200万美元
2016年12月8日	华为控股	Toga Networks	电芯及IT行业解决方案	并购	1.5亿美元
2015年7月14日	华为控股	Amartus	定制软件开发服务	并购	未公开
2014年9月23日	华为控股	Neul	物联网无线电标准研究	并购	2500万美元
2014年7月1日	华为控股	XMOS	半导体设计	D轮	2600万美元
2014年2月14日	华为控股	Fastwire	电信网络管理	并购	1900万美元
2013年8月6日	华为控股	Caliopa	硅光子收发器	并购	700万美元
2012年2月6日	华为控股	CIP Technologic	集成光子研究中心	并购	未公开
2011年11月15日	华为控股	华为赛门铁克	安全、存储	并购	5.3亿美元
2010年10月27日	华为控股	M4S	半导体生产	并购	1050万美元
2006年6月1日	华为控股	港湾网络	宽带网络通信	并购	未公开
2006年6月1日	华为控股	港湾网络	宽带网络通信	并购	未公开

数据来源：IT桔子、Vin投研

2011年1月，华为、高原资本联合投资了国内网页游戏研发和运营企业趣游数千万美元。

2011年8月，华为投资了昆仑万维2亿人民币，持有3%的股份，是当时第七大股东。2016年昆仑万维上市解禁后，华为减持了手中的股份。

2013年，华为从经纬中国和IDG手中接盘暴风影音，持有其3.89%的股份。2016年暴风影音上市解禁后，华为也选择了减持。

表2 华为投资情况表

时间	投资主体	被投资方	被投方主要业务	投资方式	投资金额
2013年7月1日	华为控股	暴风影音	互联网娱乐	D轮	数千万美元
2012年2月1日	华为控股	九州华兴国际旅游	特色高端旅游	战略投资	数千万元
2011年9月1日	华为控股	易宝支付（TeePay）	第三方支付	B轮	数千万美元
2011年8月30日	华为控股	昆仑万维	游戏	战略投资	2亿元
2017年7月3日	华为控股	太古资产	私募基金管理人	天使轮	未公开
2011年1月1日	华为控股	趣游	游戏	B轮	数千万美元
2006年1月13日	华为控股	龙湖国际高尔夫俱乐部	娱乐休闲	投资	未公开

数据来源：IT桔子、Vin投研

总体来看，华为这个阶段的投资思路是通过小金额（大多在几百万美元到几亿美元之间）的并购拿下关键技术，融入自己的平台中，特别是未来几年内可能带来突破性增长的技术。

二、成立哈勃投资：半导体全产业链布局

2015年到2018年之间的对外投资相对较少，这几年是华为终端快速崛起的黄金时期。华为公司整体业绩2014年为2870亿元，2018年达到7212亿元，华为公司投资动力都在内部扩产和扩员上面。

2018年以来，随着国际大环境越来越严峻，某些西方国家对华为进行多轮针对性的制裁和限制供应，哈勃科技创业投资有限公司(简称"哈勃投资")也就在这样的背景下，于2019年4月23日成立，注册资本30亿，由华为投资控股有限公司100%控股。

哈勃投资的目标也一直很明确，即直指芯片领域"卡脖子"技术，主要开展集成电路、半导体产业链的投资布局，促进半导体产业的发展。

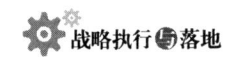

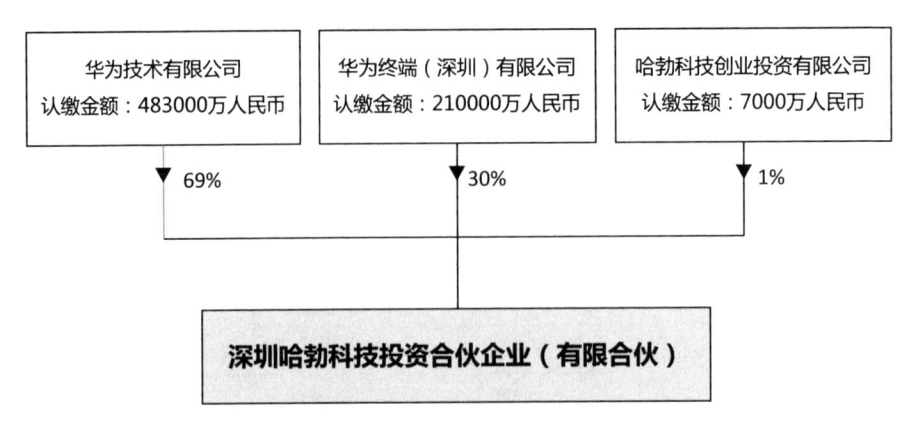

```
┌─────────────────┐  ┌─────────────────┐  ┌─────────────────────┐
│ 华为技术有限公司 │  │华为终端（深圳）  │  │哈勃科技创业投资有限公司│
│认缴金额：483000 │  │有限公司          │  │认缴金额：7000万人民币│
│万人民币          │  │认缴金额：210000  │  │                     │
│                 │  │万人民币          │  │                     │
└────────┬────────┘  └────────┬────────┘  └──────────┬──────────┘
         │ 69%                │ 30%                  │ 1%
         └────────────────────┼──────────────────────┘
                              ▼
              ┌──────────────────────────────┐
              │深圳哈勃科技投资合伙企业（有限合伙）│
              └──────────────────────────────┘
```

图1 深圳哈勃科技投资合伙企业股权分布

2021年11月5日，哈勃科技投资有限公司更名为"哈勃科技创业投资有限公司"，同时营业范围增加私募股权投资基金管理、创业投资基金管理服务。这也意味着华为公司旗下哈勃投资正式进军私募基金行业，未来将成立私募基金产品，面向个人和机构合格投资者募集资金，进行股权创业投资。

就华为公司对外投资方式来看，整理过往数据，投资母基金、直接投资项目、投资合伙企业和CO-GP联合投资基金等对外投资方式，构成了华为的对外投资工具网络。

表3 华为对外投资方式

投资方式	投资主体举例	被投主体举例
投资母基金	华为投资控股有限公司	国创元禾创业投资基金（有限合伙）、国创开元股权投资基金（有限合伙）
直接投资项目	华为投资控股有限公司、哈勃科技创业投资有限公司	杰冯测试技术（昆山）有限责任公司、东芯股份（688110）、思瑞浦（688536）
投资合伙企业	哈勃科技创业投资有限公司	深圳哈勃科技投资合伙企业（有限合伙）
投资基金	哈勃科技创业投资有限公司	宁波梅山保税港区青芯意诚企业管理咨询合伙企业（有限合伙）
CO-GP（双GP）基金	哈勃科技创业投资有限公司	深圳市红土善利私募股权投资基金合伙企业（有限合伙）

这几年哈勃投资的投资版图，主要是芯片制造产业链、汽车电子、5G产业链。这几个正好是华为的核心业务，其重点集中在集成电路半导体领域，涉及芯片设计、EDA（电子设备自动化）、封装测试、半导体材料和设备等

各环节。

哈勃投资包括两大主体，哈勃科技创业投资有限公司和深圳哈勃科技投资合伙企业（有限合伙）。截止到2022年3月21日，哈勃投资共发起超过70笔投资，被投资企业超过70家。

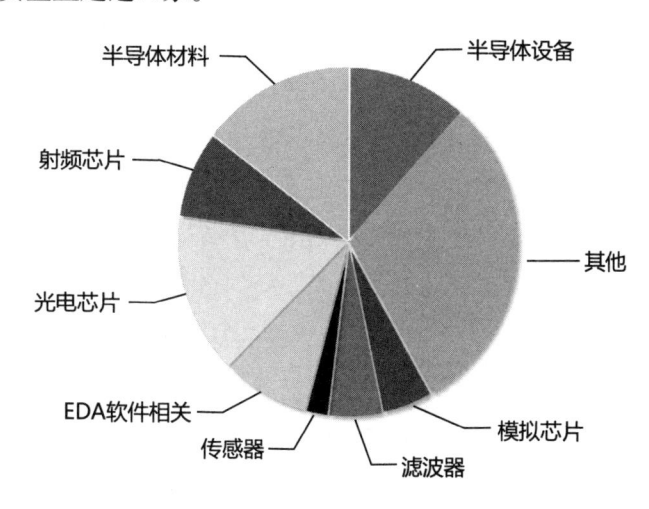

数据来源：天眼查

图2　哈勃投资在半导体领域的投资情况

三、华为军团战略：构建万物互联的智能世界

2019年之后还有多起以华为技术作为主体的投资，值得注意的是，讯联智付成立于2013年6月，在2014年7月获发支付牌照，牌照类型为全国范围的互联网支付、移动电话支付业务。这也让华为成为小米之后，第二家获得支付牌照的手机厂商。

总体上来看，最近几年间，为了应对国际大环境，华为的投资从保守切换到稳健风格，投资策略从过去的以并购为主，逐步转为注重战略投资和风险投资。这一切大多都是为了寻找供应链，扶持国内半导体企业。另据公开报道，华为早在2021年9月18日，就与深圳市福田区政府签订战略合作协议，计划投资40亿打造数字能源总部。同年华为数字技术有限公司成立，注册资本30亿元。越来越多的迹象表明华为下一步的投资战略重心会放在数字能源军团和电动汽车产业链。

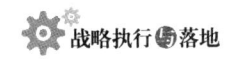

四、华为的管道战略

华为在产业整合与并购投资方面的表现是可圈可点的。

华为管道战略是面向技术视角、产业视角的用来承载信息的数字管道体系。其以中国的水系为比喻,在管道体系中,网络终端(如PC、手机等)是水龙头,打开水龙头,水(信息)就源源不断地流出来。企业网络相当于支流和城市管道,企业数据中心是水库,支流越宽,城市管网铺得越好,就能把更多的信息收到主管道中,就能交互更多信息,企业的信息化程度就越高。移动宽带(MBB)、固定宽带(FBB)是黄河、长江、数据中心解决方案是洞庭湖,骨干网解决方案是太平洋,他们负责处理和传输从各个支流汇聚过来的数字洪水。这就构筑了一个完整的从信息产生到汇聚、传输、交换,最终形成宽广信息太平洋的信息管道载体。而服务对整个管理体系进行管理、维护和优化,确保管道畅通无阻。

管道战略是华为的核心战略,华为对于产品线开展管道业务予以支持,即使短期内未实现盈利,公司也会继续投资。但是,对于非管道业务,如果产品线要继续开展,就需要向公司缴纳一定的利润才能准许继续开展,华为就是通过管道战略来明确产业整合与并购投资的方向。

推荐语

（按照姓氏拼音顺序排列）

企业的成功需要一流的战略和出色的执行，二者缺一不可。本书将华为战略制定、执行落地的方法论做了系统论述，并且结合了许多经典的应用实践案例，从理论和实践两个方面提供了非常好的示范，值得企业家和经营管理者学习借鉴。

——广联达科技股份有限公司创始人、战略发展顾问　刁志中

一个成功企业离不开适于本企业的有效战略。而这个有效战略的最难点是如何使规划好的战略成功落地。孙建恒先生以他在华为多年的工作经历为基础，及其之后为多家公司提供咨询辅导的实践心得，总结提炼出了一些很好的战略落地方法，是一本值得企业管理者研读的书。

——武汉光迅股份有限公司原总经理　胡广文

华为在逆境中隐忍三年，厚积薄发，推出了基于自研麒麟芯片的Mate 60 Pro，这个伟大的成就是基于华为的坚毅基因和强大的执行力。本书详细地阐述了华为的战略思维与执行的方法论，值得众多企业学习效仿。

——中信资本运营合伙人　胡启林

战略似乎是一个人人都懂，但又有点高高在上的概念，怎么落地？怎么转化为具体的行动？许多人还是会感到茫然。建恒有多年的华为战略管理经验，也指导过多家上市公司的战略管理实践，经过多年的思考与总结，系统全面地梳理了华为的战略管理流程。书里有大量华为战略管

理的鲜活案例，也有建恒深入而独特的战略思考，是深入了解和研究华为战略管理体系的一本好参考，也是企业管理人员提升战略思维能力的一本好教材。

——北京未来勇士教育研究院院长；军事科学院研究生院副教授；北师大教育博士　胡振中

每个企业都有自己的战略，或大或小，或成文或在老板的心中，或充分执行或流于形式。企业有大有小，作者以多年的从业经验和辅导实践，系统地总结企业战略的制定、执行、落地，逻辑清晰，实战性强，对企业有着相当大的指导意义。仔细读后，收益颇多。

——武汉光迅股份有限公司董事长　黄宣泽

孙建恒先生基于多年在华为工作的最佳实践形成了本书的核心思想和方法论。同时，他也是土豆数据科技集团的战略顾问，这本书也是我们在战略制定与执行方面的指导纲要，不仅有方法论，还有很多精彩案例，是每个企业在新时代下制定差异化竞争战略的必读书籍。

——土豆数据科技集团有限公司董事长兼CEO　霍向琦

在经济全球化和数字经济快速发展的过程中，华为与时俱进，不仅做大，更是做强，华为独创的管理理念和成长经验，成为现代企业管理的典范。本书作者孙建恒先生，在华为从业十年的经验基础上，结合投资创业的近十年体会，撰写了本书。本书深入分析了华为战略的思想体系，更重要的是讲述了把战略体系落地开花结果的方式方法。在当前市场多变的环境下，大多数企业不缺乏战略，缺失的是能够使战略落地的清晰路径和有效的执行力。企业家、创业者和从事管理工作的读者都可以从本书中获得相关的收益。

——中国通信企业运营专委会原主任、中国电信集团公司原副总工程师　靳东滨

企业要实现可持续发展需要持续变革，通过变革，使战略与所在外部环境及自身发展阶段相匹配，使战略的管理和执行能力不断提升，以内部管理

的确定性来应对外部的不确定性。本书有系统的管理体系,有丰富的实践案例,有详细的落地指导,有助于企业管理者建立战略思维,开展战略管理,推动战略落地。

——天融信科技集团董事长兼CEO 李雪莹

本书的重要价值是基于大量实践的感悟,为企业制定战略和商业落地提供清晰的导航图,建恒凭借丰富的企业咨询经验,提炼出实操性很强的系统方法,让处于不同发展阶段的企业都能迅速从中找到战略管理和执行落地的思路方向。

——瑞斯康达科技发展股份有限公司CEO 李月杰

企业经营前,企业家应考虑的是企业为啥生、凭啥存、如何发展,这是企业战略的构思;企业运营时,企业家应考虑的是企业活得了、活得好、干得长久,这是企业战略的落地。本书既有战略制定环节的系统理论,又有战略落地环节的执行举措,我和我的企业受益颇深,我也相信此书可以为各位企业家带来启发和借鉴,值得大家细细品读。

——山东华通控股集团有限公司董事长 刘电新

建恒基于多年企业咨询的经验,整理分析大量案例后,整理出本书的内容,真真正正做到了来源于企业,服务于企业。书中内容涵盖了从战略制定到执行落地的关键流程和节点,为企业管理者提供了实用的行动指南。不管是大型集团,还是中小企业,相信都可以从中学习到如何选择和设计适合自身的发展战略与执行系统。

——北京市政协委员、北京市朝阳区政协常委、北京世博投资集团董事长 朴 哲

《战略执行与落地》这本书系统地总结了华为从战略规划到战略执行的全过程,并结合华为等领先公司的鲜活案例给予了清晰生动的诠释,本书兼具理论指导性与实践操作性,能够很好地帮助企业把握战略管理的真谛。

——宁波大学商学院教授 彭新敏

我们的企业应当是一个流动的、开放的系统，需要在与外界不断交换能量、信息的过程中生存、发展。正是在这样变革哲学思想的启发下，企业要"生"出新的发展曲线，进行战略变革。本书基于作者在华为十余年的战略管理经验，结合丰富的咨询案例，系统地介绍了企业变革、战略管理、战略规划、战略绩效、全面预算管理等方面的内容，是一本实操性很强的书籍，推荐给希望在战略变革过程中完成从战略规划到战略落地的企业家阅读！感谢本书作者孙建恒先生担任我司战略变革顾问，帮助企业进一步夯实了系统的组织能力，助力实现企业的战略愿景，促进企业可持续发展。

——瑞斯康达科技发展股份有限公司董事长　任建宏

在华为的管理体系中，战略制定和执行（落地）流程（即DSTE），既具有华为特色，又具有普遍的指导意义。在众多的华为研究相关书籍中，本书务实、简明，可以为成长中的民营企业提供借鉴。

——北京华夏基石企业管理咨询有限公司　施　炜

孙建恒先生是一位有心人，他在华为就职期间曾尽心竭力地进行战略执行和落地；离开华为之后，他又以华为经验为基础，系统地整理战略执行的方法论。相信华为的最佳实践和著者的系统理论，可以让本书成为行业的指南和遵循，让更多企业受益！

——华澍资本创始人　孙国富

本书借鉴了国际上成熟的战略规划理论，同时又充分体现了国内战略落地的实践经验，对企业家和战略推动者是一本优秀的工具书。鼎力推荐！

——谱润投资管理合伙人、麦肯锡公司前全球副董事　孙　云

华为是中国科技行业的标杆，也是中国战略管理水平的标杆，更是中国科技管理的黄埔军校。我跟建恒认识二十年，近距离见证了他从工程师步入管理岗位，然后创业成为战略与投资的资深专家，把华为的先进经验和管理能力传播到越来越多的科技企业。这本书提炼了建恒对于华为经验、华为模

式的多年深度分析，以及亲身传道授业解惑的各种感悟，值得收藏、精读。

——高鹏资本创始人　唐鹏飞

　　孙建恒老师的新书具有极强的实践性，也不乏通俗的理论指导。正在推动企业变革、追求持续发展的中国企业经营者，一定能从中汲取智慧和勇气。

——安琪酵母原董事长　俞学锋

　　本书从长期战略方向，到中期战略规划，再到短期战略实施，结合优秀实践阐述了战略规划到战略落地的全过程。过去十几年，乐研科技持续学习和摸索"战略管理"，实现了技术产品的创新、内外部管理的优化，收获很大。这也让我坚信，战略管理水平至关重要，战术上的勤奋，永远弥补不了战略上的缺失！

——北京乐研科技股份有限公司创始人兼CEO　周　玲

致　谢

在本书的编写过程中，得到了大量的帮助。

感谢华为公司给了我们职业成长的机会，有幸参与到中国科技创新的前沿阵地，同时，大大提升了我们的思想意识、职业素养、各项能力、社会资源等；

感谢腾股公司的管理咨询团队的大力支持；

感谢华夏基石管理咨询集团董事长，《华为基本法》起草组组长彭剑锋教授，华夏基石领衔专家施炜先生，华夏基石管理咨询集团副总裁，高级合伙人苗兆光先生给予的大力支持；

感谢中国通信企协运营专委会主任靳东滨先生的大力支持。

希望这些管理系统和实践经验能为中国企业家带来一些帮助，作出一点贡献。

让我们持续携手，着眼于创造企业价值和社会价值，让更多人的梦想得以在公司平台上实现。